天下文化

BELIEVE IN READING

心理勵志 BBP479

與領導有約

原則致勝

Principle-Centered Leadership

by Stephen R. Covey

史蒂芬・柯維

徐炳勳——譯

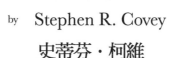

目錄

目錄

作者序

原則領導

在研討會上，我經常請出席者說出他們所面臨的困境，再由我來解答難題。通常，這些都是無法以傳統方式解決的衝突或困境。以下就是幾個例子：

- 面臨接踵而至的危機和壓力時，如何在個人生活與工作中取得平衡？
- 如何才能由衷地為他人的成就與快樂感到高興？
- 如何在充分授權的同時，仍然主控一切？
- 當追求品質與改進的計畫執行後，如果員工仍是冷眼相看，如何才能在各個階層和所有員工之間，落實這些計畫？

當你與實際挑戰搏鬥時，或許已經捫心問過這些問題。閱讀本書，你將更了解具備有效領導才能的基本原則。

「給人魚吃，不如教人釣魚；教他如何釣魚，將使他一輩子都有魚吃。」有了這個認識，你將能回答這些艱難的問題。缺乏理解，你將只能用碰運氣或豁出去的方法去生活、解決問題。

打破無效能習慣

在我的著作《與成功有約》（*The 7 Habits of Highly Effective People*）出版後，我和許多嘗試改善自己生活品質，以及改善產品、服務和公司組織的優秀人才共事過。不幸的是，雖然許多人誠心地想要改善他們的人際關係，但所運用的方法卻未經過深思熟慮。我那位擔任教職的哥哥約翰（John Covey），將此稱為「無效能族群的七大習慣」：

一、被動：懷疑自己並怨天尤人。
二、努力工作，卻無明確目標。
三、著重於完成迫在眉梢的事情。
四、得失心太重。
五、先求被人了解。

六、無法占得上風，就妥協。
七、懼怕改變，藉詞拖延。

有效能的族群在邁向成熟的過程中，經過不斷地自我修練，必定會出人頭地；而無效能的族群在反成熟的過程中倒退時，若無法戰勝自己，必定會在眾人面前慘遭失敗的命運。也就是說，這些無效能族群從依賴（dependency）的狀態（其他人供給他們基本需求，滿足其欲望），走到反依賴（counterdependency）（採取抗爭或逃避的行為）或共同依賴（codependency）的狀態（以相當消極的方式相互合作）。

那麼應如何打破這些習慣，以新的習慣取而代之？你我又該如何擺脫過去的羈絆，在個人生活和工作生涯中，重新塑造自己並完成有意義的改造？

這就是本書宗旨所在。第一部討論如何將有效的原則運用在個人和人際關係上；第二部則討論這些原則在管理和組織上的運用。

重新洞察問題

在個人及工作生涯中，我們都曾面臨一些問題。

- 有些人常假借高尚的目的，為高壓的手段辯護。他們說：「在商言商」，有時在利潤的考慮之下，必須犧牲掉「道德」和「原則」。許多人認為他們的私人家居生活品質，與工作上的產品、服務品質無關。由於受到公司內部社會性、政治性環境，以及外界市場分散的影響，他們認為自己可以為所欲為地濫用人際關係，而且無往不利。
- 有位職業足球隊的總教練告訴我，有些球員不願在球季外接受訓練。他說：「球員來到訓練營，神情憔悴，以為騙得過我及上帝，認為只要隊伍上陣，一樣可以有完美的表現。」
- 當我在研討會上問：「有多少人同意，大多數員工所擁有的能力、創造力、天賦、機智，遠超過現在工作所需？」肯定的答案占了將近九九％。換句話說，我們都承認，我們最偉大的天賦都被浪費了，差勁的人力資源管理亦影響到我們的表現。
- 我們心目中的英雄通常就是演員、明星、運動員等會賺錢的人。當這些英雄暗示我們可以隨心所欲、予取予求時，我們就會言聽計從；當社會規範肯定他們的所作所為時，我們就更深信不疑。
- 有些父母不願意為子女付出心血，往往為了表面形象而裝個樣子，背後卻是又吼又叫又打。當他們看到自己的小孩吸毒、酗酒、亂搞性關係以填補生活的空虛時，還搞不清楚問題出在哪裡。

- 當我請一位公司主管要求他所有的員工，花六個月時間寫一份公司使命宣言時，他說：「我們只要用一個週末就可完成。」有許多人都試圖在週末完成事情，例如：在週末重建婚姻，與子女重建已疏離的關係，或是改變公司文化；但有些事是無法在短時間內完成的。
- 許多為人父母者在面對叛逆子女時容易意氣用事，因為在情緒上他們也很在意子女是否接納他們，於是雙方就形成一種曖昧的關係，利用對方的弱點證實自己的觀點，並為自己的無能為力辯護。
- 在管理上，每件事都被量化成數字。所以每年年底，數字也會刻意受到美化。這些數字原應是準確和客觀的，但大家都知道它們是建立在主觀的假設上。
- 對於只會以「老生常談」的笑鬧故事欺瞞聽眾的演講者，大多數人都會嗤之以鼻。他們要的是實質，要的是過程。對於身上的劇痛，他們要的不只是阿斯匹靈和繃帶，而希望能解決長期問題，並達成長期效果。
- 在一次訓練課程上，我和一群資深主管談話，發現他們都有些不情願來上課，原因是老闆強迫他們來呆坐四天，聆聽一堆抽象的理論。這些人正是權威主義式的依賴文化的一部分，將訓練當成支出而非投資；他們的公司仍把人當成「物」來管理。

● 在學校裡，我們要求學生回答我們所教授的，並以教材來測驗學生。學生了解整個教育體制的運作後，因循苟且、用填鴨式的答題以爭取分數，因此認為生活的其他事都同樣可以走捷徑。

有些無效能的習慣根植於社會上急功近利的想法。學校裡，許多人臨時抱佛腳仍能成功地通過考試。但抱佛腳的方式在農場上行不行得通呢？你可以兩星期不替母牛擠奶，而保有同樣的產量嗎？荒廢了春耕夏耘，只在秋天時拚命工作，就能有所收穫嗎？在農業上，我們對這些做法都會不以為然；但在學業方面，我們卻經常臨陣磨槍，只想得到尋找理想工作所需的分數和學位，不在乎是否得到完整的教育。

解決方案：自然法則

這些是一般方法無法解決的問題。快速、容易、自由、有趣的方法，在農場上是行不通的，因為在那兒我們受限於自然法則。不管我們是否了解或服從，這條有規律的自然法則始終運作著。

農場上亙古不變的唯一法則是：我必須整地、播種、插秧、除草、澆水，然後穀物才會慢慢成長、成熟。在婚姻問題或協助青少年度過困難時，同樣沒有特效藥能快速進入狀況，以正面的心態和成功的公式導正每件事。收穫的法則主宰一切，自然法則和原理運作著。所以請將收穫的自然法則納入你的人際關係中，納入管理方式，以及整個公司組織。

如果我的人格有問題，能力亦受到質疑，但仍試圖以精心設計的手段，讓其他人依照我的意思去做，也許一時得逞，但長期來看，仍無法成功。先將口才和善意置於一旁，人際間若缺少信任，成功的基礎就不穩固；但若學會管理事物和領導的方法，就可以使人們的才華及能力發揮出來，得到最好的結果。

我們一向認為變動與改良是由外至內的，而非由內至外。即使我們察覺到內部自發改革的必要，也只想到學習新技巧，而忽略了多加發揮基本原則。重大的突破，通常代表著與傳統思想方式決裂，我將此稱為「典範轉移」(paradigm shift)。

以自然法則為重心的領導引進一種新的典範，或說思維，也就是將我們的生活，以及對公司和員工的領導方針，集中在某些真正的原則上。在此書中我將討論這些原則是什麼，我們為何必須以這些原則為重心，以及如何達成效果。

效能立基於某些不變的原則上。人性中的自然法則，如同物理界的重力法則，是真實不變的；這些原則已是文明社會不可或缺的部分，是家庭和機構綿延不絕的根源。

我們或社會並未發明原則，它們是根植於人類關係和人際組織的宇宙法則，是人性、知覺和意識的一部分。若人類信守公平、公正、誠心、誠實、信任等基本原則，將保有生存與安定，否則就會走上分裂與毀滅之途。

經驗告訴我，人們會直覺信任掌握正確原則的那些人，在長期關係中便能得到驗證。我們發現，比起信任（長期可信度的成果），技巧顯得毫不重要。信任度高時，溝通毫不費力，我們可能出錯，但別人仍能掌握我們的意思；當信任度低時，溝通就會相當困難，而且耗時傷神，毫無成果。

個性很容易培養。我們只需學習新技巧、調整言談方式、採用人際關係技巧、提出看得見的主張，或加強我們的自尊即可；但要改變習慣，培養美德，學習基本修養，信守諾言，有勇氣，真正設身處地去了解他人的感受和信念，就困難多了，但這卻是成熟與否的真正淬鍊。

看重自己，又能認同於更高層次的目標和原則，是人性本質的矛盾之處，也是有效領導的基礎。

羅盤式的領導

正確的原則如同羅盤，一定會指出一個方向。若我們知道如何去研判，就不會迷失、困惑，或被互相衝突的聲音和價值觀所誤導。

原則正是顯而易見的自然法則，它們不會改變。當我們摸索四周環境時，它們提供了「正北」的方向。

原則無時無地皆可運用。它們以價值、思想、規範和教義的型態出現，提升人類水準，讓人類更加高貴、完成目標、充實力量，並激發希望。歷史給我們的教訓是：只要人類和文明以正確的原則和諧運作，就會繁榮興盛。社會沒落的根源，是違反正確原則。要是社會能更加採取正確原則，不知可避免多少經濟危機、文化衝突、政治革命和內戰？

以原則為重心的領導，認為我們無法違反自然法則。不管我們相信與否，這在人類歷史上已得到證明。若能依循已經證實的這些原則，個人將會更有成效，組織也會更有力量。它們可不是個人與人際問題的特效藥，而是一些基本的原則，持續運用後會變成習慣，促使個人、人際關係或組織上的徹底改變。

原則與價值

原則和價值不同，它是客觀的、外來的，依據自然法則運作，無視於四周環境；價值是主觀的、內在的，好像地圖一般，地圖不是實際疆域，只是用來描繪或代表疆域的主觀企圖。我們的地圖與正確原則愈相近（與實際疆域或與實際事物）也就愈正確、愈有用，但當疆域改變或市場經常變動時，地圖就立即失效。

以價值為基礎的地圖可提供某些有用的資訊，但以原則為重心的羅盤，卻能提供無價的觀察與方向。正確的地圖是良好的管理工具，但永遠向北的羅盤，卻是領導與增強權力的工具。指針指向北時，表示與自然法則相符合；但我們若局限於地圖上的指引，將浪費許多資源、漫無目的或錯失機會。

價值通常反映了文化背景的信念。從小我們就培養出一種價值體系，是文化影響、個人探索和家庭教育的結合，這些成了我們觀察這世界的「眼鏡」。我們衡量、訂定順序、判斷和行事，都是以這些眼鏡所看到的一切為基礎。

常見的一種被動生活型態，是活在以價值為基礎的生活中，在那裡，我們的行為主要遵循著別人對某些特定角色的期望，例如配偶、父母、子女、公司主管、社區領袖等。因為每一角色都有自己的價值體系，被動的人就會經常發現，根據自己在特定時間所扮演的角色和所在的環境，而必須迎合相衝突的期許，以不同的價值觀過生活。

將個人價值與正確原則相結合，就能從舊式的認知思維中解放出來。真正領導人物的特質之一，就是謙恭。他們能夠拿下眼鏡，客觀地檢視鏡片，分析自己的價值、觀點、信念與行為等。有差異存在時（偏見、無知或錯誤），他們就會以更大的智慧調整步伐，注重這些不變的原則，為他們的生活帶來永恆與力量。

原則系統的四大層次

以正確原則為生活重心，是培養豐富內在力量的關鍵。有了這股力量，就能實現許多夢想，這是讓你安心、引導你、賦與你能量的中心。好像車輛的軸心，能將各方力量結合在一起，原則不但是個人與組織任務的核心，也是文化的根基，並且整合了片斷的價值、結構和體系。

這些原則是支持我們生存下去的主要依據。該系統可大致區分為四大基本層次：安全感、指引、智慧和力量。

以原則為重心的領導和生活，培育出這四種內在力量的根源。將注意力集中在另一種生活重心上（工作、娛樂、朋友、敵人、宗教、自我、配偶、家庭、金錢、財物），會削弱我們的力量，使我們走上歧途。

例如：如果我們過於重視社會因素，就會受到環境和他人意見的掣肘、控制。若是缺少安全感和自尊，情感上容易依賴他人；缺少智慧，我們容易重蹈覆轍；缺少指引，我們容易盲從，不能有始有終；缺少力量，我們只能理解發生在我們身上的事，並根據外在狀

圖一　以原則為重心的生活

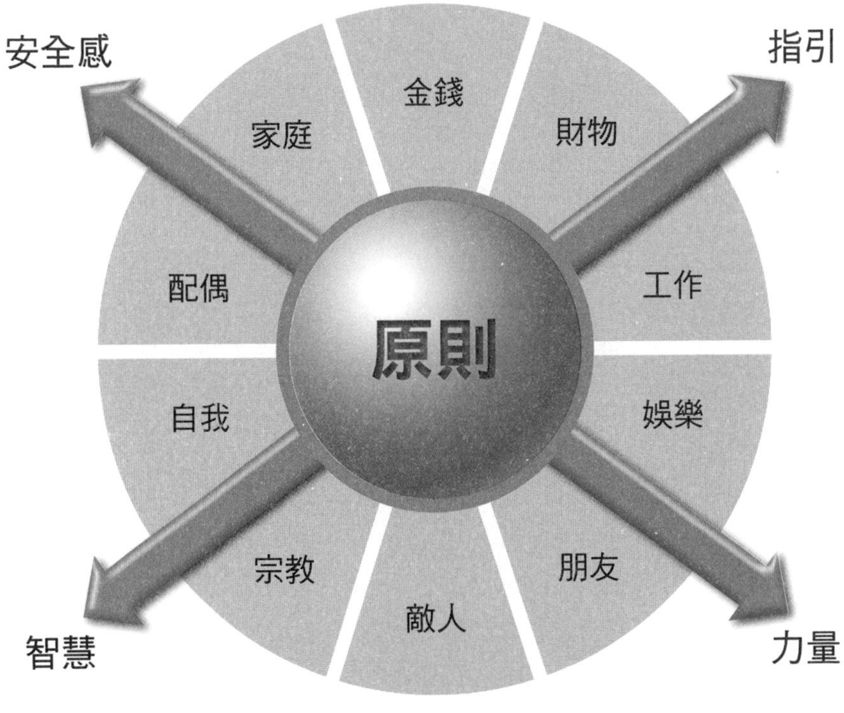

況和內在情緒做直接回應。

但若將生活重心擺在正確原則上，我們就會變得平衡、統一、有組織、有重心。對於所有行動、人際關係和決定，都會有所憑藉；生活中每件事，包括時間、天賦、金錢、財物、人際關係、家庭和身體，都能善加管理。因為以原則為重心，就會提供足夠的安全感，不致被改變、差異或批評所威脅；也有指引足以探索任務、為角色下定義、立定目標；擁有智慧則能從錯誤中學習，謀求改進；擁有即使處於壓力疲倦的狀態下，也能溝通合作的力量。

- **安全感**。安全感代表了價值、身分、感情寄託、自尊和個人力量。安全感有程度上的差異，一端是具有絕對自信的內在價值，另一端則是極度的不安全感，個人的生活就在兩者之間擺盪掙扎。
- **指引**。指引是生活中的指示方向，主要是來自影響我們決策和行為的標準、原則或規範。這個內在的監視器，我稱之為「良知」。處於良知天秤最低點的人，容易具有強烈的物欲和情緒上的依賴，往往表現出自私、縱欲或好交際的生活型態；而居於天秤中間者，他們的社會良知逐漸成形，開始有了注重人性機能、傳統和人際關係的良知。

最高原則是精神良知，指引來自於啟發人心的泉源，即是以真正原則為重心的羅盤式指引。

- **智慧**。智慧代表生命中富哲理的一面，是一種平衡感，一種對生命各部分和原則相互配合的深刻了解，它包括了判斷、辨別和理解。它是一種統合性的整體，一端是不正確的地圖，使人們的思路建構在扭曲、不和諧的原則上，另一端則代表正確完整的生活羅盤，所有的零件和原則都配合得恰到好處。隨著智慧的增長，我們對理想（事情應該如何）了解得愈多，對事實（事情的現狀）也會採取更敏銳、務實的態度。智慧還包括了有能力分辨真正的喜悅和短暫的樂趣。
- **力量**。力量是行動的能力。完成事情的精力和勇氣，是做選擇和決策的重要動能。它也代表有能力克服根深柢固的習性，並培養更上一層、更有效的習慣。在力量的一端，我們看到了慘遭外在事物操縱、無力、缺乏安全感的人。他們必須依賴環境或其他人，只能反映他人的意見和方向，不了解真正的愉悅和幸福。在另一端，我們看到了有遠見、有原則的人，他們的生活是個人決策的有效產物，而非受外在環境影響。這些人主動創造事物；對事情的回應，是以永恆的原則和宇宙的標準為基礎。他們為自己的情感、態度以及思想、行動負責。

安全感、指引、智慧和力量這四大因素是相輔相成的。安全感和正確的指引，會帶來真正的智慧，而智慧又是釋放和導引力量的催化劑。當這四大因素共存共榮時，就會創造一種偉大力量，塑造具備高貴人格、均衡個性、表裡一致的個人。

從內部改造組織

以原則為重心的領導才能，包含了高效能族群的七大習慣，以及有關的原則、運用實務和程序。由於這種領導著重根本的原則和程序，因此通常能產生真正的關鍵轉變。

一旦生活有了原則，你就會察覺，要別人如何待你，你必須先如何待人。你可以將競爭當成學習的泉源，因為競爭可以提高你的警覺，直指你的弱點；而因為你有指引，不會受到他人或外在環境的威脅，即使在巨變之際，你仍保有前瞻性和判斷力，力量從內部源源不絕湧出。

單一的組織中心——利潤、供應商、員工、老闆、客戶、計畫、策略、競爭、形象和科技，在和以原則為重心的觀念比較時，顯得漏洞百出。如同個人生活一樣，以原則為重心的組織可擁有較多的安全感、指引、智慧和力量。

例如：一家公司的安全感若來自它的形象、現金流量、與其他競爭者的比較或客戶的

圖二　以原則為重心的組織

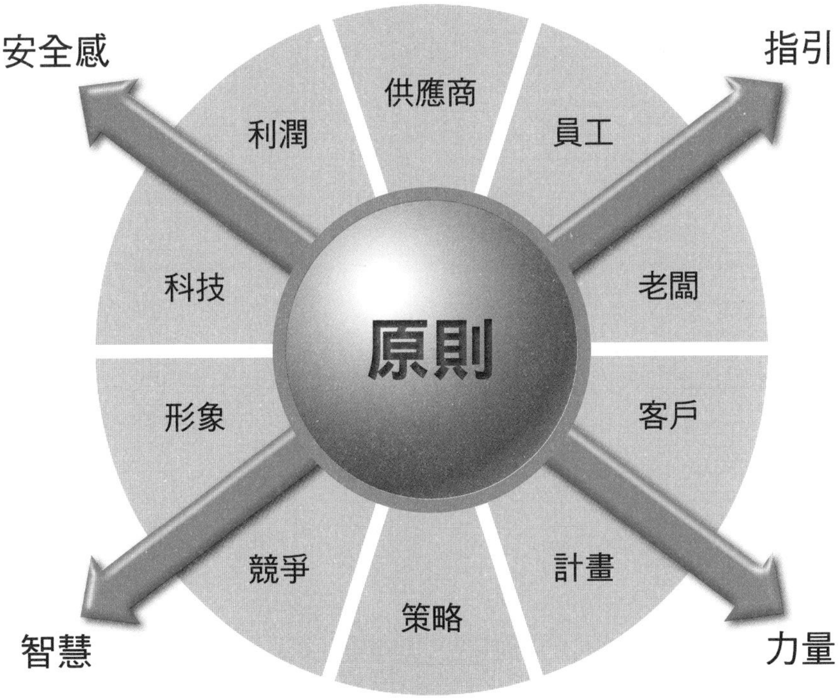

看法，公司的領導人對於每日的新聞和事件，就容易反應過度，或是反應遲緩。而且他們傾向於將生意（和生活）看成是「零和遊戲」，不時受到他人成功和知名度的威脅，對競爭對手的失敗，又暗中竊喜。若安全感是植基於他人的弱點，那麼那些弱點將更緊密地控制我們。

真正的權力來自公司上下都了解並運用的原則以及務實做法。做法是「做什麼」，也就是配合個別環境的個別手段；原則是「為何要做」，也就是做法所根據的習慣。不了解工作的原則，當發生變動或需要不同的做法時，就會出現不能適任的現象。訓練員工時，我們通常只教導他們特定工作的特定做法與技巧；但若未同時傳授原則，我們會使員工依賴我們或他人給予進一步的指示和教導。

以原則為重心的領導人物，能夠在自然法則之下，具備足夠能力「在農場上播種、施肥」，並將這些原則納入他們的生活重心、與他人所做的協商和合約，以及管理過程和職權劃分中。

我們所面臨到的挑戰是，如何啟發他人，而不只是評斷他人；如何成為模範，而不是挑剔。

第一部

領導個人與人際關係

掌握人生，創造改變

領導力並非專利

每個人都可以成為領導者。

善用「以原則為重心」的領導力，

可以幫助我們重新掌握自己的人生，

並營造幸福的家庭和人際關係。

這套系統性的方法，

將會創造根本而長期的改變。

前言

從自然法則出發

對個人發展，我一向主張採取自然、循序漸進的方法。不管是減肥或學習技藝，任何保證立即收效的產品或計畫，想必都不是以正確原則為基礎。但所有廣告或多或少都使用這一類文字，挑動我們的購買欲。許多人因此沉溺於個人發展的「特效藥」，也就不足為奇了。

下面我將提到，真正的個性和技藝培養，必然與自然法則有關。當我們依循這些原則時，就會獲得與過去斷絕關係的力量，克服舊習慣，改變我們的思維，並建立有效的人際關係。

當然，我們不是獨居在荒島，與他人隔絕。我們在家庭中生長，在社會中成長，我們當過學生，成為公司的一份子。一旦進入社會後，我們發現工作需要我們經常、而且有效地與他人接觸。可以預見的是，我們如果無法學習並實地運用有效的人際關係原則，事業生涯必定不會有進展，甚至可能停頓。

下面我將討論，創造和維持與他人的互信關係，所需要的態度、技巧和策略。事實上，一旦我們長大成人後，所面臨的挑戰就是與他人有效地交流。為達到此一目標，我們努力去認同他人的情感，與他人同心協力，既主動又具生產力。

以新思維解決困境

就歷史來看，能夠摒棄舊思想、舊模式和舊思維，才是最重大的突破。以原則為重心的領導，就是一種突破——一種解決現代生活困境的新思考方式。以下為幾個思考方向：

- 如何在工作與家庭，個人與工作企圖心，以及不斷的危機和壓力中，達到並維持不斷創新的平衡？
- 如何以簡馭繁？
- 當製作完善的地圖（策略與計畫），因莫名原因迅速瓦解時，在今日的混亂中，應如何保持方向感？
- 如何以真正的關懷與諒解（而非指責與卸責），來看待人性的弱點？
- 如何以尊敬和開放的心情來取代偏見（先入為主，並將人們歸類以便操縱），以便使他人去學習、有所成就，達到卓越境界？

- 如何建立信心和能力（同時也給他人信心和能力），以解決問題，掌握時機，並且不擔心流言的攻擊？
- 如何能在最低的代價下，鼓舞變革與改進的欲望？
- 在一個相互禮讓並尊重差異性和多元化的團體中，如何成為盡心的成員？
- 應在何處起步、如何再度充電以維持求知、成長和改進的動力？

當你看完第一部後，將了解到有效個人領導的基本原則。接著你就能夠獨自解決這些難題。

培養以原則為重心的領導，必須在四個層次上，由內向外的反覆練習：一、個人間（我與自己的關係）；二、人際間（我與他人的相互關係）；三、管理間（與他人合作完成工作的責任）；四、組織間（組織員工——聘用、訓練、酬薪、組合團隊、解決問題，並創造一致的結構、策略和體制）。

每個層次都是「必要而非充分的」，意思是我們以某些主要原則為基礎，運用於所有層次。在此章節中，我將著重兩項原則。

圖三　原則領導的四種層次

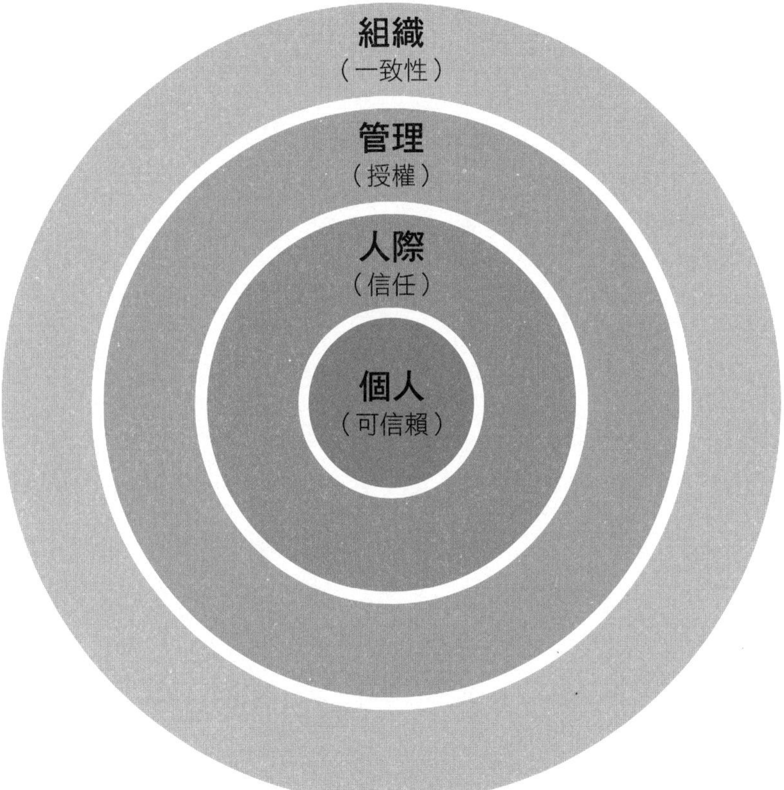

- **個人層次的信賴**。信賴是植基於個性（你是什麼樣的人）和能力（你能做什麼）。若你對我的個性有信心，對我的能力卻沒有信心，就不會信任我。許多誠實的人讓自己在組織裡老化無能，在公司逐漸失去可信賴度。若沒有個性和能力，我們不被認為可靠，在做決策時也不會有什麼智慧。缺乏有意義的工作成長，也不會有任何信用。
- **人際間的信任**。信任是兩人間的情感帳戶，影響到是否能擁有一個「雙贏」的協議。若兩人相互信任，他們就可明確溝通，心有靈犀，並能有建設性的相互依賴。若一方能力不足，可以用訓練與培養來彌補；但若一方有個性上的缺陷，必須增強內在安全感、改善技能，以重建雙方互信的關係。是否彼此信任，是人際關係成敗的關鍵，也是公司、產業、教育、政府是否具有成效的根本原因。

1

觀念篇

以原則為重心的領導

從研究、觀察和自己的體會中，我可以列出有原則的領導人——我稱之為「以原則為重心」（principle-centered）的人，所具備的八項明顯特質。這些特質不單是這些領袖人物的專利，更可做為我們改進學習的指南。

不斷學習

以原則為重心的人不斷地從經驗中學習。他們大量閱讀，找尋受訓的機會，參與課程，聽別人意見；他們眼觀四面，耳聽八方；他們好奇，不斷提問題，持續加強能力，培養新技藝、新嗜好；他們知道，懂得愈多，就愈發現自己其實不懂，隨著知識的增長，對外在事物也愈來愈無知。這種學習與成長的精力，大多數是在自我驅策下產生，並將日趨興盛。

藉由學習訂定目標並完成目標，可以更快速地培養自己的能力。從對自己的小小期許開始，不斷實現期許，直到自覺已掌握一切。然後再進展至下一階段，訂定下一個期許，再去實現。如此下去，你的個人價值感就會增加，自我控制的感覺也與時俱增，讓自己更具信心地去支配下一階段。

整個過程必須全神貫注，因為若打破對自己的期許，不僅自尊受損，連訂定期許與實現期許的能力也跟著降低。

服務至上

以原則為重心的人，將生活當成是一種使命。每天早晨，他們整裝待發，穿戴上服務的甲冑，心中想的只有別人。既要準備當天所交付的工作，也要兼顧他人的負擔，容許別人適應、調節，並學習與身旁的人（可能是工作夥伴或配偶）一起共事。

我特別強調服務的原則，因為我相信，沒有擔負責任的話，不可能成為有原則的人。我們若把原則當成知識或道德上的練習，卻沒有一種責任、服務、貢獻的感覺，一切終將徒勞無功。

散發積極的能量

以原則為重心的人每天帶著歡欣、愉悅、快樂的表情，態度樂觀、積極、向上，充滿熱心、希望與信仰。

這種積極的能量就像是一座磁場或一種氣氛，為四周較弱的磁場帶來改變。積極的能量吸引並增強較弱的磁場，在遇到較強的消極能量時，往往會中和消極能量，使其影響力消退。以原則為重心的人有時只是遠離有害的範圍，智慧使他們能預感傷害的強度，掌握處事時的幽默感和時機。

了解你自身的能量，知道你是如何散發並導引這股能量。當身陷困惑、爭吵或消極能量之中時，盡力做個和事佬，嘗試擺脫或改變毀滅性的能量。當與下個磁場交流時，你會發現，什麼是自我實現、預見能力的積極能量。

信任別人

以原則為重心的人對消極的行為、批評或人性弱點，不會反應過度。當發現別人的弱點時，不會趾高氣揚。他們並不天真，也了解自己的弱點，但更知道行為和潛力是兩回事。他們相信人都有未發掘的潛能，衷心感激上天賦與的一切，以憐憫之心寬恕和遺忘他人的不敬。他們不會懷恨在心，也不會對他人亂貼標籤、心存刻板印象、分類或歧視。他們能夠在橡樹種子裡見到橡樹，了解幫助種子成為高大橡樹的過程。

有一次我太太和我對於大家給我兒子取的綽號感到不自在（即使那綽號滿符合他的行為）。了解他的潛能後，我們採取另一方式來對待他。我們相信只要能發掘他的內在潛力，舊的綽號自然就會消失，我們也不試圖在一夜之間改變他，只等待他的天賦與才能在適當時機出現。結果他真的改變了，其他親屬都十分驚訝，但我和太太了解他的本質，所以一點也不訝異。

沒錯，眼見為信，但有時我們必須相信尚未發掘的潛能，創造出一種適合成長的環境。以自我為重心的人認為關鍵即在於自己，在於自己的技巧，在於將「自己的東西」硬塞到他人身上，但這只有短暫的效果。你若認為關鍵是在他人，不在自己，就會放鬆、接受、肯定，並讓它自然發生。這將帶來自我實現預見能力。

均衡的生活

以原則為重心的人閱讀最好的文學作品和雜誌，了解最新情勢。他們活躍於社交界，有許多朋友和夥伴；在知識上不鬆懈，興趣廣泛，隨時閱讀、注意、觀察、學習；只要年齡和健康許可，在運動上也不退縮；樂趣十足，享受人生；有健康的幽默感，調侃自己，而不傷害他人。他們看重自己，對自己誠實。

他們能意識到自己的價值，絕不自誇、出賣他人或炫耀財物、資歷、頭銜或過去的成就。他們開誠布公與人溝通、簡單、直接、沒有操縱欲；知道何謂適度，寧願輕描淡寫，不願誇張。

他們絕非極端份子，不要求「非贏即輸」。不堅持二分法，硬將事情區分為好或壞、是或不是，而是以連續、先後有序和逐層分析的方式來思考問題，有能力分辨、察覺情況之異同。這並不是說他們隨波逐流，他們完全理解事物的真相，有勇氣棄惡揚善。

他們的行動與態度隨各種狀況而定——均衡、合宜、謙虛、明智。他們不會是工作狂、宗教狂熱份子、政治極端份子、暴飲暴食者、追求享樂者，或絕食的烈士；不會受制於自己的計畫或步驟，不會因愚蠢的錯誤或社會上的過失而怪罪自己，不會為昨天感傷，為明天做白日夢；他們理性地活在現在，仔細盤算未來，針對變動的環境而彈性調適。他們的誠懇表現在幽默感，以及願意認錯、並原諒錯誤，愉悅地做能力範圍內的事。

他們不須透過畏懼、憤怒、自憐自艾去操縱他人，因為能為他人的成功感到真正快樂，絕不會感到若有所失。他們適度地接受褒貶，而不致反應過度。他們認為成功只是失敗的另一邊，對於他們，唯一的失敗是學習後卻得不到經驗。

生活充滿趣味

以原則為重心的人喜歡品嘗生活。因為安全感來自於內在，而非外在，他們不須為每件事、每個人分類，才能夠感到確定踏實。他們重新看待舊面孔、舊景象，彷彿初次見到。他們如同航向未知領域的勇敢探險家，雖然不知道前面會發生何事，但相信那將充滿刺激、對成長有所助益，而且終會發現新疆域，並且有所貢獻。他們的安全感在於主動、機智、創造力、意志力、勇敢、體力、天生的智慧，而不是畫地自限，只求舒適、安全和保護。

他們每次見到朋友，都會有新的發現。他們對人興趣十足，喜歡問問題，並實際參與；傾聽時總是全神貫注，以對方為師；他們不以過去的成敗論英雄，不認為有人神通廣大；他們不畏懼達官顯要，也拒絕被納入派系；遇事鎮定，有能力見招拆招。他們過著真正充實、富彈性的生活。

相信合作帶來雙贏

同心協力指的是整體的力量大於各部分力量的總合。以原則為重心的人注重同心協力，他們是變動的催化劑，積極改進各種環境。他們工作勤奮又聰明，生產力奇高，而且是以新穎、有創造性的方式進行。

在團體合作上，他們擅於截長補短，以他人之長補己之短。相信別人的優點與能力，為達到效果而授權，不會因別人比他強而感到威脅，處處給予他人嚴密監視。

在看似敵對的狀態下，以原則為重心的人與他人談判溝通之際，知道謹守人與問題的分際。他們重視其他人的興趣與關切的事，而不在立場上爭辯。其他人會慢慢發現他的誠意，而願意真正進入解決問題的核心。他們共同找出可行方案（通常會比最初提案好很多），而不是雙方各進展一小步的妥協方案。

進行自我更新的活動

最後，他們經常進行有關人性四大層次的活動：生理、心智、心靈和社會情感。

他們經常參與一些有氧體能活動（運用大片的腿部肌肉和心肺能力）。這活動可培養耐力（改善身體和頭腦使用氧氣的能力），帶來許多體能和心智上的益處。其他有價值的活動尚包括：著重柔軟度的伸展運動、增強力量的肌力訓練。

他們藉由閱讀、創造性的問題解決方式、寫作和想像，來訓練他們的心智。在心緒上，他們嘗試培養耐性，以誠意傾聽，表現無條件的關愛，為自己的生活、決定和反應負起責任。精神上，他們側重於祈禱、研讀《聖經》、冥想和禁食。

我相信，一個人若每天花一小時在這些基本活動上，一定能改善其他時間的品質、生產力和滿意度，包括睡眠的深度。

一天裡沒有其他時間能像所投資的這一個小時收穫良多。如果每天進行，你將會感到這種美好的效果。

這些活動有些可在日常作息中進行，有些則必須特別安排。我們是要花點時間，但長期而言，仍將節省許多時間。我們絕不可忙著鋸東西，而沒時間去磨利鋸鋒；只顧開車，而忘了去加油。

如果我在一大早進行這一小時的活動，就像一次個人的勝利，進而保證整天都能獲得大家的肯定。但是如果不情願或三心二意地進行這些活動，不僅喪失個人的勝利，整日還會因公眾壓力而惶惑不安。

這些自我更新的原則，將逐漸造就出強壯、健康的人格，不僅具有強烈紀律感，且具服務的熱忱。

2

觀念篇

領導自我成長的七個習慣

回顧高效能族群七大習慣的方法之一，就是找出和每一習慣相關的獨特能力。與第一、二、三項習慣相關的是人類與生俱來的能力。若這些能力得到好的照應，則在培養第四、五、六習慣時，就能產生後天的能力。而與第七習慣有關的能力，能使成長與發展的過程循環下去。

與生俱來的能力是：一、自知之明或自覺意識；二、想像力與良知；三、意志力。後天能力則是：四、成熟的心智；五、勇氣與體諒；六、創造力；第七項能力則是自我突破。這些是人類獨特的天賦，其他動物沒有，但這些能力仍然有高低程度之別。

習慣一：「主動積極」是由自知之明或自覺意識所引申出來的能力，這是一種選擇回應的能力。一端是被動消極的人，習慣怨天尤人、推卸責任。這些人認為，責備別人是給對方能力承擔責任。如此一來，他們就有充分的理由認為，問題出在別人身上。

在另一端則是自覺意識。「我知道自己的傾向，知道自己的角色和計畫，但我可不會照劇本上演，我可以改寫。」明白自己是生活的創造者，而不是環境的犧牲者。對任何狀況、任何人，有自己的主張。在事情與反應之間，有充裕的選擇空間；而且運用得愈頻繁，選擇的空間也就愈廣闊。

如果你在工作範圍內善用此一自由空間，則不管你的天賦高低、成長背景，你會慢慢去除「急驚風」的個性，轉變為冷靜、肯負責、有選擇的人。在你自由選擇時，你的反應

圖四　七大習慣與三個成長階段的關係

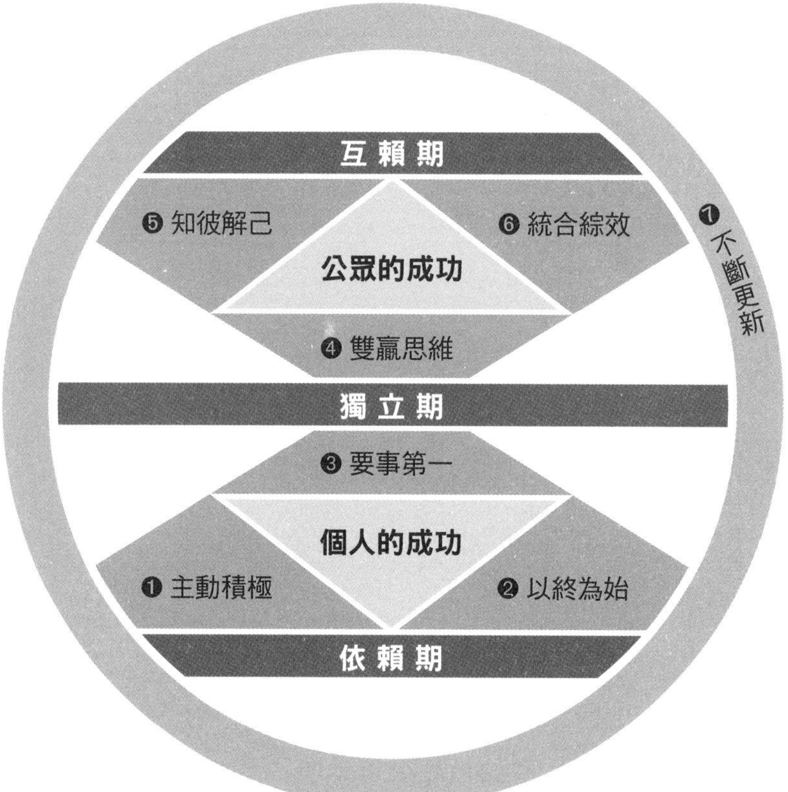

即是成長與快樂的力量。

「追求品質就是從我開始。我必須以審慎選擇的原則和價值為基礎，為自己做決策。」想想看，若公司裡每個人都恪守這一信念，會產生何種效果。積極主動會激發這種自由。它可使你的情緒屈服於價值之下。你會接受你的情緒：「我很沮喪、生氣、不安。我坦承自己有這些情緒，我不否認或壓抑它們。但現在我知道該如何做了，我是個有責任心的人。」這就是「我有能力負責」的原則。

你逐漸由犧牲者成為自覺、有創意力的人，透過自覺意識的力量，在任何狀況下，選擇自己的反應。

習慣二：「以終為始」，以想像力和良知實踐目標。若你是個程式設計師，就請寫下程式，決定如何善用你的時間、天賦和工具：「在我能影響的範圍內，做出決策。」

處於最低點的人，會表現出對改善目標的無力感。如果你是全然的犧牲者，是環境的產物，那麼實際上還能做什麼呢？於是你漫無目標的生活，希望事情順利發展，環境可能有利，還能獲得每日的麵包，甚至水果！

處於最高點的人會表現出充滿希望與目的感。心中會想：「在我腦中規劃出一幅美景，我已看到了，也想像出那會是什麼樣的景況。」這是其他動物缺少的天賦。本能上，動物會儲存糧食過冬，卻無法發明為堅果加工的機器，也不會問：「我為何要吃堅果？何不讓別人替我撿堅果？」只有人類會審慎處理這些問題，想像新的景象，並全心投入。

良知又有什麼作用？若要達到高效能，良知必須監督想像力。沒有良知的人若試圖運用創造力，必將製造出不合理的東西。最差的狀況是：他們拿創造天賦去換「罐裝食物」，用創造力（實用的想像力）去贏取物質或社會上的獎賞，之後他們會變得極為不平衡，可能表面上生活平衡，實際上性格卻充滿怨恨、沮喪。

看到許多奧斯卡金像獎得主，表現出具有良知的創造力時，更使我肯定這一事實。例如：凱文科斯納主演的《與狼共舞》，對美國印地安人做了一番美麗的敘述。奧斯卡評審們知道電影工業有極大影響力；伴隨創造力的，必須是有良知的社會責任。

想像力和良知的練習

你不妨練習這兩種獨特的人類能力。首先假設你今天下午去辦公室或晚上回家時，發現這一天情況糟透了：屋子裡一團糟，沒有人願意工作，所有的計畫都還未完成；你又渾身疲憊。

現在，設想你以一種成熟、明智、自我控制的態度去處理此一狀況，看看對別人會產生什麼樣的效果。你不需要去數落他們的不是，只要振作起精神，表現愉悅、肯幫忙與親切的樣子。你的這一些行為，將會使他人的良心不安，激起反省，從而產生大家都期盼的結果。

你只是運用兩種獨特的人類能力：想像力和良知。你不須依賴刻板印象，因為一旦如此，你可能會喪失對別人的冷靜判斷，並使情況惡化。記憶是你以往對相同或類似刺激所作的反應，讓你生活在過去，想像力則指向未來。你的潛能無限，但是不管狀況如何，激發潛能便是使能力具體化。

奧地利心理學家弗蘭克（Viktor Frankl）在第二次世界大戰時，曾被囚禁在納粹德國的集中營裡。他在《活出意義來》（*Man's Search for Meaning*）一書中，提到他如何在可怕的狀況下，體驗到選擇自我反應的力量。有一天他的軀體被施以酷刑，他發現「我有選擇的力量」，他開始探索意義。他相信如果你得到意義（目的或原因），知道為什麼，便可以生存下去。

他的職業生涯便由此一洞察展開了。他受過佛洛伊德（Sigmund Freud）心理決定論的洗禮，他知道這是個謊言，並無科學根據，它是由研究病人（包括神經病患和精神異常者）而來，而非來自研究健康、有創造力、有效能的人。他並未回顧記憶，而是訴諸於想像力和良知。

你同樣也可以運用想像力和良知，從無力感和舊習性中，邁向信仰、希望和安全感。

習慣三：「要事第一」，是意志力的產物。處在低點的人過著沒有效率、鬆散的生活，飄浮不定，推卸責任，只挑軟柿子吃，沒有創造力，也沒有意志力。處在高點的人，則過著有高度紀律的生活，特別看重重要但不一定急迫的事情。這是一個權衡輕重的能力。

依循以上的三種習慣，你就可以從受害者變成富有創造力的人，從無力感到充滿希望，從鬆散到有紀律的日子。習慣一帶來自覺意識或自知；習慣二帶來良知和想像力；習慣三帶來意志力。這一些是動物所欠缺的獨特天賦。而從成長曲線來看，你已從讓各種壓力牽著走，並缺少意志力和能力的情況，走向知道權衡輕重，並且具備意志力去自我實現的境界。

培養後天能力

我們應懂得如何妥善運用與生俱來的天賦，更有效地培養後天的能力。

習慣四：「雙贏思維」的心理是成熟心智的產物。安全感來自原則；原則決定了我們的觀點。當配偶犯錯，你不會責怪。因為你的安全感並非來自配偶能夠符合你的期望。子女、朋友或老闆犯了錯，你不但不責備，反而同情他們，因為你的安全感並非來自他們。安全感是來自你的內在。

當人們愈著重這個原則，就愈願意與他人分享榮譽與權力。因為這個餅的大小並未受限，這是個會長大的餅。認為資源有限是不對的，人類無窮的能力仍待發掘。成熟的心智能為每個人創造更多的利潤、力量和讚賞。

藉由內在的自我價值感和互蒙其利的慷慨欲念，心智便能由匱乏而至成熟。

習慣五：「知彼解己」需要兼顧勇氣與體諒。不求別人了解自己，是否需要十足的勇氣和體諒呢？仔細想想你所面對的問題。你會認為：「你應該了解我，但你並不了解。我了解你，你卻不了解我。」「讓我先告訴你有關我的故事，然後你再說你的要求。」另一個人則說：「我會努力去了解。」但人們總是聽聽而已，他們一直在準備應答，假裝在聽，而且是有選擇性的聽。當你放映家庭電影或訴說你的經驗——讓我告訴你我的經驗——對方必然不感興趣，除非他覺得被人所了解。

真正的傾聽帶來改變

如果能真正傾聽對方講話，會有什麼結果？整個關係都將改變。「有人開始傾聽我述說，好像在細細咀嚼我的話。他們不表示意見，只是傾聽，我覺得他們好像是以我的觀點在看這個世界。此時，我發現自己也在傾聽自己的敘述，我開始覺得自己有價值。」

每個人根本的問題，幾乎都是基本的溝通問題——人們不會聚精會神的傾聽，都是以自己的立場聽別人說話，缺少「同理心」的技巧和態度。他們需要贊同，又缺乏勇氣。在自己的小框框裡，他們會說：「我應如何去討好那個人？他想控制一切，但是我才是掌管大權的經理，我不是來聽訓的，而是來下指示的。當我需要你的意見時，我會告訴你。」所以傾聽首先要自制、尊重和尊敬。想讓自己被別人了解，則需要勇氣和體諒。在這端，是你爭著出頭的本能；在另一端，則是成熟的雙向溝通，在這裡要兼顧勇氣與體諒。

習慣六：「統合綜效」是創造力的來源。要如何創造事物？靠自己？不。兩個互相尊重的心靈溝通，所得到的答案，將遠較各自所提出的答案完美。多數談話都是有條件的討價還價，至多也只能達成妥協；但若能統合綜效地溝通，雙方就不再固執己見，了解基本的需求與旨趣所在，找出能滿足雙方的答案。

雙贏的談判方式

哈佛大學教授費雪（Roger Fisher）和尤瑞（William Ury），在兩人合著的《哈佛這樣教談判力》（*Getting to Yes*）一書中，指出一種新的談判方式。

「我要將窗簾打開。」「不，關起來。」「不，打開。」這是雙方對峙的情況，偶爾雙方妥協一下：一半時間開，一半時間關。新的方法是，雙方找到統合綜效的可能性：「你為什麼要打開？」「我喜歡新鮮空氣。」「你為什麼要關窗？」「我不喜歡風。」「我們要怎樣做才會有新鮮空氣，而沒有風？」現在他們開始相互尊重，相互了解彼此的需求。

有創造力的人可能會說：「我們可以打開隔壁房間的窗戶」、「將家具重新擺過」、「我們可以打開上頭的窗戶」、「可以打開冷氣」……。因為他們不需再為自己的立場辯護，因此，自然會尋找新的方案。

一旦有差異存在時，他們會說：「讓我們尋求一個雙贏的局面，傾聽彼此的敘述，你的要求是什麼？」「我想看這類電影，你呢？」或許你們可以找到一部能滿足雙方的電影或其他活動，如此你可以給對方機會思考。

如果你們體會到團體合作的精神，就可進一步建立強有力的結合，也就是情感帳戶，雙方也願意為長期的關係，拋開短暫的要求。

絕不口出惡言

在家庭中或做生意時，最重要的承諾之一，就是不口出惡言。如果你要出席者繼續開會下去的話，就不要對缺席者刻意批評。如果有問題，就直接找當事人解決。如果你拒絕在他人背後說他的壞話，何來誤解的發生？當別人在某人背後嚼舌時，你也不應該加入。

例如：在死亡、離婚和再婚之際，家中成員對如何平息這件事，都有許多複雜、壓抑的情感。覺得被輕視或被欺騙的成員，就會對其他人惡言相向。想想看，若家中的每一份子都能依循下面兩項基本原則，可省下多少痛苦：

一、家中成員與彼此的關係，遠較其他事物來得重要（生命垂危的人，從不談論是否該在公務上多花點時間，他們談的是與親人、配偶的愛與關係）。

二、有困難或歧見時，直接找當事人。這時大家為自己的態度和行為負責；雙方可根據狀況，選擇反應。有勇氣，並經過深思熟慮，雙方可以開誠布公、彼此溝通，製造一個雙贏的局面。

從整個成長曲線來看，你是從防衛性的溝通，到妥協式的處置，再到統合綜效、有創意的替代方案和蛻變。

習慣七：「不斷更新」是不斷改進或自我更新，以克服故步自封的獨特障礙。若不經常改進或充電，將會陷入封閉窠臼中。在一端是封閉的窠臼，每樣東西都瓦解了，在另一端則是不斷進步、改革和淬鍊。

我再度採討這七大習慣的用意是，希望你能善加運用七種獨特的人類稟賦，進而造福其他人的生活。

3

觀念篇

下定決心，真正改變

每家公司、每個人，都在努力爭取利潤，並維繫內部的價值觀、道德觀和原則。不管個人或公司堅持何種信念，都將面臨限制、反對和挑戰，這些逆境有時會逼迫我們做出違反原來任務、意願和決心的事情。

我們常認為只要有新的決心或目標，就可改變根深柢固的習慣，結果卻發現舊習慣依然存在。雖然有堅強的意志和承諾，類似的惡習卻是年復一年存在。

訂下新年新希望時，我們常犯兩項錯誤：

第一、不明確了解自己。我們的習慣變成了我們的身分，決心改變一項習慣，就等於威脅到我們的安全。我們無法明瞭自己並不等於習慣，我們可以創造並打破習慣，我們不須受限於環境，可以寫自己的劇本，選擇自己的航程，掌握自己的命運。

第二、不了解自己想走的方向。因此，我們的決心容易動搖，容易變得沮喪，甚至放棄。要以好習慣取代根深柢固的壞習慣，沒有速成的簡單守則，也不能光靠「積極思考」「努力」等自我勸勉。它需要深入了解自我、堅守原則以及關注成長與改變的過程。這些包括評估、參與、回饋與追蹤。

我們若沒有定期向某人報告進度，並聽取別人對我們的客觀回饋，就會喪失決心。責任心會培養出回應能力，參與會帶來改變。訓練主管時，我們會運用一種自然、循序漸進的方法，以促成改變。我們要求主管制定目標，一開始便許下承諾，每個月督導他們，並要他們確實執行，再互相報告進度。

若你想克服以往的影響（習慣、傳統、文化等強而有力的限制力量），促成期望中的改變，不妨計算一下成本，並匯集所需的資源。太空船要升空，需要相當大的推力，才能脫離強大的地心引力；擺脫舊習慣也是一樣。

擺脫拖延苟且、好批評、暴飲暴食、貪睡等陋習，需要的不只是希望和意志力。通常，光靠自己的決心是不夠的，我們需要輔助的關係——他人的督促和計畫，能讓我們負起責任。

記住！回應能力是針對環境而選擇回應方式的能力。具備此能力，我們的參與會變得比我們的心情和環境更為強而有力，如此就能保有決心，達成目標。如果下決心早起，而且做到了，就是獲得一天當中的第一個勝利，並且會產生一股自我支配感。然後，就可乘勝追擊，贏取更多公眾前的勝利。每次面臨新挑戰都能處理得宜時，就會散發一股新鮮的活力，鼓舞我們邁向新的高點。

一致的決心

生活中有許多強大的限制力量在暗中作用，破壞我們新的決心和企圖。這些力量是：

一、欲望和情欲；二、驕傲與自負；三、期望與野心。只要信守下列三大決心，我們就可克服這些限制的力量。

第一、為了克服物欲與情欲，我決心實現自律與自制。過度耽溺於物欲與情欲時，會傷害我們的心智發展與判斷，以及我們的社會關係。身體是一種生態環境，若經濟或生理方面失去平衡，其他系統也會受到不良影響。

所以說「不斷更新」的習慣非常重要。節制、言行一致與自律的原則，是一個人的生活基礎。信任來自可信度，可信度又來自能力與個性。不知節制往往會傷害判斷與智慧。我知道有些不節制的人，仍然有傑出的表現，甚至像個天才；但長期來看，終將受到影響。許多名利雙收的人，即因不知節制，而喪失了財富、信仰、成功和效能。我們若不控制物欲和情欲，它就會控制我們。

許多公司或城市都有陳年的存貨和老舊的基層建設；同樣地，許多公司主管身體衰老，更難擺脫不知節制的惡習。新陳代謝的能力隨著年齡而改變，保持健康需要更高的智慧。年紀愈大，對於是否需要更多自律和節制，或對於放鬆和放縱之間的關係，愈是牽扯不清。我們認為自己已付出代價，有權享樂一番，但若任由自己放縱、暴飲暴食、熬夜、不運動，生活和工作的品質就會大受影響。

成為口腹之欲的奴隸，腸胃就會控制我們的意志和心靈。有意識地染上有害或會上癮的東西，是最愚蠢的，在美國死於暴飲暴食的人比餓死的人還多。美國著名的思想家富蘭克林（Benjamin Franklin）曾說：「我很少看到人餓死，撐死的倒有許多。」當我吃得太多或放縱情緒時，對於他人的需求就較不敏感，會對自己發脾氣，一受激怒就把氣出在別人頭上。

成功是由自律而來

許多人都渴望額外的睡眠、休息和休閒。有多少次，你曾經撥上鬧鐘，決意早起，準備一覺醒來後，仍清楚知道早上的要務，將事情安排妥當，享受一頓安靜有序的早餐，在出發上班前有足夠時間從容準備？

但鬧鐘響後，你的決心就消失了，這是意志力與床鋪的對決，通常是後者贏了，你發現自己又晚起了，匆忙穿衣、梳洗、吃飯、上班。在一陣慌亂中，你失去對別人的耐性與敏感。神經緊繃，脾氣一觸即發，只因睡過了頭。

因為無法完成早起的決心，一連串不愉快的後果接踵而來，當天可能從早到晚都是挫折，多睡那一會兒絕對不划算。事實上，想到這些，貪睡是既疲憊又令人筋疲力盡。

如果你在臨睡前利用一點點時間，安排籌劃一切，情況將完全改觀。我發現休息前一小時，是為明天預做準備的最佳時刻。當鬧鐘明天再響時，就可以從容起床，開始美好的一天。個人一早的勝利，給你一種征服與支配感；這種感覺又鞭策你在一天之中進一步的克敵致勝。成功是由自律而來，一大早就能戰勝自己，有一個好的開始，必定會有美好的一天。

第二、為了克服驕傲與自負，我決心努力培養品格與能力。古希臘哲學家蘇格拉底說：「在這世上常保榮譽的最佳方式，就是做自己想要做的人。」現在的世界非常注意形象，社會鏡子的力量大得足夠創造我們對自己的感覺。為了表現強壯、成功和時髦的樣子，許多人變得喜於操縱。只有堅守內在價值與原則，你才能做個率直、誠實和負責的人；而率直與誠實正是詭計多端的人的宿敵，因為他們對這些特質束手無策。

我曾為了促銷《與成功有約》這本書，在媒體上頻頻出現。我了解到每個人對電視節目的娛樂價值相當關心。我曾經想如果我的說話內容牽涉到政治的話，會使訪談更具爭論性；結果我的評論卻使得整個訪談變了調，所有打進來的電話，都是有關政治的，使我無法再繼續談這本書的主題。

一旦耽溺於物欲和情欲，就很容易為驕傲與自負所引誘。然後就開始充場面、裝強者，迷信支配、操縱的技巧。

有耕耘，才有收穫

若我們對自己的定義和觀感來自於他人的想法（亦即社會鏡子），就會配合他人的需要和期望來調整自己的生活步調。我們愈去迎合別人的期望，就會愈軟弱、膚淺和缺乏安全感。

一位極力取悅長官和下屬的中階主管，常會發現顧此失彼。他若顧到一人，勢必觸怒其他人。於是他開始玩遊戲，到處討好。長期下來，為了取悅所有的人，反而沒有人拿他當一回事。他發現自己已不復原來的他，因而喪失了自尊和他人的尊重。

若一位中階主管忽略生涯發展，不持續進修的話，將很快在迅速變動的世界中被淘汰。有人在多年拚鬥後，期望能休息一會兒，於是選擇享受舒適、壓力較小的生活。但休息時間拉長，隨著時間過去，他發現自己的智識活力大幅衰退，缺少自律、信心，開始承受退化的痛苦，心智動脈硬化。他會很訝異地發現，在執行任務時，往往事倍功半。

有效能的人以原則過生活、處理人際關係；無效能的人依事件緊急程度來管理時間，隨目標完成任務。

在探討生氣、怨恨、嫉妒、羨慕、驕傲和偏見等負面情感時，我們經常發現，它們的源頭其實是一種被接受、被贊同、被尊敬的願望。我們嘗試走捷徑，但成功沒有捷徑，即使許多人鼓吹「擊敗體制」，以獲得迅速的成效；但「有耕耘，才有收穫」的法則仍然不可抹煞。

接受真實的自己

數年前我還在楊百翰大學（Brigham Young University）管理學院任教時，一名學生到辦公室來找我。他問我他在班上的表現如何。寒暄幾句後，我直截了當地告訴他：「你不是真的想知道你在班上的表現，你是想知道我認為你的表現如何。你遠比我更了解自己在班上的表現，不是嗎？」

他答「是」，所以我就問：「你表現如何？」他承認他正在努力，但也有一堆理由和藉口，說明為何該用功而未用功，為何臨時抱佛腳、走捷徑。他來是為了看看這些捷徑是否有效。

如果人們一直都在虛偽矯飾，屈從於自己的浮誇與自負，他們將蒙蔽自己，受到環境和其他人的傷害與威脅，他們會為了保持虛假的一面而掙扎。但若他們能依循有耕耘才有收穫的法則，接受真實的自己，才能正確地認識自己。

追求時髦好像是將人擺在愈轉愈快的踏板上，也像是在月下追影。外表光鮮常無法換來內心的滿足；將我們的安全感建立在時裝、財物或地位象徵上，都是糟蹋。美國傳教士柴林（Edwin Hubbell Chapin）說：「時裝是外表的科學，使人在意『看起來』怎麼樣，而不是『真正的自我』怎麼樣。」

我們當然要注意別人的意見和觀點，才能與人有效地溝通，但不該將他們的意見視為當然，人云亦云。

服務的精神

第三、為了克服無法節制的期望與野心，我決心將我的天賦與資源投注到高尚的宗旨上，即為他人提供服務。如果抱持「追求第一」以及「這對我有什麼好處」的態度，便沒有奉獻管理精神，也沒有為有價值的原則、宗旨和動機服務的精神，這些人以自我本位主義為法則。

他們可能口口聲聲說是在為人服務，其實心裡另有盤算。他們可能付出全部心血，而且工作十分努力，卻不是本著一種服務觀念——不擁有任何事物，只為更高的原則、動機和宗旨而奉獻。相反地，他們全心全意在權力、財富、名望、地位、支配財物上打轉。

有道德感的人將每次經濟交易，看成是對自己道德素養的試驗。謙卑是所有美德之母，因為它宣揚奉獻精神。謙卑的人會發現，必要時所有善良的力量都會站在你的一方；但若驕傲自滿，強調「我的意志、我的議程、我的要求」，就必須全靠自己的力量，無法接觸到心理學家榮格（Carl Jung）所謂的「集體潛意識」（collective unconsciousness）精神，體會在工作中釋放出能量的力量。

有野心的人尋找自己的榮耀，關心自己的成敗，甚至將配偶或子女視為可支配的財物，企圖矯正他們的行為，以便得到他人的尊敬。這種占有的愛具有毀滅性。他們以「對我有何益處」的心態，來解釋生活中的每件事；其他人都變成他的對手或反叛者，即使是最親密的關係，也是競爭成分大過合作成分。他們運用威脅、畏懼、賄賂、壓力、欺騙和迷惑等操縱策略，來達成目標。

除非真正擁有服務精神，否則只會口說關愛朋友，實際上對朋友的要求置之不理。反覆無常、衝突的動機和興趣，不可避免地會讓我們內心交戰，而內心的煎熬常又爆發為與他人的鬥爭。與反覆無常相對的是自我統合，可藉由對他人無私的奉獻來完成。

除非能控制自己的物欲，否則將為情欲所控制，成為情緒的奴隸，盲目追求財富、支配欲、名望與權勢。

我曾試圖勸服一位中階主管，追求更上一層的原則，結果徒勞無功。於是我發現，我是要求他在征服第一個誘惑之前，就要先征服第三個誘惑。就像希望小孩不會爬就先走路。所以我改變方法，鼓勵他先學習掌握自己的健康，成效果然不錯。

若我們先克服基本的欲望，就有能力信守更高層次的決心。例如：若能夠藉由健康的飲食和運動計畫保持正常體重的話，許多人會因此經歷重大轉變，不但看起來更好，感覺上也會更好，待人更為友善；同時加強自己的能力，去做一直想做卻沒有做的事。

信守承諾

除非你能說：「我是自己的主人。」否則無法說：「我是你的僕人。」換句話說，你可能會信誓旦旦地說要加強服務道德，但在壓力下，仍會為特定的物欲或情欲所支配。我們脾氣暴躁，變得善妒、羨慕、好色、怠惰，於是覺得有罪惡感。我們不斷承諾、下決心，但都無法有始有終。我們慢慢喪失信守承諾的能力，即使在「為眾人服務」的理念下，我們仍然成為身外事物的奴隸。

這讓我想到舞台劇《四季的人》（*A Man for All Seasons*）中，瑞克對摩爾的要求。瑞克敬仰摩爾的誠實與正直，希望能到摩爾的公司工作。他請求說：「雇用我吧！」

摩爾答道：「不！」

瑞克又要求：「雇用我吧！」答案還是「不」。

然後瑞克做了一個憐憫卻動聽的保證：「我保證會堅持下去。」

摩爾爵士深深了解是什麼控制著瑞克，回答說：「瑞克，到了今晚你就無法保證了。」意即「你現在可以向我保證忠實，但只要環境改變，一有賄賂或壓力，你將被你的野心和自負所支配，到時就會違背誓言。」

當晚，摩爾的預言果然成真，瑞克背叛了他。

成長的關鍵在於：學習承諾，並信守承諾。懂得對抗自我是克服這三種誘惑的重要利器。英國樞機主教紐曼（John Henry Newman）說：「偶爾自我克制、抗拒誘惑而全心做好工作，比老是心存善意、不停地祈禱更有價值；遊手好閒的人常耽溺於後者。」

蘇格蘭作家斯特林（Sterling）說：「連教導自我克制中最差勁的教育，都勝過其他事的最佳教育。」

下定這三項決心並信守承諾，能提升自我發展和潛能，增加對他人的影響力。

4

觀念篇

高尚品格的力量

心理學家佛洛姆（Erich Fromm）在他的著作中提到，我們在適應人類社會、向別人促銷自己之後，可能會選擇疏離人群。

他指出：「今天我們常碰見行為一板一眼的人，他們也不了解自己，唯一認識的人，就是他想變成的那個人。他呢喃式的夢囈代替了溝通，僵硬的笑容代替了爽朗的笑聲，造作的憂鬱感又取代了真正的痛苦。」

要怎麼收穫，就怎麼栽

積極正面的個性，雖然對成功極為重要，但在培養人格之前即一味強調個性，無異於期待沒有根的植物長出葉子。

如果我們不斷運用個人的技巧增進人際關係，可能會影響個人原本的個性。戰勝自己才會在公眾前贏得勝利；自我控制和自律是與他人達成良好關係的根源。

有人想運用影響力，讓別人認同，短期可能有用；但長期來看，我們若口是心非，表裡不一，將會招致他人的不信任，我們的所作所為都被認為是專制操縱。我們在言辭、甚至動機上可能都是正確的，但缺少信任，就無法達到「至上的偉大」、保持永遠的成功。過於重視技巧，就像是在學校裡面對考試時的臨陣磨槍，可能暫時會過關，甚至成績也不錯，但如果不持續用功，仍無法融會貫通。

在農場上你能否臨時抱佛腳，無視春耕夏耘的原則，秋天時卻拚命趕上進度，想要有所收穫？當然不能，因為農場是由自然法則支配，必須付出心血，並順著自然過程，要怎麼收穫，就得怎麼栽，這是沒有捷徑的。

有耕耘才有收穫的法則，同樣適用在長期的人際關係上。在社會或學術圈中，你可能因為熟知「遊戲規則」而有不錯的人緣；也可能因為魅力十足，而給人良好的第一印象；或藉由威脅利誘讓人屈從。但在長期關係中，次等的人格特質無法帶來永久的價值。若缺乏誠意和基本的善意，終將露出馬腳，人際關係也就崩潰了。

許多人擁有「次級的偉大」——亦即社會地位、名望、財富或天賦，而欠缺「至上的偉大」或人性的優點。此一缺失明顯影響到了他們與生意夥伴、配偶、朋友或是子女的長期關係。

最為有力的溝通工具應該是性格，美國思想家愛默生（Ralph Waldo Emerson）曾說過：「無聲勝有聲。」

當然，也有人性格優越，卻缺乏溝通技巧，這無疑也影響到人際關係的品質。但歸根究柢，我們的本質遠較表面行為更能強而有力地傳達訊息。

我們如何看待自己

我們怎麼看待自己，不但影響自己的態度和行為，也影響我們對別人的觀感。除非同時考慮對自己及對別人的觀感，我們無法了解別人怎麼看待自己，也無法了解他們的世界。因而容易將自己的意願加諸到他們身上，還自以為客觀。

若我們對自己的觀點來自社會鏡子——四周人的意見、認知和觀念——所見到的自己就像在嘉年華會的多重鏡中的倒影，原本確切的資訊反而變得錯置、不成比例。

「你從不準時。」

「你為什麼從不保持整潔？」

「這麼簡單，怎麼不懂？」

這些指責通常未經深思，反映出說這番話的人所關心的事，和他的人性弱點，並不代表我們就是他說的那種人。

當一個人對自己的定義是來自社會鏡子時，極可能會將鏡子中的我和真正的自我混淆。他可能會開始相信或接受社會鏡中的形象，而拒絕更積極的觀點。

我偶爾會做個小試驗，要求受試者記下別人對他們的觀感，再與他們的自我觀感比較。幾乎半數以上的人很訝異地發現，他們的自我形象有一大部分是來自社會鏡子，這是慢慢的、逐步的、在不知不覺間形成的。除非這形象改變，否則終身將受嚴重影響。

對於中毒已深的自我形象，別人對你價值和潛能的肯定是一帖解毒劑。在音樂劇《夢幻騎士》中，唐吉訶德不斷地、無條件地肯定那位風塵女郎，也因而慢慢改變了她的自我形象。當她以不同的觀點來看待自己時，表現也開始隨之不同。唐吉訶德甚至給她一個新名字，讓大家記得她的新身分和潛能。

要肯定一個人的價值和潛能，就必須誠實相待，以他的潛能，而不是他的行為來評估他。歌德說過：「以一個人的現狀來看待他，他就會維持現狀；以一個人的能力和應有的成就來看待他，他就會朝這個目標去發展。」這並不是說無條件地信任他，而是要尊重他，有條件地信任他。

有人說，你必須先喜歡自己，才能喜歡別人；若不了解自己，無法控制掌握自己，就很難喜歡自己。

真正的自我尊重來自掌握自我、真正的獨立，以及對人我都好的互相依賴。如果我們的動機、言語和行動，是來自人際關係的技巧（個性面），而非來自內在的核心（人性面），別人會感受到那股不安全感或表裡不一，我們就無法創造並維繫有效的雙贏。

應從我們的內在、影響範圍、自己的性情，開始營造人際關係，當我們變得獨立進取、有正確原則、價值取向、能依優先順序組織並管理生活，才能發展為互相扶持，與他人建立豐富、持久的關係。

人際關係的調整

雖然開展與他人的關係，能夠提高生產力，提供服務、貢獻、成長與學習的機會，但也可能造成我們的痛苦和沮喪。我們也可能因為生活中缺少展望，缺乏領導和管理才能，而飽受長期煎熬之苦。我們會覺得有些焦慮不安、不適，偶爾也會尋找藥方來療傷止痛；但由於煎熬是長期的，慢慢也就麻木了，學會處之泰然。

當我們與他人的關係出現裂痕時，會感覺這種痛苦，這種感受通常十分強烈。我們希望它趕快消失，就會試圖用特效藥來治療這些症狀，像是用於個性道德上的ＯＫ繃帶。我們不明白劇痛是來自更深層的老問題。除非停止治標，開始對症下藥，否則只是事倍功半，徒然加劇長期的痛苦。

個人是人際關係的基礎，能戰勝自己才能贏得勝利。人格與獨立的力量，是和他人進行真正有效溝通的基礎。

已故的聯合國祕書長哈瑪紹（Dag Hammarskjöld），曾經說過一段語重心長、發人深省的話：「將自己完全奉獻給另一個人，比為解救大眾而獻身，境界又更上層樓。」

換言之，有人可以為數千名民眾或工作計畫，每天付出八、九個小時，或每星期五、六天，一副全心投入的樣子；但對自己的配偶、子女或親密的工作夥伴，卻無法建立一種深入、有意義的關係。重建這種關係，比花時間在眾多人事上，需要更高尚的人格，更多的謙卑、勇氣和力量。

公司裡許多問題都肇因於合夥人、經營者與所有者之間，以及總裁與執行副總裁之間的齟齬。要面對並解決這些問題，比為眾人服務、完成計畫，需要更高尚的人格。

讓人信任的三項人格特徵

下列三項人格特徵是相當重要的：

- **正直**。我將正直定義為：加諸於自己身上的價值觀。我們如果清晰地界定自己的價值，每日積極主動地權衡輕重，排出優先順序，並信守承諾，就能培養自知之明與自我價值。對自己和他人許下的承諾，如果不能付諸實現，所有承諾都毫無意義。我們心知肚明，別人也不是傻瓜。當別人感覺到我們表裡不一，就會起戒心。
- **成熟**。我認為成熟是兼顧勇氣與體諒平衡後的產物。成熟的人有勇氣表達自己的感情和信念，同時兼顧到他人的感情和信念。缺少成熟的心智和情感上的力量，就會試圖借助地位、權力、年資、關係、資格來影響別人。勇氣著重在得到最終的結果，體諒則著重在其他關係人的長期利益上。成熟管理的基本任務，在於增進所有相關人士的生活品質和水準。

● **豐富的心智**。首先我們要有一個信念：大家都有份。這種心智源自於豐富的個人價值和安全感。它主張所有成員都應分享讚賞、利潤和責任。它造就許多創造性的新機會，將個人的喜悅和充實向外傳達；相信積極的互動、成長與發展，會帶來無限的機會。

許多人深為資源不夠分配所苦。他們將生活看成是一塊固定的餅，當別人拿了一大片，自己的一份就少了，以「零和觀念」看待生活，有這種心態的人，不容易與人分享讚美、權力、利潤或聲譽。他們對於別人的成功，甚至家人、親密朋友或夥伴的成就，不能與有榮焉。當別人得到特別的認同與成就時，就像是從他們身上割下一塊肉似的。

正直、成熟、心智豐富的人，勢必擁有超出操縱技巧之外的真誠。這種人的人格魅力不斷向四處散發、傳送，人們因此信任或不信任你。若是你待人忽冷忽熱，若你既刻薄又善良，若你私下的表現與在大眾前不一致，人們不會對你開誠布公，即使他們需要你的關愛或幫助，也不會放心表達意見和真實感覺。

培養「由內到外」的思維

要想克服難題、要想幸福與成功持久，唯一的答案就是「由內到外」。「由外到內」的人不會愉快，老覺得自己是犧牲品，處處受限，因而一直抱怨使他們陷入困境的人性弱點和環境。

我有些親朋好友住在這世界的三大動亂地區當中——南非、以色列、愛爾蘭。我相信造成這些地方持續動亂的原因，在於社會的主流觀念要求「由外到內」。

「由內到外」表示，若要得到互信、雙贏和同心協力的解決方案，就必須先掌握自己的生活，並為更高尚的宗旨和原則放棄短期的欲望；個人內在的勝利必先於在公眾前的勝利；信守對自己的承諾，必先於信守對他人的承諾。這是一種持續的過程，一種向上的成長，逐步向更高形式的獨立與共生邁進。

往往有一些深刻而基本的問題，無法只求表面的解決。我們需要一種新的思維方式——以有效管理原則為基礎——才能解決這些深層問題。我們需要一種以原則為重心、以人格為基礎、由內到外的方法。

由內到外意即從己身做起，從內在的觀念、人格和動機開始。想要有美滿的婚姻，就先要有顆善良的心，散發積極的能量，避開消極的能量；想要有位討喜、聽話的小孩，就先做一位善體人意、有愛心、言行合一的父母；若想在工作上擁有更多的自主權，就先做一位負責、熱心助人、有貢獻的員工；想要讓人信任你，先讓自己值得信任；想要得到公眾認同，就先要培養人格上最基本的優點。

在我的經驗中，我從沒見過由外到內可以克服難題的答案，更別說持久的幸福和成功。由外到內會造成滿腹牢騷的人，他們覺得受人遺棄，處處動彈不得。他們認為其他人的弱點和環境，應為其困境負責。我見過不美滿的婚姻，夫妻都要求對方改變，都指責對方的過錯，試圖改造對方。我也見過勞資爭議，雙方花了大量時間和精力，試圖立法強迫對方相信彼此已建立了互信的關係。

許多公司和文化中都無法解決某一些根本的問題，根源即在於社會的主流觀念是由外到內。每個人都相信問題在於別人，如果他們能振作精神或是馬上消失不見，問題就能夠解決。

效能原則是與生俱來的，存在於良知和對生命的寂靜沉思中。要體認並將之運用於解答深層關懷，便須以不同方式來思考，將思維轉換至全新的由內而外的層次上。

有人知道我犯錯嗎？

想要由內到外、追求「至上偉大」的觀念，必先培養良知和服從良知。良知是人類獨特的天賦。

對運動員而言，體力和精神的訓練相當重要；學者也不可或缺良知的訓練。但訓練良知所需的不只是紀律，還需要誠實的生活、澄明的思考和閱讀啟發性的作品。垃圾食物和缺乏練習會傷害到運動員；同樣地，汙穢、粗糙、色情也會造成內心的黑暗，痲痺我們最高層的感受，終究我們會以社會規範：「有人知道我犯錯了嗎？」取代自然良知的：「什麼是對，什麼是錯？」

具備高尚人格的人，會學習管理生活中的每件事，比如時間、天賦、金錢、財物、關係、家庭，甚至自己的身體。他們了解，為達成崇高善意的目的，必須運用所有資源，他們也希望能肩負重任。

這些人往往以德報怨，將最好部分獻給旁人。對無耐性報之以耐性；被詛咒時回以祝福；被欺凌時轉過臉龐，淡忘與寬恕；以愉悅的心情過日子，相信人性本善，真理必將會獲勝。

當一個人極力呼籲自己的主張，為自己辯護，以怨報怨時，就陷入了自我戕傷的境遇。他和對手在勢力競技場上，以毀滅性的操縱、暴力、退縮、漠視、訴訟或政治鬥爭等手腕，相互批鬥，相互閃躲。

「施比受更有福」。當我們肯定別人，並堅信別人有成長與改善的能力時；當別人詛咒或批評我們，我們仍然祝福他們時，其實就已經培養了高尚人格。

缺乏信任就無法產生力量。如果不信任一起共事的人，就必須使用控制的手段，而不是授權。你若信任他們，彼此協議進度，就可朝向授權及達成一致的體制而努力。有了統合的組織，可協助個人發揮生產力與績效，以達成雙贏的目標。若體制不能統合，將無法授權或信任。

對症下藥

我在研討會中經常問與會的經理主管：「有哪些人曾參加授權或參與式管理的訓練？」多數人都舉起手。我又問：「在相互不信任時，若想授權給員工，會有什麼結果？」他們都說：「起不了作用！必須採用更嚴厲的控制手段，以維持工作環境中表面上的井然有序。」

我又問：「為何仍要持續管理訓練呢？你們讓人誤以為問題已經解決了，其實只是處理表面症狀而已。你們可能暫時解除短痛，但仍未接觸到長期問題。」

我再將問題提升到組織層次：「有多少人認為應重組組織內部關係或建立組織內的一致性？」一半的人舉起手。「有多少人認為應針對體制改造？」只有三分之一舉手。我又再問：「若不先在個人和人際間下功夫，就直接在管理、組織上著力的話，會有什麼後果？」回答是：「慘不忍睹。」

我們一致的決議是，我們是在一個生態體系、一個整體環境中工作。如果你不是以原則為重心來領導，你的努力將是必要卻非充分。

如果企業的所有人和管理階層缺少高尚人格與能力，就不會與他人分享權力、利潤與共識。如果他們必須與人分享，也感覺在冒極大的風險。他們必須運用由內至外的方式，在人格及能力上努力，建立信任，授權他人，才可能解決體制上的問題。

除非每位主管已達成由內至外的要求，否則即使口中不時掛著授權一詞，仍將無法解決公司的基本問題，也無法真正授權他人。

我們必須在人格和能力上下功夫，以解決體制上的問題。記住！若想改善一個計畫，就先在規劃者身上用心。創造組織策略、體制與風格的是人，而體制與風格只不過是人的四肢和心智的延伸。

5

觀念篇

擺脫過去，開創新局

每一個重大突破，幾乎都是勇敢擺脫傳統思考方式的結果。在科學界，重大轉變、思想的革命、知識的大躍進和突然從舊束縛中解放出來的，都稱為「典範轉移」（paradigm shift）——針對舊問題，提出嶄新的思考方式。典範，這個字來自希臘文，指的是用來了解和解釋特定事實的型態或標準。人類可能因為發明新的技巧，而有小幅度的進步；但要有長足進步，或技術上有革命性的進展，需要以新地圖、新思維和新方法，來思考和看待這個世界。

跟隨比較簡單

例如：五百多年前，人類繪製了一幅地圖，代表他們對當時世界的了解。直到勇敢的航海家哥倫布向傳統的想法挑戰——向正西方航行，希望能找到前往印度的新航路後，這幅地圖才產生巨變。雖然他並未到達印度，卻改變了世界的面貌和思維。他的英勇行為造成了歷史上重大的突破。

有一次，哥倫布應邀參加宴會，被安排在貴賓席的上位。一位膚淺的賓客妒忌他，突然問道：「要是你並未發現印度，西班牙難道沒有其他人，有能力進行這一任務嗎？」

哥倫布一言不發，拿了一顆蛋要求同桌的人讓蛋直立起來。每個人都失敗了。於是他拿起蛋往桌上一敲，蛋的一端陷進去，也就站起來了。

這位賓客斥道：「我們也都會！」

「沒錯！只要你知道如何去做！」哥倫布駁斥說：「一旦我指出通往新世界的航路後，沒有什麼比跟隨還要簡單的事！」

採用新典範

另一位文藝復興時期的人物哥白尼（Nicolaus Copernicus），繪製了一幅新的星座圖，正如同哥倫布繪製新的航海圖一樣，產生了重大的影響。

當時的天文學家，早已接受埃及天文學家托勒密（Claudius Ptolemy）的理論，認為地球是宇宙的中心，而且是靜止不動的。哥白尼證明了：地球在太空中快速運轉著，太陽才是中心。雖然這種以太陽為中心的觀念，當時被認為是科學的異端，亦是精神上的褻瀆，哥白尼仍然勇敢地突破傳統，引爆了一場革命，而這個說法開啟了現代科學。

哥白尼提到：「對數百年來認為地球不會轉動，而且是宇宙中心的那些人而言，地球會運轉的說法顯得荒誕不經。但我不因他人的批評而退縮。經過長期的觀察和根據一些已知的定理，我不但發現地球會運轉，而且所有的星座和球體的次序、等級，亦即宇宙，是如此緊密地結合在一起，任何一部分的移動，都會影響到宇宙的其他部分。」」

從歷史來看，領導人總運用不同的模式和「地圖」來管理人類。從原始的「胡蘿蔔與棍子」思維（即以賞罰來刺激生產力），到較為複雜的人際關係和人力資源模式（以影響策略和參與技巧為基礎）。

我希望能在管理訓練上造成「典範轉移」，不但著重在另一張地圖上，還要著重在「以原則為重心的領導」的新羅盤上。

運用這一新典範，領導人就可以清晰傳達觀點，澄清目標，讓行為與信念一致，運作程序與原則、角色和目的緊密契合，進而希望組織和員工能有所轉變。員工則藉由對公司使命的承諾，提升個人的榮譽感。

捨棄舊典範之前，是無法擁抱新典範的。同樣地，除非揚棄對員工不確實的假設，否則無法為組織帶來持久的改善：我們不能以操縱的管理技巧來吹噓人力資源。雖然如此，在這個混亂的世界中，道德倫理仍是顛三倒四的，權宜之計代替了優先任務，模仿代替了創新，造作代替了本性，偽裝代替了實力，都令人摸不著頭腦。

每個人的領導風格，是來自他的內在對人性本質的觀點與感覺。工作或樂趣、朋友或敵人、家庭或財務、配偶或自己、原則或情欲，都將影響他的觀點；而這正是支配個人信念、態度和行為的基礎。

「教導他們正確的原則，由他們管理自己。」我支持上述啟發式的觀點，這是培養管理與領導才能的方式。個人與組織都必須用一套千錘百鍊的原則，來指導和管理。這就是自然法則，也就是歷經數百年，每個偉大文明社會逐漸展現的價值。這些社會價值的型態不一，如觀點、規範和教義，作用則是提升精神、授權、完成目標，並激勵他人。

管理模式的改變，如同科學典範轉移，會完全改變個人對世界的觀點，最後並影響到他的組織。雖然管理者看重結果，領導者卻要樹立更高層的清晰願景和方向。

俗諺說：「缺乏前瞻性，人就會落伍」。有些人在界定自己的使命和價值觀之前，就已選定目標，開始追尋，攀登傳說中的成功階梯；然而，卻往往在到達最上層後，才很失望地發現，這梯子架錯了方向。

以過程為導向

在物理界，牛頓的力學與萬有引力定律，當時看起來是一項頗正確的理論；但隱藏在原子內的無限能量，直到愛因斯坦找到其中關鍵後，才呈現出來。他的「相對論」將物質與能量視為可互換的，並非截然不同，並以新的時間、空間、物質、運動和重力等觀念，革新科學思維。

愛因斯坦在他的《自傳筆記》（*Autobiographical Notes*）中寫道：「原諒我！牛頓。你所發現的，在你那個時代，是具有高超創造力和智慧的人，窮其畢生精力才能辨到的事，雖然你的創見仍然支配著物理界的思考方式，但我們知道，若想要進一步了解事物相互關連的方式，就必須在最初經驗範圍之外有新發現。」

微小的原子分裂時，釋放出巨大的能量。同樣地，任何人力資源發展計畫的目標，就是要這些人參與有意義的改造與發展過程，以釋放出驚人的創造力。

以原則為重心的領導方式指出，激勵人性的最高層次是自我貢獻。它將人視為最有價值的資產，因而，資源管理者，應將管理才能視為發掘、培養和管理其他資產的關鍵。每個人都被看成是可以做大事的自由個體，而不是受制於環境的受難者或小角色。

符合這種觀念的訓練設計，應該以過程為導向，而非結果。組織發展的過程，第一是蒐集並研判資料；第二，選擇優先次序、價值與目標；第三，辨識並評估其他可行性；第四，規劃與決定行動步驟；第五，比較結果與原定目標。

任何進行中的訓練計畫均應包括下列發展過程：第一，掌握資料的內容、精髓，先試圖領悟基本原則；第二，擴大所學到的東西，加上自己的觀點與想法；第三，傳播這些資料，與他人分享你的見解，以增進了解，尋找改革的共同語言，聽聽別人對你的觀感；第四，運用原則，在目前狀況下進行測試；第五，評估結果。

真正的成長，應該具備這一些逐步發展的過程。個人經由這個過程，接受管理原則的訓練，才能夠從舊束縛、舊習慣當中解脫，並且漸漸受到內在力量的鼓舞與引導。當公司的員工也接受這種訓練時，將能夠使組織的體制和風格，配合組織的任務、價值、角色和目標。

突破人為障礙

美國飛行員葉格（Chuck Yeager）在一九四七年十月十四日打破音障——那「看不見的磚牆」，為超音速飛行創下新紀元。有一些傑出科學家言之鑿鑿，認為音障是不可能突破的。有一些人悲觀地預測，在一馬赫時將人機俱毀，或是飛行員將失聲、返老還童或飽受摧殘。

但在歷史性的那一天，葉格駕著那部貝爾航空X-1飛機，達到每小時七百英里的速度（一．〇六馬赫），三週後又提高為一．三五馬赫，六年後更高達不可思議的二．四四馬赫（時速一六一二英里），粉碎了無法突破音障的神話。

他在自傳中寫道：「飛得愈快，愈感到平穩。突然間，馬赫指針開始振動，標明〇．九六五馬赫，然後再向右轉。我想我已超越障礙，我正在以超音速飛行，機身穩定的速度像是飛行在嬰兒平滑的屁股上，老祖母都可坐在那兒啜飲檸檬汁。我愣住了！經過這麼多的焦慮、期待後，打破音障還真讓許多人失望。音障、未知領域，好像只是在果凍上戳一下，在完美路面上滑行一般。後來我才發現，這項任務終究會讓人失望，因為真正的障礙不在天空，而在我們對超音速飛行的知識與經驗。」

打破音障後，我們又面臨更艱鉅的障礙——人為障礙。對今天許多經理人而言，突破人為障礙或現狀，如同四十年前航空專家要打破音障一樣的困難。

為什麼？因為人力資源常被認為是限制（即便不是負債），而不是優點或資產。組織內的體制與程序，似乎已認同低水準的表現。有些主管以低速度、低姿態帶領著一個口令、一個動作的公司，還自認為高水準的表現會讓他失控、潰敗。

另有一群受過良好教育的經理人，勇於突破神話式的人為障礙，並證明成長五倍（不是五%）的績效仍是可行的，也沒有人會失聲、返老還童或受到折磨。在高效能公司上班的人，通常都比較健康、愉快，因為他們被當成是公司內最寶貴的資產。他們彼此協助，以求在品質和生產力上大幅進步。他們願接受以超音速管理的原則和實務為基礎的訓練，對自己的無窮潛能極具信心。

訓練和成長的計畫，應隨同公司的願景、任務和原則，自然地進展。這些計畫賦與員工力量，讓他們勇敢地進入未知世界。由想像力而非金錢所引導，最後必能脫離憂慮和失敗的夢魘。許多公司和個人都需要有長足進步，在習慣上有重大轉變，在模式上改造一番，否則一切依舊，就徒然無功。

克服對過去的迷戀

學習如何處理約束力並運用推動力，達成個人的勝利，才能成功突破舊束縛，並以新的觀念取代。

克服對過去的迷戀，必須具備清晰的自我和強烈的意願，知道自己的角色和想達成的目標。表現不佳常可歸咎於不知區別輕重緩急和組織規畫。決心薄弱就會容易受到感情、情緒和環境影響。

有高績效的人時刻不忘自己的進度。他們掌握行程，而不是屈從於它。每週有固定的計畫，而且每天調整。但他們並非任性行事，而是運用紀律與集中力，不向情緒和環境低頭。他們在精神旺盛的時刻，處理重要計畫和創造性工作；在疲憊時，則處理較不重要和較不吃力的事。除非已決定採取行動，否則拒絕一再處理公文往返。

我將「紀律」定義為承諾並信守承諾的能力，這是克服對過去迷戀的關鍵。從小處著手，可逐漸增強個人榮譽感，並建立信守諾言的能力，最後，榮譽感將強烈地超過情緒。

因為知道要信守承諾，承諾時就會有所節制。

將答應過的事一條條記下來並放在眼前，是很有幫助的。近來我發明了自己記事的工具——「七項習慣的組織者」。記下我們的角色和目標，可增強自己的決心，提醒我們挪出時間和精力去實現諾言。

如何擺脫舊習慣？

我們知道，在航空學上，當飛機起飛、脫離重力的控制時，要比飛行數百萬英里後重回地面時，消耗更多的能量；同樣地，開始新的行為，也需要更多的努力和能源。

舊習慣是強有力的束縛。通常我們下定決心要改變暴飲暴食的習慣，結果隔天還是一樣；我們承諾要打破因循苟且的習慣，回覆早就應該回的信件，進行重要但不緊急的計畫，卻一再的食言，一再自我欺騙。下了決心，再打破它。我們甚至開始懷疑，承諾是否值得。

我們要如何打破舊習慣，並建立健康新習慣？首先就要坐下來，計算成本，避免公開宣布後，卻又無法完成。無法完成承諾，不但會被別人取笑，我們也不會原諒自己。我們只須坐下計算成本，仔細衡量力量的極限，以確保有足夠的衝勁。

力場分析告訴我們，每個環境中都存在許多牽引力量，阻擋任何新衝勁。任何想改變習慣的嚴正計畫，都應將這些力量考慮在內。決心改變飲食習慣，就必須考慮可能會影響我們決心的時、地和狀況，然後，才可「避凶趨吉」，幫助我們前進實現決心。

舊習慣的力量非常驚人。要突破根深柢固的因循苟且、好批評、暴飲暴食或貪睡等惡習，需要的不只是意志力而已。我們面臨的是基本個性的問題，需要徹底地重新調整或是轉變。

通常自己的決心和意志力並不夠，我們需要與那些有類似承諾的人，形成聯合力量。這種關係會迫使我們去完成某事。匿名戒酒協會的成功，即證明聯合力量的強大。

但剛開始時，改變非常不易。一旦決心要改變、要起飛，就要犧牲為所欲為的自由，直到新習慣基礎穩固，對舊習慣的欲望已減退為止。我們會經歷退縮的階段，必須和渴望、習性與傾向抗衡。如同太空人在脫離地心引力時，必先飽受自然力量衝擊之苦。因此企圖克服對過去的迷戀，必得經歷某些痛苦。

限制改變的三大特質

使人沉溺於舊習慣，主要來自三項特質——欲望、驕傲和野心：

一、**物欲和情欲：**我們有時會屈服於物欲的吸引力——生理上的暴飲暴食，渴望食物和飲料。許多人是胃和嗜好的奴隸，胃不知節制地控制著心智和身體。過度縱欲便對他人的需要不甚敏感。我們生自己的氣，有時只要一受刺激，便將憤怒發洩在別人身上。因此若受物欲和情欲所控制，不可避免地會有人際關係問題。

蘇格蘭詩人司各特爵士（Sir Walter Scott）寫道：「過度沉溺感官的人，也會因此而使自己不快；若要激怒他，只要挑撥他的兩種本質。」

二、**驕傲和自負：**若我們不安於對自我的定義，便會在社會鏡子裡尋找身分和認同。我們對自己的概念便來自於他人的看法，生活只為了迎合別人的期望。然而，愈是去過他人所期望的生活，愈會變得不安和虛偽。

期望會因人而異，意見恆變。如果繼續玩角色扮演的遊戲，屈服於浮誇和驕傲，只是自欺，感到受威脅，掙扎著維持錯誤的外表。

三、**期望和野心：**當我們受野心所蒙蔽時，首先尋求為人了解，獲得榮譽、地位、權力和升等，而非顧及時間、才華等管理者所需的資產。野心勃勃的人極具占有欲，他們以「對我有什麼好處」來解釋每件事。每個人都成了競爭者，就連有親密關係的人都是競爭者，他們使用各種操縱方法達到目的。

日常的個人勝利

若能克服肉體的怠惰，每天早起（意志力勝過床鋪），我們將享受到當天的第一項勝利。然後就能順暢地處理其他事。由小處著手，完成大事。

早起的勝利，讓人有征服感，有支配感，趨使我們進一步克服當天的困難和障礙。一天開始，即獲得個人的勝利，是打破舊習慣並建立新習慣的絕佳方法。

在每天精神飽滿之際，進行重要且困難的工作，而將例行工作挪到其他時刻，就能把事情做得更快更好。如此，我們就能支配決心、目標和計畫，而不受制於情緒和環境。

我們每個人都有自己的戰鬥，也都有機會在遭遇到公開的戰鬥之前，先在心中模擬戰況。以這種方式，我們可以在時候未到前，事先模擬挑戰。我們因而能處理期望、自私、消極傾向、急躁、憤怒、拖延、不負責任；與之對抗，並在實際遭遇之前，憑想像去打贏這場戰爭。

之後，當公開的戰鬥到來時，壓力接踵而至，以這一套正確的原則為依據，我們將有內在力量與之相抗。在進入公眾舞台之前，贏得個人的戰鬥，是另一個打破舊習慣、建立新習慣的關鍵。我深知除非有成功的個人勝利，否則在公眾前不會有持久的勝利。

有氧舞蹈可增加我們的肺活量，肺活量增加時，打破舊習慣、建立新習慣的能力也就增強了。

當然除非有力量，否則不可能跑得快。這裡所謂的有氧舞蹈，是指積極的運動計畫，以逐漸蓄積體力，提供身體所需的能源。一個人若沉靜多年，然後突然進行體能競賽，會發現自己的身體急需氧氣的滋潤；但卻發現循環系統發育不全，嚴重缺氧下，可能造成中風、心臟病發或死亡。

我們應該藉由每日對情緒纖維的練習，累積體力，在受到壓迫時，儲存的情緒力量就能派上用場。

至於建立新習慣，我建議每日應做兩件事：一、培養前瞻性；二、就未來計畫做出決定與承諾。人具有超越自己的能力，超越現在，看到以後發生的事，以及應該會發生什麼事。必須有這個了解，再花時間去規劃並做出決定。如同歌德所說的：「重要之事，絕不可受芝麻綠豆小事牽絆。」審慎的規劃，有助我們維繫展望，並產生有目的、有優先次序的靈感。

讓人屹立不搖的五大原則

若能遵照下列五項原則，在試煉的時刻就能夠屹立不搖。

- 不做無法信守的承諾。
- 承諾做得更好，表現得更好，並與心愛的人共同分享這些承諾。
- 運用自知之明，對自己的承諾有所選擇。
- 將承諾視為對自己誠意與信心的考驗。
- 切記！誠意或自我支配，是與他人交往成功的基礎。

有個簡單方法，可以讓你邁向長期追尋的卓越目標，在追求真正的成熟（勇氣與體諒兼顧）和誠意時，獲致成果。這方法就是：在接受新習慣或想做的事之前，先停下來，控制情勢，衡量所有可運用的資源，集中注意力與心志，調適你的情緒以及回應，問自己：「我如何做出最佳回應？」呈現自己最好的一面，這些動作將使你不再猶豫，重建決心。

每樣事情都準備妥當時，太空人會說：「一切就緒！」也就是說，每件事都位於適當的、均衡的運作狀態，隨時可以發射。因為每件事都協調妥當、十分配合，他們就可以無後顧之憂地在太空間進行重要的探勘。

「一切就緒！」表示所有事物正準備帶我們前往計畫中的目的地；但如果我們的習慣和價值體制不能和諧一致，將受制於內在的懷疑與阻力，計畫也就泡湯了。而積極正面的行為加強了我們良善的意願與決心，行動計畫會改變我們個性的本質，實際去做會轉變我們對自己的觀點。

個人行為主要就是這樣的一個自我控制的循環。於是，一個人若許下承諾卻無法履行，會有人格受損的危險，他的榮譽與誠意也受到了威脅，自尊降低，就會為自己塑造不同的形象，讓自己的行為也受制於這一形象。但若能善加處理每一項新挑戰，並克服它，內心就會釋放出自由、力量和能力，提升到前所未有的境界。

6

觀念篇

成長，需要循序漸進

真正的成長和進步都是依循自然的發展次序逐步完成的。《聖經》〈創世記〉篇中記載，世界是在六日內完成的。每天都很重要，都符合成長的時機：光線、土地、植物、動物，最後是人類。這種有次序的發展過程，在生活中司空見慣。

- 從小開始，我們學會翻身、坐著、爬行，然後才會走路、跑步。每一步驟都很重要，不可省略。
- 在校時，先學算術，再學代數，才學微積分。不了解代數，勢必無法計算微積分。
- 在蓋房子時，都是先打好堅固的地基，然後才進行基礎架構和裝潢。

在體能和知識上，有許多證據支持這項見解，我們也就能夠了解並接受這一按部就班的過程。但在人性發展與社會關係上，我們卻常試圖走捷徑，以模仿取代創新，以矯飾取代性格，以外表取代實質，以偽裝取代能力。經常省略重要步驟以節省時間和力氣，卻仍希望得到同樣的報酬。

這是白費心機。在彈鋼琴或公眾演說等專業技巧或天賦，以及培養人格和意志上，是沒有捷徑的。生活中，有不同的成長與發展階段。「創世記六日」這一過程，在每一階段都適用。

若有人在培養網球技巧時想要省略這一漸進過程，會發生什麼事情？若一位網球選手的技巧只是第三級，卻想達到第六級的表現，讓人刮目相看，結果會是怎麼樣？若你讓朋友相信你的琴藝已達到第六級，但實際上只有第二級時，又會如何？若你的高爾夫球藝只達第三級，卻與一位第五級選手同場競技，光憑積極的信念就能擊敗他嗎？

答案顯而易見。違反或忽視這一發展過程是行不通的。想違背自然的企圖，尋找捷徑，終將造成混亂與沮喪。位於第二級，想要進步到第五級，就必須先進步到第三級。迂迴、捷徑、假裝、做做樣子、「為成功而裝扮」，這些都無法彌補技巧不夠純熟的缺點。進步的意思包括接受事實，既然在第二級，就應拒絕假裝實力高超。

承認無知，是學習的開始

學生若不藉由問問題透露自己的無知，讓老師了解自己的程度，將永遠學不會、長不大。人終究無法偽裝太久，最後仍會露出馬腳，因此承認無知是教育的第一步。

暫且撇下技巧或知識的成長，讓我們來看看個人的內在成長。假設有個人在智識上位於第五級，但情感上卻是第二級。一切順暢時，都沒問題。但若身體疲倦、婚姻問題、財務壓力、子女不聽話、小孩哭鬧、電話嘈雜，事情紛沓而至時，會是什麼樣子？

情感不成熟的人，會發現自己完全受制於脾氣、欠缺耐性和挑剔等情緒反應。但若諸事順遂，就無法察覺到這一內在缺陷和不成熟的心理。

在情感、社會關係和精神等自然發展過程中走捷徑，一時也許可以假裝，擺個樣子，也可暫時度過難關，甚至欺騙自己。但多數人知道自己的本性，共同生活的家人和共事的人也知道你是什麼樣的人。

要能有效地與同事、配偶或子女共處，必須學會傾聽，這又需要情感的力量，傾聽需要耐性、寬容，以及了解別人的欲望。但我們若凡事來者不拒，就會有被改變、被影響的危險。若執著自己是對的，就不會想要改變。我們會發現，封閉自己、喜好傾訴、下指令很容易。要從第二級情感層次，給人第六級的勸告，當然簡單得多。

擁有先於施予

我曾教導我女兒「共享」的價值，當時她仍未準備好接受這一觀念。這其實是在做傻事，企圖將她從第二級提升到第五級。

有天，我回家參加女兒三歲的生日宴會，發現她在客廳的角落，緊抱所有禮物，不願和其他小朋友一起玩。我察覺到有幾位家長注意到這種自私的尷尬。我是人際關係的教授，自然有些困窘，我也感受到他們希望我去勸勸我的女兒。

屋子裡的氣氛是有點僵。其他小孩圍繞著我的女兒，伸出雙手，要求玩他們剛給她的禮物。我女兒則一口回絕，我告訴自己：「我應該教導女兒如何分享，共享是我們確信的基本信念之一。」我第一個方法是要求：「親愛的，請你和你的朋友分享他們剛給你的禮物好嗎？」

一個堅定的「不」。

我的第二個法子是講理：「親愛的，你若能讓他們與你共享玩具，下次你到他們家去時，他們也會與你共享他們的玩具。」

同樣地，「不」。

我更加不好意思了，顯然我是一點辦法也沒有。第三個法子是賄賂：「你若願意分享，我要給你一個驚喜。我要給你一片口香糖。」

她大聲叫道：「我不要口香糖。」

我有些火大了。第四個法子是威脅：「你最好聽話，不然就有麻煩了。」

「我不在乎，這些是我的東西，我不要給別人玩。」

最後一個辦法就是強迫了。我拿了幾個玩具，塞給其他小孩：「孩子們！一起玩吧！」

或許我女兒需要的是在給予之前，先有擁有的經驗，除非我們真正擁有某樣東西，否則無法給予他人。但當時，我對其他父母意見的重視，遠甚於我們父女關係的成長與發展。我最初的判斷是，我是對的，她應該分享，不這麼做就是錯的。在這基礎下，我持續地想左右她，直到最後被迫採取強硬的手段。

她位於第二級，我卻對她有第五級的期望，只因為在情感上，我也是位於第二級。我無法也不願意付出耐性與了解，卻期望她能夠付出。我若更成熟些，應該會讓她自己選擇。或許在和她講理後，我應該將小朋友的注意力轉移到另一更有趣的遊戲上，讓我的女兒卸下所有情緒上的壓力。從那以後，我才知道，一旦小孩真正的擁有後，就自然願意與人分享。

教導與訓練應掌握一定的時機。當關係觸礁、情緒緊繃之際，教導和訓練常被認為是批評或拒絕。較好的方法是，與這個人獨處，私下討論；但這同樣需要耐性和內在自制力，簡言之，就是成熟的情感。

借助外在力量

除了父母之外，許多老闆、領導者和發號施令的人，可能都是能力強、學識淵博、技巧純熟的人，但在情感和精神上卻尚待磨練。於是他們想借助職位上的力量，來彌補這一缺陷。

不成熟的人如何回應壓力？當屬下不依命令行事時，老闆會如何？當學生質疑老師的觀點時，又會如何？

不成熟的父母被十多歲的女兒打斷話題時，會怎麼樣？這類父母又如何教導惹事生非的子女？在極具爆炸性的情感問題上，如何處理夫婦間的歧見？又如何面對工作挑戰？

情感不成熟的人，為彌補個性的缺失，通常會借助地位、年齡、經驗、智識或情緒上的力量。結果呢？這個人反而暴露了三個弱點：

一、他自己。借助地位或權威的力量，使他更須依賴外力完成任務。

二、別人。其他人在一片戰戰兢兢、唯唯諾諾聲中，學習如何回應，反而阻礙了他們自己培養推理、自由、成長和內在紀律的能力。

三、人際關係。人際關係勢將觸礁，憂懼代替了合作，每個人都變得有點霸道，容易激動或謹慎小心。

為了在爭辯或競賽中獲勝，情感不成熟的人會運用他的力量和能力，把對手逼到牆角。但這樣即使贏了，也是輸家，每個人都輸了，他的力量變成他的弱點。

假若我們借助於財物、地位、資歷、外貌、地位象徵或成就的力量，當這些東西改變或不存在時，又該怎麼辦？

顯然自己的這些弱點仍存在。習慣於借助這些力量的人，還是無法影響那些他們想要影響的人。子女會覺得被輕視，受到壓抑，缺少價值、主體性和自尊。同事也變得不易相處，在一些重要事務上以自己的方式回擊。

那麼，有哪種力量可以運用，而不造成弱點呢？唯有從**蓄積內在力量根源**，才能應付狀況。例如外科醫生從已有的技術和知識借取力量；賽跑者則借自他嚴格訓練過的身體、強壯的腿和有力的肺。

換言之，我們必須問：「應該如何應付這種狀況？需要什麼力量、技巧、知識和態度？」顯然，外科大夫和賽跑者的財物、外貌或學歷證件，只是象徵而已，沒有實質內容的話，就毫無意義。

個人成長的六大含意

在「六日」成長過程中，我發現有六項重大含意：

一、成長是一自然過程，怎麼播種，就會怎麼收穫。正如必須先學代數，再學微積分；走路之前，要先學爬行。

二、人人有別。在體能、社會關係、情感、知識、精神各方面，每個人所在的等級都不相同。或許我需要努力克服的事物，你早習以為常。反之亦然。

三、比較是危險的。比較會造成不安全感，但我們卻常在子女、同事和其他熟人之間相互比較。如果價值感和自我安全感是來自比較，我們勢將變得煩躁不安，一會兒覺得高人一等，一會兒又覺得短人一截。意見、習俗和風尚都是易變的，易變的事物不會帶來安全感，因此內在的安全無法由外部而來。借助外力無法提升內在力量，反而會削弱內在的力量。而且比較與借助外力，容易一方面志得意滿和浮誇，另一方面又沮喪和自我厭棄。它慫恿人們走捷徑、受他人意見支配、為外貌而活，以及借助外力。

最好的辦法是自己與自己比較。我們無法將自己的快樂建立在別人的進步上，只能集中在自己身上。此外，我們應將別人的表現與他的潛能比較，才能不斷證實他們的潛能與努力是否相稱。我們應該問：「以他的能力，他的表現如何？」而不是將人與人相互比較，當作愛恨賞罰的憑據。

四、捷徑不存在。位於第二級，希望能進展至第六級，就必須經過第三、四、五級。若我假裝已到達第六級，以求給別人好印象，必會露出馬腳。想要符合所有人的期望，勢必失去他人的尊敬。若某人位於第三級，卻拿第五、六級的標準來比較或批評他們，這毫無意義，只會造成傷害。

五、改進必須從現在的水準做起。改進不是從我們應該有的，或別人的水準，或別人認為我們該擁有的水準做起。每天多做一次伏地挺身，一個月後就可以做到三十次。每天增加一定分量，如一點耐性、了解、勇氣，在每天努力與自制下，能力就會逐漸增加。

我相信對多數人而言，第一、二級要求的是身體的控制——早睡早起，經常運動，飲食適度，疲倦時仍然堅守工作崗位等。許多人在仍然受制於物欲、情欲時，即嘗試要克服第四、五、六級的問題，如拖延苟且、無耐性、自負。若無法控制身體與欲望，又如何能控制我們的語言，克服我們的七情六欲？許多人渴望享受到第五、六級的成果（關懷、靈性、有智慧），卻不願意遵從第一級的法則（控制物欲與情欲）。

六、內省讓我們正確了解自己的弱點，產生克服弱點的力量。許多人就是不知道從何開始。我們常不明瞭何事優先，別人的模式與過程可能和我們不同，甚至同一事情，在不同的時間也會有所差異，有時，我們還要同時在各個不同等級上努力。

但成長與進步的關鍵，就是永遠從我們現在的水準開始。

7

觀念篇

當原則面臨挑戰

印度聖雄甘地（Mahatma Gandhi）說過，有七件事情會毀滅人類，這七件事都和社會、政治狀態有關。矯正的方法取決於外在的標準，或是以自然法則和原則為基礎，而非以社會價值為基礎。

以下就是甘地說的七件事：

● **不勞而獲**。這指的是不須付出即可獲得，如炒股票、不動產，只要操縱一些人與事，不須工作或生產。今天，許多行業即是不勞而獲，賺錢不需付稅。由免費的政府決策獲益，卻未負起財務責任。享受公民或公司的權利和福利，卻不必承受任何風險和義務。

八〇年代被稱為貪婪的年代，有多少騙局是起源於一夕致富的心態，或「不勞而獲」的投機心理，所以我非常關心我們的下一代是否會踏入投機行業，或學會迅速致富，卻不願腳踏實地付出相對的代價。

社會上有些連鎖行銷或金字塔組織的行業，讓許多人不須工作，就能迅速致富，我十分擔憂這種情形。他們使用各種理由為自己辯護，但歸根究柢總是「貪婪」兩字。「不要辛勤工作即可致富，剛開始或許要忙上一會兒，但不久財源就會滾滾而來。」這些社會倫理與規範，使他們的判斷受到扭曲。

重返基本原則

公正與判斷是無法分開的，也就是說，離開自然法則有多遠，判斷就會受到多少影響。你的觀點被扭曲了，你開始以詭譎的謊言，提出各式理由以自圓其說，你已遠離自然法則，受制於現實的環境。

當公司出問題時，我們常聽到公司主管憂傷地坦承，是如何悖離自然法則，過度擴展、過度借貸、過度投資，卻昧於真相，看不到客觀的事實，只聽到一堆自我辯解的喃喃自語。這些人必須付出代價，為了生存而奮力工作，在五、六年間也難以恢復舊觀。他們必須重返基本原則，從胼手胝足的苦幹實幹做起。而當初對企業創始者堅守基本原則、維持小企業型態，避免負債的保守作風——這些主管還頗有微詞。

- **不顧良知追求樂趣**。不成熟、貪婪、自私、追求感官享受的人，最常問的話是：「這對我有什麼好處？會讓我高興？會讓我輕鬆？」近來，許多人都追求這類樂趣，卻不訴諸良知與責任感，甚至以此為名，完全不顧家庭。獨立並非成熟，只不過是通往互相扶持（最進步與成熟的狀態）的中途站而已。學習施予、不自私、敏感、體諒，才是挑戰。在追求樂趣的活動中，是找不到社會責任或義務的。

追求樂趣而愧對良知的最後代價，在於損失時間、金錢和名譽，而且也讓他人的心靈受到傷害。悖離自然法則卻缺乏自知之明，是很危險的。良知是永恆真理與原則的貯藏所，也是自然法則的內在監視器。

一位知名的心理學家，嘗試所謂的「正直療法」，就是結合人類和道德良知。他告訴我，他曾經極端沮喪。「我當時想我會自殺，」他說，「於是，我住進一家精神病院，試圖忘掉這種想法，直到我能忘掉後，才離開那家醫院。我現在仍不從事臨床工作，因為壓力太大了，我只作研究。經過努力，我發現正直療法是唯一的方法。我放棄我的情婦，對我的妻子坦白，生活第一次出現了平靜。」

追求昧著良心的樂趣，是今日許多主管的主要誘惑之一。有時在飛機上，我瞄一眼針對公司主管的雜誌廣告，將近三分之二的廣告，邀請這些主管享樂一番，而不須面對良知，因為他們「得之無愧」，而且何不「放鬆一下」？誘人的訊息是：「你已抵達目的地，現在就是支配自己的時候，不再需要被良知所掌握。」有些廣告上，如一位六十歲的老頭，摟著三十歲的迷人女郎，她們甚至陪伴一些主管出席會議。那將太太丟到哪兒去了？夫妻間的倫理又到哪兒去了？

● **空有學識，卻沒有人格。**比缺乏學識更危險的是，擁有豐富學識，卻缺少強有力、有原則的人格。我們只注重智識上的發展，而內在人格卻缺少相同的進步，這如同將一部高性能的跑車，交到嗜食禁藥的青少年手中一樣危險；但事實上，在學校教育上，我們正是如此不重視年輕人的人格培養。

人格教育

使我熱衷將高效能族群的七大習慣推廣到學校的原因之一，因為這也是一種人格教育。有些人不喜歡人格教育，他們說：「那是你的價值觀。」但是你仍可以達成眾人均認同的價值觀，這並不難決定，例如親切、公平、尊嚴、奉獻和正直，都是值得保存的價值觀。沒有人會為此爭辯。讓我們就從這些無庸置疑的價值觀開始，將之灌輸到教育系統和公司的訓練發展計畫裡，使人格和智識的發展更為均衡。

今日致力轉變教育的人士旨在營造共識，尋求共同的原則、價值和區分事務的優先順序，並倡導精細的學科劃分、專長訓練，以及愛國主義的政治理念。

- **缺少道德的生意經。**亞當．史密斯在《國富論》之前所著的《道德情感論》（*The Theory of Moral Sentiments*）一書中，解釋了道德基礎對體制成功的重要性，以及彼此如何對待、互惠、服務和貢獻的精神等。忽略了道德基礎，經濟體系勢將製造一個沒有倫理觀念和教育理想的社會。所以經濟與政治體系應建立在道德基礎之上。史密斯認為，每筆交易都是向道德挑戰，理想是雙方均能受公平對待。商業上的公平與互惠，正是資本主義自由企業體系的基石。我們的經濟體系是來自合乎憲法的民主政治，兼顧了少數團體的權益。黃金法則或雙贏的精神是道德、互惠和公平。扶輪社的座右銘之一是：「這是否公平，並兼顧所有會員的權益？」這是一種合乎所有會員道德規範的價值。

道德與謊言

我贊同史密斯所說的：「每筆交易都在向道德挑戰。」有些人說他們的多數交易都合乎道德，但仍麻煩不斷。這也就是說，仍有少部分事情是在暗中進行。他們有暗藏的計畫、隱密的生活，並極力為自己的活動提出辯解。他們用合理的謊言說服自己不必堅持自然法則。若社會上瀰漫著一股詭辯的氣氛，社會倫理和政治理念將完全脫離自然法則。

一位在一家大型航空公司任職了五年多的「道德指導員」，他最後以辭職抗議，即使損失高薪和福利，仍然執意離開公司。他說，主管階層有自己不同的商業道德觀，而且有各式各樣的託辭。財富與權力，是他們的優先考慮，而且他們也不找藉口掩飾。即使在公司內部，他們也和現實脫節，口口聲聲「服務客戶」，卻對自己員工百般剝削。

● **講究科學，卻缺乏人性**。如果科學變得只剩科技，將會迅速惡化為人類與人性的對抗。科技是來自科學觀念。但是，如果我們不了解發展科技更高層的人性目的，我們將受制於科技。我們常看見受過高等教育的人，攀登科技的成功階梯，卻錯過稱為「人性」的那一階，最後發現階梯靠錯了牆頭。

過去那些偉大的科學家直到今日仍影響後人，他們為世界帶來科技的大震撼。但若只是將新科技強制運用在舊問題上，基本的癥結仍未改變。我們可能看到科學上偶有進展，但若缺乏人性，人類真正的進步仍是微乎其微。舊有的不公平與不公正仍然存在。

自然的法則和原則，是羅盤上的指北針，也是唯一不變的真理。科學與科技幾乎可以改變所有事物的風貌，但基本道理仍然不會隨著潮流而改變。

● **有宗教信仰，卻沒有奉獻精神**。不願奉獻的人，可能在教會內活躍，但執行教義不積極。換言之，我們只顧到宗教的社交虛浮面和虔誠的宗教信仰，卻未能真正與人交心，或試圖解決可能會使經濟體制崩潰的社會問題。唯有奉獻，犧牲我們的驕傲與偏見，才能顧及到他人的需要。

若宗教與教會被看成另一種階級制度，它的成員就不會產生服務觀或發自內心的崇拜。相反地，他們只著重外表的規矩，以及看得見的宗教服飾。非但不以上帝為念，也不以原則為重心。

七大習慣中的其中三種，是如何與他人相處的原則：如何服務他人，如何為他人犧牲、奉獻。第四、五、六習慣——雙贏思維、知彼解己和統合綜效——都需要高度的奉獻精神。我相信實踐這些習慣需要有溫柔的心和自省的精神，這對某些人而言，即是奉獻的極致。

我曾見過一對夫妻經常口角，我認為：「這兩人彼此間必須要有溫柔的心和自省的精神，否則關係將不會長久。」缺少謙恭，便無法獲致和諧。驕傲和自私會催毀人與神、男人與女人、人與人、自我與自我之間的和諧。

服務群眾的領導人物應具備謙恭態度，這是內心虔誠信奉教義的表現。有些高階主管極為謙恭，願意犧牲他們的驕傲，讓別人分享他們的權力，我敢說他們在公司內外的影響力，將因此而增強。不幸的是，很多人想要宗教（至少是宗教的外貌），卻不想付出。他們想要精神昇華，卻不願意在極富意義的齋戒期中錯過任何一餐，或為善不欲人知。

- **從政，卻沒有原則**。沒有原則，就沒有方向，你將無所依靠。而注重人性倫理可迅速給人好印象，在社會和經濟市場上得到極好的口碑。許多政治人物花費大量金錢塑造形象（即使只是表面，缺乏實質），以爭取選票，掙得一官半職。一旦成真，將使得政治體制脫離支配它的自然法則。獨立宣言中寫道：「我們認為這些真理是不辯自明的，也就是：所有的人生而平等，造物者賦與人類不可分割的權利，包括享有生命、自由、追求幸福的權利！」換言之，這些都是顯而易見、外在、可見的、自然、不須爭議的法則。而且，我們認為這些真理是不辯自明的，是創造健康社會的關鍵，讓社會正義、價值體系與正確的原則相互配合，這時羅盤上的指針將指向正北——正北代表自然法則——意謂著我們可將價值體系建立在這上面，因為它們恰好在同一線上。

社會正義須緊扣正確原則

但是，若在政治理念背後的社會正義不健全，和正確原則脫節，你將看到一個充斥著扭曲價值的病態組織或社會。強姦犯、搶犯和竊賊所標榜的使命感和共同價值，和許多企業的使命非常相似，他們都使用類似的字眼：「團隊合作」、「忠誠」、「利潤」、「創新」、「創造力」。問題即在於他們的價值體系並非以自然法則為基礎。

相同地，在具有高尚使命的企業內，許多人正在光天化日、眾目睽睽之下被剝削。或許，他們未經過正當程序，就被剝奪了自尊、金錢或地位。若在正當程序之後，看不到社會正義，或根本就沒有正當程序，你就只好求助同僚的認同，並參與反文化的破壞行為。

在電影《十誡》中，摩西對法老王說：「我們是由上帝的法則所統治，而不是你。」事實上，他是說：「我們不會被人所統治，除非那人是法則的化身。」在最好的社會和企業中，自然法則與原則掌管一切，它是最高法律，即使是最高層主管也要服從的原則，因為沒有人能超越原則。

七大習慣將協助你躲開這七大罪惡。你若無法實踐七大習慣的話，就試試十誡吧！

8

觀念篇

以「道德羅盤」為指引

在一片混沌的變動時代，地圖的作用不大，我們需要的是道德羅盤的指引。

最近我在紐約親眼看見街上的一群小太保，俐落地搶劫路人。我相信這群小混混也有自己的地圖，也就是他們的共同價值觀：「不得密告他人，彼此忠誠相待。」但這些幫派所信奉的價值，並不代表「正北」，正北應該是尊重人性與他人財產。

這些小太保缺少內在的道德羅盤，而原則正如同羅盤。羅盤隨時指著正北，反應了自然法則和原則。羅盤指向「正北」，也就是客觀和外在，代表著自然法則，與之相對的是主觀、內在的價值觀。羅盤代表生活的真理，我們必須遵循「正北」的原則，才能培養價值體系。

自然法則與真理

美國電影導演米勒（Cecil B. DeMille）說過：「我們是不可能打破原則的，如果硬是與之對抗，我們只會撞得頭破血流。」

原則是已獲確認、持久不墜的人類行為習慣。原則支配著人性。全球的六大宗教全都具有同樣的基本信念，如：「要怎麼收穫，先怎麼栽」、「坐而言，不如起而行」。我發現全球各地對於「正北」的原則，都有一致的看法，並不難找到。這些原則是客觀、基本、不容辯解的。例如：「信譽不佳，就無法獲得信任」、「因果報應」等。

什麼是企業的最高指導原則，眾人的意見也趨於一致。公正、仁慈、自尊、博愛、正直、誠實、品質、服務和耐性等，是放諸四海皆準的美德。

想想看，若企圖用不公正、欺騙、卑鄙、無能、平庸、墮落來過日子或做生意，會是多麼危險。相信沒有人會用它們當作永恆、幸福與成功的堅固基石。

正如物理的重大法則，原則也是永恆的、不容置疑的。人們可能會爭議它的定義，解釋和運用，但往往一致同意其所蘊涵的美德，即使無法完全符合它，卻相信它，願意受社會經濟法則評價管理。

認真探討國家或公司歷史後，就會發現這些原則與真理都是顯而易見的。這些原則一再浮現。而社會認知原則、與之和諧共處的程度，決定了整個社會能否持續穩定的生存，還是走向分裂、毀滅。

在一次脫口秀訪談中，主持人問我：「希特勒是不是一個有原則的人？」我說：「不！他深受個人價值的影響，他最重要的心願就是統一德國；但他違背羅盤原則，於是遭受自然法則的譴責。後果非常嚴重，使全球動盪不安了好多年。」

面對自然法則時，我們可以選擇坦然接受，或以其他方法與之對抗。法則是不變的，結果當然也是一樣。

我在研討會上問聽眾：「提到個人的價值時，通常你會想到什麼？」多數人都集中在自己的需要。我又問：「提到原則時，你又會想到什麼？」多數人則傾向於依循客觀的法則、傾聽良知的聲音和追求真理。

原則並非價值觀。德國納粹和街頭流氓幫派一樣，他們也有共同的價值觀，但這些都違背基本原則。價值如同地圖，原則則是疆域。地圖並不代表疆域，只是想描繪或呈現疆域的主觀企圖。

地圖與正確原則愈相近，與疆域的實情、事物本質愈相符，也就愈正確可靠。正確的地圖會影響我們的行為，效果比我們改變態度和行為要來得好，具有更大的效果。但當疆域不斷改變時，任何地圖也都失效了。

羅盤的重要性

今日世界最迫切需要的就是羅盤。羅盤上有一根自由轉動的指針，永遠指向正北，這是水手在海上航行時，指示方向、畫圖和測量的重要工具。英文中「羅盤」一詞還包括其他意義，如：範圍、內容、空間或時間的界限、企圖、目的或設計、了解。這些含意使得「羅盤」一詞的寓意更豐富。

在今日商場上，為何羅盤比地圖的功能好？有幾項有力的理由可說明羅盤對公司主管的非凡價值：

一、羅盤提供坐標，不論在森林、沙漠、海上或未知領域上，都能指出方向和途徑。

二、疆域更動後，地圖就失效了。在快速變動的時代，地圖可能剛完成，就已派不上用場。

三、錯誤百出的地圖，對於想利用它來走路或探測未知領域的人而言，只會帶來高度挫折。

四、許多主管都具備冒險精神，願意在未知領域中摸索，現存的地圖卻無法提供正確訊息。

五、想迅速到達目的地，需要精密的生產與快速配銷的過程與管道。在一片混沌中找出或創造快速管道，正需要羅盤。

六、地圖提供該地區的描繪，羅盤則提供願景與方向。

七、正確的地圖是良好的管理工具，但羅盤是領導與授權的工具。

那些使用地圖多年、又有遠見的人應該了解，在目前錯綜複雜的管理型態中，地圖可能已失去效用。我建議改用羅盤，並訓練自己和手下運用永遠指向正確原則和自然法則的羅盤。

為什麼？因為不正確的地圖，會讓你在城市中迷路。若有人要你「勤奮點！」也不過是讓你多迷失一圈，若別人說：「想些積極的！」現在你已不在乎迷路與否。問題不在於勤奮與否或心態如何，關鍵在於這張不正確地圖上。你的行事觀念和思考的水準，代表你心目中現實世界的地點。

無效能文化中所隱含的基本問題是，製造這種文化的人，腦中所存在的那幅地圖，是一幅不完整的地點，以救急的方案和短視、只重結果的思考方式為基礎，憑藉的是一種貧乏的心智。

摒棄以地圖為主的管理方式

解決的辦法是，把以地圖（價值觀）為主的管理方式，改為以羅盤（自然法則）為主的領導。企業內部環境必然代表著高層主管的風格；但這風格往往是立在善變的情緒、獨斷的決定或自我的目標上。正確的方向應是「資訊制度」或「獎賞制度」，唯有用它支配一切，企業才能成長茁壯。以原則為重心的領導，要求人們依據自然法則努力工作，並將這些原則融入生活、人際關係、承諾、管理過程和任務中。

原則是管理的真諦

地圖和羅盤的相對思考模式是個重要的策略問題，日本松下電器創辦人松下幸之助就曾說過：「我們將獲勝，西方工業國家將潰敗，原因在於：對他們而言，管理的真諦是從上司腦中取出點子，再交到員工手中。」

這段話指出了西方國家失敗的原因。西方國家受限於僵固的觀念，受限於依賴地圖的管理方式，受限於由上層專家決定、由下層執行的陳舊領導模式。

這種策略性規劃模式已經過時，因為那只是一張街道圖。要求上層主管運用經驗、技能、智慧和判斷，來制定未來十年的策略計畫，卻發現這個策略計畫在一年半之後就失去了價值。

現代管理學之父彼得．杜拉克（Peter Drucker）說過：「計畫本身毫無價值，但規劃的過程卻是無價的。」若規劃的重心在全盤的目標或展望，以及對原則許下承諾，那麼最勇於嘗試的部屬，就可在混沌之中用這一羅盤，再加上自己的技能和判斷，做出決策並採取行動。事實上，每個人都可能有自己的羅盤，每個人也都可能得到授權，自行決定目標和計畫，以反映新市場的真實狀況。

原則並不是做法。做法是因應特定環境的特殊活動或措施，並非放諸四海皆準。若以做法來管理，以政策來領導，員工就不需要具備專業知識。因為在管理規則與作業手冊當中，已提供他們所需要的判斷和智慧，他們根本不必花腦筋。

如果重心放在原則上，就等於是授權給懂得這些原則的人，他們會採取行動而不須接受定期的監督、評估、調整與控制。原則是放諸四海皆準的，當內化為習慣，就給人力量，想出應付不同狀況的辦法。

以原則來領導，需要不同的訓練，或說是更多的訓練，但會使企業各階層具備更純熟的技能、創造力和共同的責任感。

訓練員工接受長期服務客戶的作業方法，雖然可以維持一定程度的服務水準，但是當客戶提出特別的要求或者問題時，標準的作業程序並無法解決，服務的水準自然就會降低了。

在員工照著服務客戶的原則運作之前，應先接受新的思想模式。他們最需要的是訓練，利用個案說明、角色扮演、模擬以及實地演練等方式，確實了解原則，以及如何把原則運用到工作上。

有了羅盤，就能獲勝

「口袋中有羅盤」遠勝過目前任何成果。有了道德羅盤，便能贏得艱難的競爭。最高層次的領導原則是雙贏思維，個人與團隊都能有傑出表現。

但是，當員工開始了解「羅盤」將是評估的基礎時（包括對高層主管的領導風格），他們反而覺得受到威脅。

一家大公司的總裁，曾要求我與他的管理階層會面，他認為他們太想保有自己的管理風格，公司的使命宣言絲毫影響不了他們的風格。那些主管則認為，使命宣言是專為受制於法則的人所設的，而他們是超乎法則之上的。

道德羅盤的觀念，對於自認不為法則約束的人而言，會造成心緒不寧，但以原則為基礎的最高法則，就是支配每個人（包括總裁）的法律。它要求個人檢討自己的生活，並決定是否願意依這個原則過日子，每個人都要對原則負責。

美國幾位大企業的主管向企管顧問說：「我們在進行市場可行性研究和策略研究時，必會受到企業文化和員工的影響。」

我們必須處理員工與內部文化的問題，才能改善策略的執行，並促成共同的信念。我們也必須透過合理的討論，讓問題浮出檯面，面對問題，投入心力，做成明智的決策。沒有流血、流汗和流淚，是不可能達成這些目標的。

策略成功與否的關鍵，在於部屬對原則是否忠心不二，是否有能力以個人的道德羅盤應用這些原則。

9

實踐篇

成為傑出的領導者

真正的領導能力是來自讓人欽佩的人格，以及某些權力工具和原則的運用。但有關領導才能的研究，過去多集中在基因遺傳的「偉人」理論、天性的「特殊氣質」理論，或行為上的「風格」理論。這些理論的價值不如我們的預期。這些理論只說明為何某位領導者能生存，卻無法協助我們預測未來的領導人才，或培養領導才能。

比較具體的方法是觀察追隨者，而不是領導者，並詢問追隨者為何追隨，以評估領導者的領導才能。

三種權力型態

追隨者跟從領導的原因很多，大略可分為三個層面，每一層面都有不同的動機和心理根源。

第一是出於害怕，擔心若不照要求去做，會招致不利的後果，這可稱為「強制的權力」。例如有些領導人物，威脅要對追隨者施加暴力，或奪去他身邊美好的事物，而讓他心生畏懼。由於擔心潛在的不利結果，許多人也就屈服了，至少在表面上會平靜地服從或曲意奉承，但他們的作為並不實在，當沒有人監視或擺脫威脅時，他們會很快地變成破壞的力量。

一個著名的實例是，有位心存不滿的航空公司職員，認為自己所受的待遇不公，在辭職當晚，巧妙地將電腦中儲存的飛航資料全部洗掉。這種強迫服從的代價有多高？百萬美元，加上數千個工作小時，以及乘客的抱怨和抵制。

第二個原因是，言聽計從就能獲利，這可稱為「功利的權力」。雙方的關係，是建立在有實用價值的財務和服務的交換。追隨者擁有領導者所要的時間、金錢、精力、個人資源、利益、天賦、支持等；而領導者也有追隨者夢寐以求的資訊、金錢、升遷、同僚愛、歸屬感、安全、機會等。追隨者相信，聽從領導者的指示，領導者將會有所回報。從資本額數十億的公司到日常的家居生活，所有組織內的正常運作，都是受到這一效用的鼓舞。

在類別和程度上，第三種原因都和前兩者大不相同。因為他們願意相信領導者與領導者的計畫，使領導者擁有指揮其他人的權力。這些領導人受到信任、敬重與尊榮。人們追隨只是因為心中願意這麼做，願意相信領袖以及領袖的動機。這不是盲信、無意識的服從或機械式的服務，這是有智識、全心全意的承諾，稱為「正統的權力」。

在與老師、雇主、家人或與深具影響力的朋友來往關係中，幾乎每個人都經歷過這種權力的薰陶。這可能是對方給我們表現的機會，或在不順遂時鼓勵我們，或必要時出現在我們身旁。對方之所以如此做，是因為信任我們，我們則報之以尊敬、忠實、承諾、追隨，而且幾乎是毫無條件的。

這三種權力型態的基礎各有不同，因此也導致不同的結果。

權力的衝擊

強制權力植基於領導者與追隨者的恐懼。當領導者擔心屬下不順從時，就會傾向使用強制力，這是「棍子」方法。公開贊同這種方法的人很多，偶爾也能派上用場，領導人或許感受到極大外力的威脅，又或許在當時這是有效的權宜之計；但它的有效性只是幻覺。

以恐懼控制他人的領導者，將發現這種控制力量會招致反彈，而且效果非常短暫，當領導者消失或控制體制瓦解時，這種權力也就煙消雲散。追隨者會團結一起，以無法被控制的新方式，全力抵抗，因此強制的權力對領導者和追隨者，都會造成心理和情緒上的負擔，間接助長了疑心、詐欺、不實，時間一長，更會造成分裂。俄國詩人和哲學家索忍尼辛提到：「只要你不掠奪人民，就擁有人民的力量。若你奪走他的一切，他就不在你的控制之下，他又重獲自由。」

多數企業是因功利或權力而結合在一起，這些功利或權力是建立在公平、公正的基礎上，只要追隨者覺得得到相當的回報，關係就能持續下去。在功利或權力的基礎下，追隨者是因領導者的影響力而順從，領導者卻是因消極的因素受到尊敬。追隨者基於有利可圖才跟從，這使他們得以取得領導者藉由地位、專長或個人魅力所控制的資源。以功利或權力為基礎的順從，仍會有反彈的，但這種反彈基本上是正面而非負面的。

以功利或權力為基礎的關係，個人意識會隨著自己的願景與欲望而日漸增強，通常會造就個人主義，而非團隊合作，這些人會因其需求變動而改變。勞動人口的結構改變指出，長期的忠實關係（無論是領導者或追隨者）已是個異數。從高階主管（如蘋果電腦公司換老闆）到小職員（注意看看便利商店中，店員面孔轉換的速度），職員流動率極高，角色變換迅速，但在市場上卻引不起一點波瀾。這正意謂著，我們都是顧客，只往能迎合自己需要的地方而去。

另一種工作倫理也應運而生，就是當共同的企業價值不存在時，個人會不斷地自行決定什麼是正確與公平。最糟的是，功利或權力會成為興訟的藉口，就是由法庭來決定離婚、倒閉、併購等行為的公正性。最好的情況是，只要雙方都得到好處，功利或權力仍可維繫商業或個人的某種關係。

正統的權力則較少見。這是所有關係中品質與卓越的象徵。它以榮譽為基礎，領導者看重追隨者，追隨者也因領導人值得尊敬，而願意奉獻。正統權力的特徵是：持續而積極的影響力。權力之所以能持續，是因為它不因追隨者得到什麼好處而產生；積極指的則是，以共同的內在價值為基礎所產生的巨大影響力。

當追隨者的價值與領導人的價值重疊時，正統權力就產生了。正統權力不是強迫的，是雙方樂意的。當領導者和追隨者的個人考量均指向相同的目的、當追隨者與領導者互信彼此的動機和目標時，正統權力就形成了。

《沒有痛苦的壓力》（*Stress Without Distress*）一書的作者薛利（Hans Selye）說過：「唯有得到追隨者的尊敬與忠心，領袖才是領袖。」

因正統權力而產生的控制很明顯，但這種控制不是外在的，而是自我控制。追隨者認為他們的領袖值得尊敬時，權力就產生了。他們信任他，領受他的啟示，深信他所傳達的目標，願意接受他的領導。由於領導人物的動機、視野、天性、特質及所象徵的意義，他與追隨者之間，於是產生出正統權力。

在正統權力下，合乎倫理的行為受到鼓舞，因為個人所奉行的原則，便是忠誠的基礎。在做「正確的事」的承諾中，倫理開始生根茁壯，正統權力激發出做「正確的事」的勇氣。追隨者的言行都受領導者評估和表彰，他們的前瞻視野也追隨其左右。

領導人的抉擇

當產生問題或機會、需要他人參與時，領導者必須就強制、功利或正統等三種權力做一決定。這個抉擇會受到領導者人格（真實本性和歷練後的現狀）和他的交際手腕、能力與資歷的影響。領導者受到壓力時，很容易會利用地位、資歷、階級、黨派關係等，強迫他人順從。當領導者處於危急存亡之秋，如果缺少完善的人際關係和交際手腕，或在壓力下缺少信守價值觀的能力，或無法與他人互信互諒時，想要不訴諸於強制力量，恐怕是不可能。

面臨抉擇的領導者，可利用各種方式增加選擇的可能性。例如：培養專門知識，追求權力地位晉升的機會，累積資訊和消息來源，並且降低標準以親近追隨者，將政策和過程簡單化，以創造追隨者與領導者之間潛在的功利或權力關係，或讓追隨者能以更低的代價與領導者發展功能性的關係，這些都是增加領導者運用功利權力的策略。

希望增加正統權力的領導者，則需培養長期承諾。信任是正統權力的基礎，不是一蹴可幾，真實是偽裝不來的，偽裝者終將自暴其短。姑且不談領導者能為追隨者做些什麼，領導者的人格本質將決定能擁有多少正統權力。

愈能得到他人真正的尊敬與重視，正統權力也愈強。領導者如何與他人相處（包括真正的與想像的意圖、交際手腕與人際關係），將決定追隨者對他尊敬的程度，而雙方關係中的正統權力，也會隨之消長。能受到尊敬，就能擁有權力。

圖五　三種權力流程

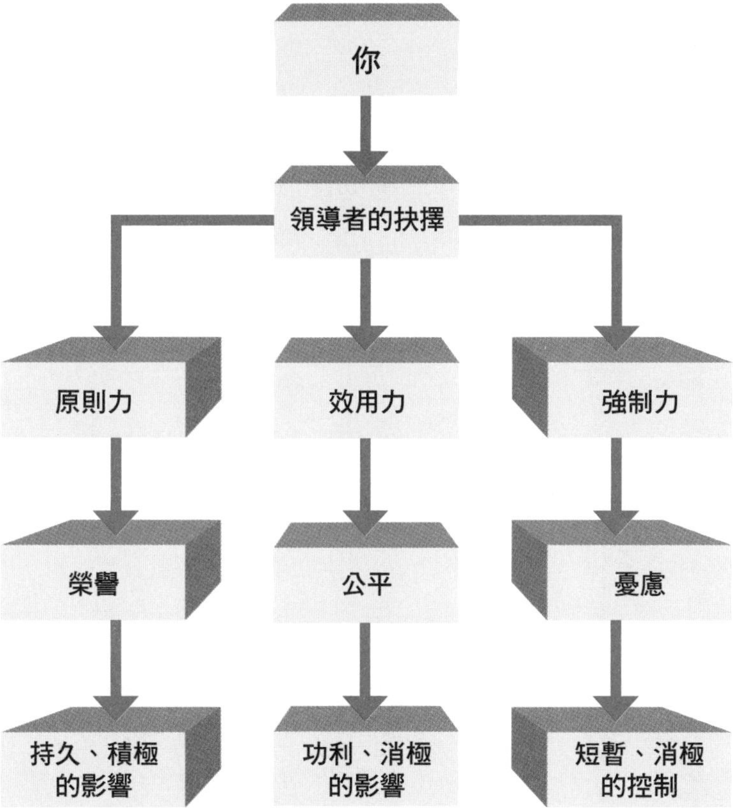

傑出領導者的十項法寶

下列十項建議，可增加領導者的榮譽以及控制力。

一、說服力。包括與對方分享和辯論，為自己的立場和欲望做強力的注解，同時真心尊重追隨者的意見和現實。說明「為什麼」以及「如何」，除非出現雙方互利且滿意的結果，否則將持續溝通下去。

二、耐性。對人對事均如此，即使追隨者有很多缺點，麻煩不斷，就算自己會不耐煩，期盼完成目標，在暫時的障礙與阻力下，仍要保持前瞻性，並堅守自己的目標。

三、風度。在面對追隨者的弱點時，應以委婉的態度處理，不應採取嚴厲、粗暴、強烈的手段。

四、可塑性。假設自己並不具有所有的答案和眼光，對追隨者所表達的不同意見、判斷和經歷，應予肯定。

五、接納。不遽下評斷，應有置疑的雅量，不需要以任何證據或具體表現做為維持自我價值的條件，要能站在他人立場設想。

六、仁慈。敏銳、關愛、體貼，記住雙方關係中的小細節，這可能會產生重大意義。

七、心胸開明。探索追隨者的真正潛能，並尊重他們的現況。不論他們擁有、控制或表現了什麼，全心全意了解他們的意願、願望、價值與目標，不只看重表面行為。

八、溫和的指責。在真心關懷與溫暖的心境下，諒解追隨者的錯誤和他調整步伐的過程，讓追隨者願意承擔風險。

九、一致性。如此一來，你的領導風格就不會是當你面對危機、挑戰、困境時，才會使用的操縱手腕。它是一套價值標準、行為規範、人格的鏡子，反映出你的本質和未來。

十、正直。言行一致、一心一意為他人著想，沒有欺騙、占便宜或操縱的惡意或欲望。在追求一致性的過程中，經常檢討自己的用心。

這些原則和理想是塑造如甘地之類偉大領袖的最重要因素，但在日常生活經驗中卻鮮少被察覺。甘地曾針對這個問題說過：「我只不過是個普通人，能力也不如一般人。我並非妄想家，我是一個務實的理想主義者。我勤奮研究才達成目標，我並沒有特別的優點。只要付出同樣的心血，並培養相同的希望與信念，我相信每個人都能和我一樣。」

藉由選擇而活用正統權力原則的領導者，要求別人時會更加謹慎，卻也更具信心。愈是了解權力與領導之間的關係後，領導者就愈能領導他人、影響他人，不須借重強迫手段。做為更有效能、有智慧的領導者，心靈也將會沉穩平靜。

10

實踐篇

有效溝通帶來影響力

多數的溝通問題源自於自我中心。我們從未以現實狀況來看待這個世界，反而以自己的標準或「地圖」，來定義這塊疆域。我們的感情、信念和行為深受經驗的影響。

自我中心的問題，常造成「個性衝突」或「溝通不良」的複雜情緒。自我中心的問題常糾葛不清，這是因為每個人都自認為已經客觀看待這個世界，並未摻入自己的觀點。他不但不知道自己的觀念已扭曲，還自以為「你若不同意我，就是錯誤；因為我相信自己是正確的」。

若我們堅持己見，讓觀點不同的人覺得自己錯了的話，他們為了避免進一步受到傷害，只好將我們貼上標籤，在心智與情緒上與我們永遠隔離，除非我們付出代價，否則別人永遠不會改變他們的看法。但若一方或雙方了解到，自我中心是因為觀點的不同，問題也就迎刃而解了。

改變態度與行為

某些態度與行為對保持溝通管道暢通，是相當重要的。

● **應有的態度：**

信賴他人，不懷疑他人的誠心與健全心智。

關心彼此的關係，願意溝通觀念上的差異。抱持：「請協助我從你的觀點來看待事情」的態度。

接納外來影響，並願意改變自己。

● **應有的行為：**

傾聽以了解他人；

傾訴而被人了解；

從雙方的共同點開始溝通，慢慢進入歧見的根源。

具備了這些態度與行為，所有自我中心的問題，幾乎都能輕易解決。

當一個人了解這一層道理後，就會開始改變自己說話的態度。他不會再說：「絕對就是這樣。」他會說：「這是我的想法」、「依我之見」、「就我來看」，而這種讓別人也有參與感的話語，等於是告訴了他們：「你們也很重要。你們的觀點與感覺同樣值得尊重。」

當別人批判或有異議時，我們將回答：「天啊！你的看法不同，我想知道你是怎麼看待此事的。」不贊同別人時，我們不會說：「我是對的，你錯了。」我們會說：「我有不同的見解，請你參考參考。」

嘗試了解對方

我永遠記得有位朋友與他十多歲的孩子，關係已惡劣到水火不容的地步。他說：「只要看到我進屋，他不管是在看書或看電視，就立刻調頭走開。」關係惡劣可見一斑。

我建議他先試著去了解他的兒子，而不是要他的兒子先了解他。他回答：「我非常了解他，他只需要學習尊敬他的父母，並且感激我們為他所做的一切。」

「如果你要你的兒子吐露心聲，就必須先假設你不了解他，但你願意試試看。」最後這位幾乎束手無策的父親同意試試。這將考驗他的耐性和自我控制力，我要他先有所準備。

第二天晚上將近八點鐘時，父親湊到兒子身旁說：「兒子，我對我們的關係不甚滿意，我想做些改善。或許是我沒有花時間真正了解你。」

「確是如此，你從未了解過我！」兒子回嘴說。

父親內心有些光火，他幾乎脫口斥責：「你這不知反省的臭小子，竟敢以為我不了解你！我可是過來人，我知道你們的把戲。」

但他抑制衝動說道：「兒子，或許我是沒有，但我希望能做到。你能幫我嗎？例如，上星期關於車子的爭議，你能告訴我你的看法嗎？」

仍在嘔氣的兒子，略帶防備地娓娓道來。父親也再度抑制自我辯解的衝動，繼續傾聽。他很高興自己這麼做了。

在他傾聽的同時，不可思議的事情發生了。兒子開始軟化，不久就丟盔棄甲，開始坦白直言他真正的問題和內心的感受。父親對這一切訝異不已，幾乎無法自抑。他也打開話匣，與兒子分享他對過去所發生的事深刻的關懷與了解。多年來，他們第一次不再相互謾罵、戒備，而是真正嘗試去了解對方，這是多麼值得欣慰的事。

溝通的主角是人

到了十點三十分左右，母親進來了，建議大家上床睡覺。父親說這是他們第一次的溝通，想繼續下去。結果他們談到午夜，討論許多對雙方極重要的事情。數日後，這個父親告訴我這段經過時，涕泗縱橫地說：「我覺得好像是找回了兒子，他也找回了父親。」他很高興能下定決心先去了解他人，再讓他人了解自己。

溝通最重要的是雙方關係。溝通時，常會產生許多枝節，這是因為人際關係的不良。

關係觸礁時，必須小心用字遣詞，千萬避免對別人不敬、使別人難堪，或遭人誤解。雙方關係不和睦時，就會變得多疑與猜忌，雞蛋裡挑骨頭，而不去了解話裡面的含意和目的。

另一方面，若雙方關係和諧，幾乎不用言傳，就能心意相通。當雙方相互信賴，感情融洽時，即使有語病，也不會引起誤解，不管是否面帶微笑，也能完整地傳達意思。當感情不睦時，即使千言萬語也是枉然，因為溝通的主角不是言語，而是人。

有效溝通的關鍵，在於人與人的關係。從與別人建立關係的那一刻起，溝通本質就改變了，我們開始建立互信與互諒。

有這一認識之後，不妨試試看與員工私下晤談，與同業私下餐敘，與客戶私下閒聊。這時，你的注意力將集中在那人身上，集中在他的興趣、關心的事、需要、希望、憂慮和懷疑上。

有一張引人入勝的山區風景海報寫著：「讓這山區擁抱你一天」，不妨把宣傳標語改成「讓你的客戶擁有你一小時」或「讓你的先生、妻子擁有你一個晚上」。試著全心全意投注到他的身上，暫且忘記自己的興趣、關心、憂慮和需要。全心對待你的經理、客戶或配偶，讓他們暢所欲言，你暫且只當一名聽眾。

建立和諧關係與達成相互諒解並非容易的事。我們都擁有兩個世界——一為內在、私有、主觀世界；另一個則為外在、真實、客觀世界。前者可稱為「地圖」，後者則稱為

「疆域」。

沒有人擁有一幅完美的地圖，可以描繪出疆域或真實客觀的世界。科學家不斷嘗試繪製更完美的地圖，但只有造物者擁有既完整、又完美的地圖。真正的科學家都不敢貿然聲稱自己的最新理論為事實，只會說是截至目前為止的最佳解釋。

用來觀察疆域（客觀世界）的地圖或標準，會隨著經驗而改變，我們的行為也隨之改變，以反映新的標準。事實上，改變一個人行為的最快方法，就是改變他的地圖或參考標準，以不同的方式稱呼，賦與不同的角色和責任，或把他放置在不同的環境中。

技巧與安全感

溝通能力好像冰山一樣，有上下兩層。冰山可見的少部分，正是溝通的技巧層次。安靜地隱藏在水底的絕大部分，代表著更深、即心態與動機的層次。我們稱它為安全感的基礎。想要溝通能力有長足的進步，就必須在技巧和安全感兩方面下功夫。

有效的溝通需要技巧，技巧的進展則需要練習。光靠閱讀網球書籍或觀看職業選手的比賽，是無法改善網球技巧的，必須走進場中，實地操練，才會慢慢進步。

改善人際技巧，也要經歷同樣的自然過程。但許多人往往羞於啟齒承認自己是「初學者」，硬著頭皮上陣。更糟糕的是，有些人根本拒絕學習或改善人際技巧。然而，想要由現狀達到理想狀態的唯一訣竅，就是認清現實。

有個故事正好可說明這個概念。

有位年輕人去看醫生，抱怨生活無趣和永不休止的工作，心靈好像已經麻痺了。追根究柢，他說：「我只是在做做樣子，我漫不經心。每件事都如此規律、機械化，生活中沒有一點新鮮事兒。」

診斷後，醫生證明他身體毫無問題，卻察覺問題出在他的內心深處。

「我會給你一些藥方，你必須按照指示服用一天。」醫生告訴他的病人，「首先，你最喜歡哪個地方？」

「不知道！」病人很快地回答。

「小時候你喜歡做什麼事？」

「我喜歡海邊。」

醫生於是說：「拿這三個處方，到海邊去，你必須在早上九點、中午十二點和下午三點，分別打開這三個處方。你必須同意遵照處方，除非時間到了，不得打開，你做得到嗎？」

「這真是聞所未聞。」那人有點懷疑。

「我想這對你會有幫助的。」醫生說。

於是這位身心俱疲的年輕人拿了處方到海邊去。他抵達時剛好將近九點，獨自一人。沒有收音機、電話、沒有伴。他趕緊把處方打開，上頭寫著：「專心傾聽。」

「我真不敢相信，」他大叫，「三個鐘頭就為了這個！」一分鐘不到，他就厭倦了。聽著海鷗在上空盤旋，海浪拍打著岩岸，他不禁納悶這三個小時要如何打發。「但我不能食言，」他說，「我要堅持下去，頂多是一天而已。」

他開始仔細思考「專心傾聽」這個概念。他開始用耳朵去注意聽，不久就聽到以往從未聽見的聲音。他聽到波浪聲，聽到不同的海鳥叫聲，聽到沙蟹的爬動，甚至聽到海風低訴。一個嶄新、令人迷戀的世界正向他展開雙手，讓他整個人安靜下來，他開始沉思、放鬆。中午時他已陶醉其中，他很不情願地打開第二張處方。

這次處方上寫著：「回想」。他原先有些摸不著頭腦，不久就回想起兒時在海濱嬉戲的情景，一幕一幕掠過他的腦海。他記起與家人一起撿拾貝殼；記起在二次大戰陣亡的兄長在海濱奔跑，高興地慶祝假期開始的模樣。懷舊的心情席捲而上，激起更多的感受和記憶。近三點時，他正沉醉在塵封的往事中。溫暖與喜悅的感受，使他不願去打開最後一道處方。

但他還是拆開了，「回顧你的動機」。這是最困難的部分，這是整件事的重心，他也知道，他開始自省，瀏覽生活中的每件事、每一狀況、每一個人。他很痛苦地發現，他很自私，他從未超越自己，從未認同更高尚的目標、更純正的動機，他總是問：「這對我有什麼好處？」

他發現造成他厭倦、無聊、呆板，對每件事都採取機械式、例行公事態度的原因。接近六點時，他已完全靜下來，他憶起許多事，也深入自己內心深處。經過這三道處方後，他下定決心要在生活上有所改變。

在重要問題上，真心傾聽他人的不同說詞，需要有相當的安全感，否則很容易暴露我們的缺點。我們也許可以接受改變，但若內心深處缺乏安全感，勢將無法承擔改變的風險，因為在內心深處，我們需要有預判與穩定。我們會在事前先預測結果，如此就不須再接觸新事物，而這正是偏見與妄下論斷的禍首。改變會造成不安定的陰影，且在多數人的心中揮之不去。

在傾聽他人之後，受到影響而覺得必須改變，最好能對自己說：「沒關係，這沒什麼大不了。」因為在內心深處，我們會堅持那一套真正代表自我的價值與情感，這種內在價值，是真正的自我，不會受到他人的影響。

同情與認同

有效的雙方溝通需要掌握溝通的內容與目的，並學習以理性和感性的言語表達。基本上，理性與感性的言語不同，感性的言語更具說服力和吸引力。這也是為什麼我們先要用眼和心去聽，再用耳去聽。我們不應預存立場或抱持排拒的心理，應該嘗試去了解溝通的內容。我們應該挪出充裕的時間，養足耐性，先去了解他人，並且不畏懼表達自己的感受。

要有效地表達自己的觀點，首先必須了解不同的見解，比對方更能清楚闡述他們的觀點。有效的表達始於事先的評估。

全神貫注，完全投入，且超越自己的執著，嘗試以對方的觀點來看事物，在在需要勇氣、耐性和內在安全感。那意謂著樂於學習新事物和改變，進入他人的心靈，以他人的角度看這個世界。這裡指的不是與他人感同身受，那是同情，而是要以他們的角度為基礎，去了解他們的感受，這才是認同。

採取認同的態度，你願意接受別人，別人也肯定你在學習，有可塑性。記住，對他人產生影響力的關鍵，在於他人認為他們也可影響你。當我們學會傾聽，先去了解別人，就會懂得如何溝通。以意志去控制他人的心靈是無用的。就感性和理性這兩種語言而言，人們常是依感受而非依想法行事。人際之間除非有和善的感情，否則感情障礙將使講理變得不可能。憂懼是心靈的結，要解開心結，就必須改善人際關係。

與其說溝通需要理解力，倒不如說必須信任與接受他人，接受他們的思想與感受。接受以下這項事實：「他們雖和我不同，但從他們的角度來看，他們並沒錯。」

錯誤的開始

許多人際與企業間的溝通，都為社會價值所支配，強烈的社會規範常會讓我們採取防備的姿態，這是因為我們相信，有些人要將他們的價值觀強加到我們身上。許多文化（家庭和公司）受到社會和政治桎梏，受制於熟識的人、受制於形象、受制於想製造好印象、受制於天時地利人和條件、受制於管理人的心情，甚至受制於敵人。

請問，你在家中和工作時，有多少時間和精力是消耗在防衛性的溝通中？有多少精力是花費在與配偶、子女和客戶無關的事情上？例如內心的掙扎、部門間的鬥爭和私人間的衝突，多數人承認二〇％到四〇％的時間和精力都浪費掉了。

我們通常會採取補救措施，這些方法一開始都相當引人注目，但不久就陷入泥淖。當政治手腕、防衛性溝通、人際鬥爭、部門競賽、預存立場和私下操縱到處瀰漫之際，新的構思自然沒有生存空間。新措施提出不久，各種阻力就蜂擁而至。這種氣氛日漸膨脹，會消滅任何新的構思。

新的措施著重在如何改善溝通過程，訓練大家傾聽和清楚表達自己的觀點。有的則偏重解決問題的技巧，以及如何培養有效的團隊合作。這些立意良好的努力旨在創造合作的精神，但因為公司文化已經變得很政治化，彼此防衛，運用強制的權力，以「胡蘿蔔與棍子」的動機行事，大家自然會反抗這些新措施。整個公司文化變得十足諷刺，每項新措施都被看成是徒勞無益、唐突、片斷的努力。慢慢地，整個公司文化就癱瘓了，士氣消沉。生存、薪水和安全的問題，支配了一切。因為工作本身已失去內在的意義，許多人只好在工作外尋找滿足，人們保有這份工作只是為了賺錢來滿足其他需求。

除非在組織內培養以原則為重心的領導，只改善溝通將無法帶來永久價值。成功的基礎在於人和人際關係，忽視這項基礎，改善措施勢將失敗或撤銷。有效的溝通建立在信任上，信任則是以信譽為基礎，並非政治手腕。

11

實踐篇

增加影響力的三十個方法

在個人和職業生涯中，我們都想對某些人發揮正面影響力。我們的動機可能是要做生意、保有客戶、維持關係、改變行為，甚至是改善婚姻與家庭的關係。

但該如何做呢？我們如何能夠影響他人的生活？我個人認為基本的影響力型態有三種：一、以身作則（別人觀察）；二、建立關懷關係（別人感受）；三、親自教誨（別人聆聽）。以下這三十種方法正好分屬這三大型態。

以身作則

一、避免口出不禮貌或負氣的話，尤其是在受到刺激或疲憊不堪時。這時，能避免話中帶刺，是自我控制的最高表現。發揮這項特質需要絕大的勇氣，若無可資效法的約束楷模，可能會將我們的沮喪傳到他人身上。我們需要找尋足為楷模的新典範和事例，以學習如何贏得內心的勝利，發掘明顯的動機，培養前瞻性和控制力，克制突發厥詞的衝動。

二、培養對他人的耐性。飽受壓力時，耐性就會受到考驗。我們會言不由衷，完全與事實脫節；我們可能會變得悶悶不樂，溝通時過度情緒化，而不是以冷靜言語去批評、判斷或拒絕，結果，回饋我們的只是受傷的感情與緊繃的關係。耐性是信仰、希望、智慧與愛心的具體表現，是一種積極的情感，而不是漠視、沉默的忍耐或消極退縮。耐性是情感上的勤勉，能逐步地接受現實過程，符合自然成長的規律。生活中有無數機會讓我們培養耐性（活動我們的情感細胞），例如等候遲到的人或飛機、在外界環境雜亂時安靜傾聽子女的感受。

三、對事不對人。雖然我們對某人的行為不表贊同，卻仍能不受個人與判斷的影響，協助他建立內在價值與自尊，如此會使他奮力向上。「對事不對人」和傳達自我價值的能力，是從我們自己的內在價值自然流露出來的。

四、提供不具名的服務。「為善不欲人知」的善，會提升我們的內在價值與自尊。而且，為他人服務而不求回報或知名度，也可進一步了解他人的價值觀。無私的服務一向是培養影響力的最好辦法。

五、選擇主動的做法。為什麼我們常知易行難？因為我們忽視了「知道」與「行動」之間的關連，我們並未選擇主動的做法。做選擇先要具備前瞻性，然後才能決定我們的行動與回應。

選擇意即為自己的態度和行為負責，不再諉過給他人或環境。經過一番內心的掙扎，經過一番相互衝突和對抗的過程，才能夠下決定。除非我們能發揮明智的抉擇，否則我們的行為將受制於環境。主動選擇的極致表現，是有權利和力量去決定別的人或事會如何影響我們。

六、信守承諾。許下承諾並信守承諾，將贏得對他人的影響力。我們有時會做出承諾（或決心、誓願、盟約），但不要做出無法達成的承諾。有自知之明的人會選擇信守承諾，而言出必行的能力，將可衡量出自己的信心和誠意。

七、著重在影響範圍。把影響力放在我們所能控制的事物上，將更能夠擴大我們的影響圈。

改變行為和思考的習慣，能解決可直接控制的問題。間接控制的問題，則需要改變運用影響力的方式。例如，我們常抱怨：「如果老闆能了解我的計畫和問題……」但只有少數人會花時間準備，讓老闆願意聆聽、尊重、觸及老闆心思的業務報告。沒有控制的問題時，我們就能駕馭對問題的回應，決定其他人事能如何影響自己。美國心理學家詹姆斯（William James）說過：「改變態度，就能改變環境。」

八、關懷他人。當我們活在關懷律則時，也要鼓勵服從生活的律則。人的內在是很脆弱的，尤其是那些外表看似堅強與自足的人；我們若能傾心聆聽，他們也會言無不盡。若能表現關懷，特別是無條件的愛心，會給他人一種內在價值和安全感（這和隨俗的行為、與人比較無關），並更能加強對別人的影響力。

許多人借助外表、地位象徵、成就和人際關係，來獲得安全感與力量，但借來的力量終究不足。膚淺的人際關係技巧和操縱式的手腕，都缺少真誠的愛心，難以取信於人。

了解並關懷別人

九、相信別人。信任別人會產生極佳效果。假設每個人都極力想要有所表現，你就可以發揮更大的影響力，激發出他們最好的一面。我們在處理複雜易變的事務時，往往會產生不安全感與沮喪，於是會對別人貼上標籤，以利判斷或評估。每個人都有各種面貌與潛能，有的清晰，有的模糊。不同的對待方式，他們就有不同的回應。

有人會讓我們失望或占我們便宜，認為我們天真、好欺騙，但只要我們相信他們，多數人都會真心對待。別因為一顆老鼠屎而壞了一鍋粥，只要動機純正，對人信任，別人也會報之以禮，待之以誠。

十、先了解別人，再求讓人了解。與別人溝通時，需要全神貫注、全心投入，必須認同對方的感情，以對方的觀點看事情，這需要勇氣、耐性和內在的安全感。除非別人認為你了解他們，否則不會接納你的影響力。

十一、獎勵公開、誠實的意見或質疑。我們經常懲罰誠實的意見或質疑；不是喝斥，就是輕視，再不就是讓當事人難堪，其他人只好掩飾真心話，保護自己，不再追根究柢。誠實溝通的最大障礙，就是妄下評斷的毛病。

十二、給予諒解的回答。可獲得三項效果：（一）更了解他人的感受與問題的癥結。

（二）為自己增添勇氣與獨立成熟。（三）建立彼此的信任。當他人談論情緒性問題時，這種回應方式極具價值，但這也只是態度上，而非技巧上的。想要操縱反而會失敗；真心想去了解，才會成功。

十三、被冒犯時，主動澄清。若有人不斷地冒犯你，而不自我節制，不妨主動澄清。不採取主動會有兩項不利結果：（一）被冒犯者心裡一直嘀咕，終至不可收拾。（二）被冒犯者會採取守勢，避免再度受到傷害。做澄清時必須心存善意，而非滿心報復或怨恨。向他人敘述被冒犯時的心情，而不是妄加評斷或在他人身上貼標籤，這樣可保全他人自尊，也可以使他在不受威脅的情況下回應和學習。感覺、意見和認知並不等於事實，依據意識而行動，需要思想上的控制與培養謙恭之心。

十四、坦承錯誤，道歉並要求寬恕。如果我們必須對雙方關係的嚴重裂痕負擔部分責任，就應勇於承認。他人受到傷害時，會退縮封閉，將我們排除在他的心門之外。單方面的改善，無法解決此事。唯一的方法是坦承錯誤、道歉、要求寬恕、不找藉口、不解釋或辯護。

十五、不做無謂的爭議。不回答有爭議或不負責任的指控，讓事情自然煙消雲散。如果回應或據理力爭，只會滿足那些人，並點燃他們鬱積的敵對和憤怒的心理，到頭來只會落得遍體鱗傷。若是你相應不理，對方只得硬著頭皮為不負責任的指控承擔後果。別被扯進這類爛攤子，否則將會因此焦頭爛額、深受其苦。他人的缺點將傳染給你，成為以後誤解、指控與爭辯的理由。「順其自然讓事情說明一切」，來自內心的平心靜氣，讓你不再汲汲於搶答與爭辯。這種平和的心境，來自對良知負責任的態度。

十六、一對一的家庭關係。主管經常全心投入工作、社區活動和他人的生活中，卻往往忽略了好好培養與配偶的關係。培養與配偶的關係，比對眾人提供奉獻服務，要付出更多的美德、謙虛和耐性。我們常辯稱：「公而忘私」可得到更多的尊崇與感謝。但我們也知道，有必要為一位特別親密的人挪出時間，並全心付出；對於子女，也需要安排一對一的對話，不批評、說理或比較，完全投入，聆聽他們的敘述。

十七、重新拾取雙方的共同承諾。不斷地為自己和朋友、家人、同事之間的共同承諾付出。彼此最忠實與最強烈的情感繫於承諾，而非因歧見所產生的問題上。有了歧見不要忽視，要去克服。爭執個人的觀點，絕比不上雙方關係的重要。

十八、先感受對方的影響力。影響他人的程度與他人認為他們對我們的影響力有關。俗諺說：「我不在乎你知道多少，除非我知道你有多關心。」當別人認為你真正關心他，並了解他的特殊問題與感受時，他會認為他已影響到你，而且會開放自己。

十九、接受他人與現狀。改變或影響他人的第一步，就是要接受他的現狀。批判、比較或拒絕，只會加強對方的防備。肯定他人的自我價值與歸屬感，可協助他人卸下防備的面具，自然改進、成長。接受並非寬恕他的缺點或同意他的意見，而是藉由了解他人的確有特別的感受或想法，確立其內在的價值。

適時的指導

二十、在準備講詞前先做好心理準備。講話的內容可能遠不如講話的方式重要，所以，在子女帶著一大堆問題從學校回來之前，先振作一下自己，表現出愉快可親的一面，全神貫注於他們的問題。回家進門前，在車中稍待一會兒，同樣振作一番，並問自己：「今晚要如何讚美太太和孩子？」把最好的一面拿出來，會使你去除疲倦，恢復生氣。

二十一、避免爭辯或逃避——在異中求同。一有歧見，許多人就會爭辯或逃避。爭辯有各種方式，從採取暴力到公開的表示不滿或怨恨，到微妙的諷刺、尖銳的反諷或質問、刻薄的評斷及嘲弄。逃避也有許多種方式：一種就是退縮，為自己感到抱歉。如此怏怏不樂只會助長怒火，播下未來報復的種子；也可能會變得冷淡、漠不關心、不願參與、推諉責任。

二十二、掌握機會教育的時機。雙方有歧見時，是最好的施教時刻。但有的時候該施教，有的時候卻不該施教。該施教的時候是：（一）他人未受威脅時。當他人倍感威脅時，施教的努力只會增加怨恨，只好等待或創造時機，讓他人覺得較有安全感，更容易接納。（二）當你不生氣或沮喪時；當你自覺愛心洋溢，或受到尊嚴和有安全感時。（三）當他人需要支持與幫助時。

二十三、在限制、規則、期望與結果上獲致協議。上述幾項必須清楚界定、協議、了解與遵行。個人安全感大部分來自公正的感覺——知道別人對自己的期望、限制、規則和結果是什麼。不確定的期望、易變的限制或獨斷的規定，會讓生活頓失依據、無所適從，也難怪許多人長大成人後，只學會靠自己的能力操縱他人與生活。當生活變成被操縱的遊戲時，被揭穿成為唯一的罪惡。

二十四、別放棄、別屈服。承擔他人行為的後果，並不是義舉，因為這麼做，等於在告訴他人他們能力不足、太過軟弱，會使他們感覺到你處理不當。原諒或同情不負責任的行為，只會寵壞他、讓他無法無天；但若棄之不顧或拆穿，又會損害他們嘗試的動機。「別放棄，別屈服」的信念，是來自負責任、有紀律的生活。否則便採取最無阻力的方式——在意時屈服，不在意時放棄。

二十五、幫助在十字路口徬徨的人。我們都不希望自己最關懷的人，做重要抉擇時只憑一時衝動，沒有安全感，又沒有信心。如何能影響他們？首先，在行動前先考慮清楚。別憑一時感情衝動，傷及現有關係和影響力。其次，了解他們的動機往往是感性而非理性的產物。當你察覺到，自己的理性與邏輯，無法與他人的情緒與情感溝通時，就應該嘗試了解他們的語言，就像了解外國語文一樣，而非斥責或拒絕他們。這項努力可傳達尊重與認同，降低敵意，減少紛爭，回復「做正確的事」的欲念。

二十六、動之以情，說之以理。邏輯與情感的語言，正如同英文與法文一般，南轅北轍。察覺到彼此語言不相通時，可以下列方式進行溝通：(一) 讓時間證明一切。我們若能很愉快地讓時間證明一切，別人也能感受到它的價值。(二) 有耐性。耐心也會傳達價值，等於是說：「我會照你的速度，我很高興等你，你是值得的。」(三) 試著去了解。誠心去了解，可消弭紛爭和提防心理。(四) 公開表達我們的感受，並言行一致。

二十七、有效授權。因為授權是允許他人藉著我們的時間、金錢和名義犯錯，所以需要相當的勇氣，這勇氣包括耐性、自我控制、對他人潛能的信任、尊重個別的差異。

有效的授權必須是雙向的：雙方相互負責。又可分為三個層次：(一) 達成最初協議。雙方了解各自的期望是什麼，以及各自的資源、權勢、活動範圍及原則又是什麼。(二) 支援被授權人。監督者應該適時伸出援手，而非採敵視的態度。他須提供資源、排除障礙、適時支援、給予意見、規劃方向、提供訓練，並且分享回饋。(三) 責任分擔。這裡所謂的責任分擔，主要是幫助他人做自我評估，因為被授權人是受結果和真實表現所監督。

二十八、讓他人參與有意義的計畫。有意義的計畫對人有正面的影響力，但對主管有意義的事，不一定對部屬有意義。當人們參與籌劃及構思階段，整個計畫就產生意義，我們都需要一個好理由去參與，缺少這種計畫，生活就失去意義。事實上，對退休、追求無壓力的人而言，生活已了無深意。有努力的目標，在我們現在的位置與想要達到的位置之間有段努力的差距，生活才會有意義。

二十九、自然收穫法則。教導「耕耘、播種、澆水、除草，而後才有收穫」的自然法則。我們可調整整個體制，尤其是薪酬制度，以反映「要怎麼收穫，先怎麼栽」的觀念。

三十、讓結果教導出負責任的行為。我們可以做的善舉之一，就是讓人「自食其果」，以教導他們負責任的態度。他們可能不喜歡這樣，但受人歡迎與否，對於評定人格發展而言，只是善變的標準，因人而異。堅持公正的原則，需要更多的真愛。我們關心他們的成長與安全，即使他們有一點點不滿，也是可以忍受的。

克服三大常犯錯誤

在試著影響別人時，我們常犯下三項錯誤：

- **第一項錯誤：在了解之前，急於提出建議。**在告訴別人該如何做之前，應建立諒解的關係。影響他人的關鍵，在於了解他人。除非了解一個人及他的特殊狀況與感受，否則勢必無法給予適當的建議。因為他會想：「除非你也接受我的影響力，否則我將不會接受你的建議。」解決的處方是：認同他人的感情。試著去了解他人，再試著讓人了解。
- **第二項錯誤：未改變行為或態度之前，就想要建立或重建關係。**如果自己心口不一，再多「贏取朋友」的技巧，也派不上用場。愛默生說得好：「你在我耳朵中叫囂得太大聲，我反而都聽不見。」處方是表現一致和真誠。
- **第三項錯誤：我們以為良好的身教和人際關係就足夠了，不再需要公開教導他人。**沒有愛心徒有方向，便欠缺動機。沒有方向的愛心，則缺少目標、守則、標準和提攜的力量。處方是教導並談論方向、任務、角色、目標、守則和標準。

總歸一句話，傳達訊息時，本質較言行更具說服力。

12

實踐篇

讓家庭更幸福的八種做法

職業生涯的成功無法彌補婚姻和家庭關係的缺憾。即使不致於成為負債，生活最終將反映出此種不平衡。

與配偶及子女的關係，和其他關係一樣，容易產生齟齬與裂痕。生活中最具殺傷力與最浪費的循環，就是因短促的戀愛而結婚，又因外遇而離婚，以及這場婚姻遊戲對子女所造成的不幸後果。

長期保有健康的婚姻與家庭關係並非容易的事；但若夫妻雙方都能夠以原則為重心，確實能有相當的幫助。下列八種以原則為基礎的做法，可以豐富你的家庭關係，並且注入活力。

結合理想與現實

一、抱持長期的展望。對婚姻或家庭關係缺少長期的展望，將無法忍受不可避免的衝突、紛爭和挑戰。有了長期的展望，就會產生意志、激發靈感。

眼光短淺只會讓我們愈陷愈深，只想到以自己的力量解決問題。對這些人而言，婚姻與家庭關係的問題，正如同是在自我實現的快車道上，出現令人沮喪的障礙物。

你對婚姻與家庭關係的展望如何？不妨做做下面的試驗。拿出一張紙，在左上方寫下：「短期展望」，在右上方寫下：「長期展望」，在中間則列出有關家庭與婚姻的問題或疑問。這些問題可以是：丈夫（父親）、妻子（母親）的角色、財務管理、子女教養、姻親關係、生育控制、道德或宗教的儀式、生活型態、解決問題策略等。仔細察看每一問題，先從短期開始，再進行到長期。

這種做法可以深入觀察與配偶及子女的關係。我建議，在理想與現實之間，搭起一座橋梁，避免生活在兩個孤立的空間內：一邊是抽象、微妙、理想的精神生活面，另一邊則是俗世、荊棘滿布的日常生活面；結合這兩者才算完整。

改編自己的人生劇本

二、重新調整婚姻及家庭生活。小時候，我們極為依賴、脆弱，需要關愛、被接納和歸屬感。兒時經驗會影響我們的生活。父母親和其他長者是我們的角色模範；不管好壞，我們都會認同他們。

甚至可以說，我們的生活是他們編排的，而這劇本便成了我們所扮演的角色，感情全然投入，而非有意識地選擇角色；它們來自於深層的弱點、對他人的深度依賴以及被接納、被關愛、被期盼、感覺自己很重要並有價值的需要。

所以說，角色模範是為人父母者最基本的責任之一，他們給子女一份生活劇本，子女的一生極可能就照著這份劇本照本宣科。

人對所看到、所感受的一切，遠較所聽到的一切更能夠認同。父母的劇本中有九〇%是身教，只有一〇%是言教，每天以身作則影響最大。我們絕不能一方面高唱倫理道德，另一方面卻是滿腹牢騷、逞口舌之利、不體恤、沒有愛心。

我們深受劇本的影響，但仍可試著去改編劇本。我們可以認同新的模範，擁有新的關係。光是閱讀好書中的正確原則還不夠，唯有認同並接觸依循原則做事的人，才能創造更好的劇本。

正確的原則無法彌補不正確的模範或拙劣的身教，教導學生正確原則，要比認識和關愛學生容易多了；光是給予明智的建議，要比公開接納他們，讓他們也能了解關愛我們，要容易多了；獨自過日子要比相互扶持容易多了；論斷是非遠比指引輔導容易多了；批評別人也比以身作則容易得多。

婚姻生活中面臨的許多問題，肇因於相互衝突的角色期望或劇本。丈夫可能認為，照料花園是妻子的責任，因為他母親一向如此；妻子的想法正好相反，因為那是她父親的工作。互相衝突的期望往往加深雙方裂痕，使得事情惡化，雙方差距加大。研究你自己的婚姻與家庭問題，看看是否也肇因於對角色預期的衝突，並因之而加劇。

家庭中的領導者：推動改變

三、重新考慮自己的角色。配偶與為人父母者扮演著三種角色：生產者、管理者與領導者。生產者的工作是做必要事項，以達成期望中的目標，如子女清理自己的房間，父親收拾垃圾，母親哄小孩上床；生產者使用工具以增加成效。

以生產為導向的父母，關心的可能只是乾淨的房子和悉心照顧的庭園。他們做完大部分的工作，然後批評子女不盡本分；而子女因訓練不足，當然不足以承擔責任。

這類父母不知如何授權，結果是自己忙上忙下，累得要死。每晚上床時，疲憊不堪、暴躁、吹毛求疵，對別人幫不上忙感到失望。他們認為，問題非他們親自動手解決不可，所以他們的經營格局一直無法擴展，甚至有衰退的可能。他們就是不知道該如何授權，如何讓別人也得到激勵，並依期望完成工作。偶爾想著要授權時，不禁喃喃自語：「花在說明與訓練人員的時間，要比我自己做的時間還多。」於是又放棄，重回老路子，到頭來還是做牛做馬，一副自我憐憫、犧牲的樣子。

他們總是過度操勞、急急忙忙、疲倦與失望。他們對錯誤總是過度反應，過於急切地想矯正。他們不停監視，結果摧毀了激勵子女的誘因，還以先知的口吻說：「我就知道，我就知道他們無法辦到。」

管理者則不同。家庭裡裡外外的事，父母親都會授權給子女處理。這種方式讓父母覺得大權在握：小小的投資就有大量的回饋。父母親扮演管理者角色，正好彌補子女扮演生產者的弱點。管理者了解整個體制結構的需要，尤其是訓練、溝通、資訊和薪酬制度，以及以正確原則為基礎的標準程序與做法。大多數生產過程都可以自動化，也正由於這個原因，擔任管理者角色的父母常會顯得缺乏彈性，官僚十足，一切以方法為導向，一心惦記著制度。

婚姻與家庭關係的本質是相互扶持。家庭中一旦缺少管理，沒有既成的體制和程序，每個人都忙於生產，就會角色含混，互相衝突；工作做不好時，每個人又互相諉過。除非父母親有高度的獨立性、內在安全感與信心，才能成為好的管理者，否則將無法與子女溝通合作，做法僵硬，不能配合人性與子女的需要。

領導者的角色是推動改變。但改變令人煩躁不悅，激起恐懼、不確定性和不安全感。真正關心造成阻力的原因，讓他人自由表達，協助他人參與規劃新的、可接受的解決方案，可使改變更為順暢。缺少這種領導才能只會使阻力增強，在家庭中造成僵化的官僚制度，在婚姻中形成冷淡的對立。

許多管理完善的家庭缺乏領導者。運作過程正確，但方向錯誤，每位成員都得到妥善的照料，卻缺少溫馨的感受。子女除了偶爾盡點家庭責任，其餘時間則盡可能脫離束縛。

這種狀況在多代同堂的家庭中最為常見，這種家庭可能是因為共同利益與愛心而聚在一起，或是因為對某人的責任感，而多少有點不情願地偶爾碰個面。若某人一旦去世，家庭成員即各奔東西，居住在不同的城市，對鄰居、老朋友比對兄弟姊妹或親戚更親切。

若母親擔任生產者，父親擔任管理者，卻沒有人擔任領導者的話，子女幫忙的機會就少，即使有，也是不太情願。領導者的作用是以身作則，樹立方向；關愛、啟發下面的人，在後面推動，建立以互相尊重為基礎的互輔性團隊；著重效能、結果，而不是方法、制度和程序。

生產者、管理者、領導者這三種相互依賴的角色，在婚姻和家庭生活中相當重要。在婚姻的早期階段，雙方必須扮演這三種角色（也許某一種比例會重些）。隨著子女的到來，有能力承擔更多的責任後，管理者和領導者的角色才日趨重要。最後，領導者角色將成為父母或祖父母的整個生活重心。

幸福沒有捷徑

四、重新制定目標。努力達成理想的婚姻與家庭關係之際，必須同時保存及加強能使我們更具生產力的資產及資源。我將此兩大目標以「P」及「PC」表示。「P」指的是

「預期中的結果」（production of desired results），「PC」指的是「生產能力」（production capability），亦即保存與加強能產生結果的資產或資源。

假若父母忽略培養青少年子女的「PC」，對子女信賴的程度就會降低，使得溝通封閉，徒具形式。在需要經驗與智慧的事情上，做子女的硬是不接受父母的意見。父親有智慧，也願意指導子女，但因為信賴度低，做兒子的就是不聽。「P」的目標，亦即「製造期待的結果」，現在出了問題，因為「PC」的目標尚未完成。結果是，做兒子的短暫情緒反應，造成許多負面的長期影響。

「PC」的目標被忽略時，父母親可能就要「多走一些路」，以彌補雙方關係。「多走一些路」或累積情感有許多方法。一個人認為是好的，對另一個人卻不見得如此。當我們依循基本的關愛法則生活時，才能使他人服從基本生活法則，這是沒有捷徑的。

在培養婚姻或家庭關係上，走捷徑的技巧、表面的獎勵、表裡不一、虛偽的生活，可能會暫時掩飾個性的缺陷，但在下一次生活風暴中仍將暴露出來。婚姻是一種情愛，需要溫柔、親切、體諒、殷勤、動聽的言語和無條件的愛，不斷地灌溉。

有時為了「P」的目標而忽略「PC」的目標，在短時間內，可能會產生更多的「P」，但終將回到起跑點。我們若運用操縱和威脅的手段，暫時得到想要的，但最後，信任程度與溝通過程勢將惡化，在這種環境中，婚姻關係也不樂觀。在此狀況下，雙方只是在互相調適，相互尊重與忍耐，過各自的生活，而不是相互諒解。這種情形可能惡化為敵對與相互提防的局面。極易因為一句話而發火，連說出想法都很冒險。這種婚姻最後難免會對簿公堂，或在家中進行冷戰，靠著子女、性關係、社會壓力或形象問題，而勉強維持著。

自私是婚姻不美滿和離婚的根本原因，也是過度注重「P」所產生的症狀。例如一位自私、處處為己的丈夫，巧言令色、威脅利誘、在雙方關係中獲得他所想要的，但最後，由於缺乏「PC」，這關係仍然無法長久。

父母親對子女的關係也是一樣。若父母一心想達成自己想要的，用盡一切方法，又打又罵，動之以情、誘之以利，或不聞不問，雙方關係一定不樂觀。紀律蕩然無存，方向、標準與期待也會變得模糊不清。

及早經營感情帳戶

若子女還小，容易屈服於威脅控制，父母親就能遂其心意。但子女長大後，父母的威脅就不再有效果。除非雙方相互信任並尊重彼此，否則父母親對子女將毫無辦法，在情感的帳戶中，幾乎一點本錢都沒有。以往忽略對「PC」的經營，造成現在情感帳戶的過度透支、關係的崩潰和影響力的流失。

情感帳戶非常脆弱，同時又非常有彈性。假設我們在別人身上有一大筆情感存款，比方說是二十萬，我們若偶爾提出五千、一萬，別人仍然會了解，並且配合我們。例如，由於時間緊迫，無法讓他人參與或有機會向他人說明，而被迫做出獨斷的決定。做出這個決定後，我們原先的存款就少了一萬；但還剩下十九萬。或許第二天，我們找個時間溝通一下，說明為何如此，等於又存進了一萬。

以「PC」為導向的態度源自個人的人格和誠心，而不是強調得到「P」的操縱手法。缺乏誠意，又運用「PC」為手段，必定會露出敗筆，在情感帳戶上大量透支。但若能定期誠心慢慢耕耘，定能累積大筆財富。平時的耐性、殷勤、仁慈、服務、犧牲、誠心，以及為自己的錯誤、反應過度、自負而道歉，都是一點一滴的財富。

家庭也必須建立制度

五、重建家庭制度。維持家庭正常運作需要四項制度。若缺少「目標與規劃」，將在什麼基礎上建立「管理與紀律」的計畫，或以什麼做為「教導與訓練」或「溝通與解決問題」的標準？

家庭中若缺少教導與訓練的計畫，要如何培養溝通與解決問題的技巧，或盡責、完成分內工作、守紀律的意願？當溝通與解決問題的制度不存在時，又要如何釐清價值觀、選擇目標，並制定計畫？要如何接受教導與訓練，並遵行大家都同意的紀律？若缺少管理與紀律的制度，要如何才能達成目標、執行計畫、培養技巧或教導與訓練？

這四種制度都是必須的。許多父母只注重其中一、二項，認為其中一項的成功，即可彌補其他各項的缺失，這是很不明智的。大家都喜歡做自己內行、喜歡的事，要他們試探其他事物，簡直是要他們的命；但若有人居間策劃，並協助成長與改變的過程，幫助他們了解為何需要這四種制度，鼓勵他們培養既有思考及行為模式之外的態度和技巧，這段「新生」的路程，就不會因為痛苦不堪，半途而廢。

維繫家庭關係的三種技巧

六、磨練三種重要技巧。時間管理、溝通和解決問題，是婚姻和家庭關係中必要的三種技巧。我們無法使喚別人，卻可以控制自己，尤其是如何管理時間、如何與他人溝通、如何解決生活的問題與挑戰。

- **時間管理**。稱之為「時間管理」其實並不恰當，因為每個人的時間多寡都一樣，但有些人卻能完成數倍於他人的工作量。稱為「自我管理」倒比較合適，意指我們在分配的時間內管理自己。許多人的生活都是為危機所操縱，亦即受到外來事件、環境和問題的影響。他們把心思擺在問題上，努力解決一個接著一個的問題。有績效的時間管理者以機會為重，不拒絕或忽視問題，但會試著去防止問題的發生。他們偶爾會處理緊急的問題或危機，但整體來說，都是藉由仔細分析問題的本質和長期規劃，以防止問題惡化。

  時間管理的真義在於制定出優先順序，然後再整合力量達成目標。制定先後順序需要仔細審視價值觀以及你最關切的事，再轉化為長短期目標和計畫，並進一步仔細規劃。除非發生更重要（而非更緊急）的事，否則必須按計畫行事。
- **溝通**。溝通是解決問題的先決條件，也是生活中最基本的技巧。溝通應定義為雙方諒解。溝通的主要問題在於「翻譯」：如何將我們所想的，翻譯成所講的。第一個挑戰是學習說出心中所想的；第二個挑戰是學習聆聽，以了解別人。

  「正確翻譯」或有效的雙向溝通，關鍵在於高度信任。與信任的人溝通，幾乎不須言語。甚至在言語上犯了錯，他們還是能了解你的意思。當信任度低時，無論多努力溝通，技巧多好，語言多清楚，都沒有太大差別。

當信任度高時，溝通輕而易舉又精確。當信任度低時，溝通卻極為困難、令人疲倦又無效。溝通的關鍵在於信任，信任的關鍵在於信賴度。誠心誠意是維持良好溝通的最佳保證，如同所有自然過程一樣，沒有捷徑，沒有特效藥。

- **解決問題**。溝通技巧的真正考驗，是在真實的婚姻或家庭關係中，經由互動解決問題的方式。典型的解決方式應處理四個問題：我們在哪兒？我們想到哪兒？如何到達那兒？如何知道已經到達？

第一個問題：我們在哪兒？著重在蒐集與研判實際資料。第二個問題：我們想到哪兒？釐清價值與選定目標。第三個問題：如何到達那兒？構思並評估替代方案、做決定、規劃行動步驟並執行。第四個問題：如何知道已經到達？則需建立評估標準以衡量、觀察、訂出達成目標的進度。

當問題變得情緒化時（在婚姻與家庭關係中常見），多數人會先對前面所提的前二個問題提出假設答案，然後再針對第三個問題爭辯。這樣只會使問題益形複雜，使雙方堅持己見。他們於是將勝利定義為擊敗對方，採用二分法、輸贏的解決方法。當雙方都抱持這種態度時，分出勝負必不可免。其中一方會覺得被壓迫而認輸，但這種解決方式終究是暫時的，更嚴重的問題還在後面。

七、重建內在安全感。多數人的安全感來自外在因素，如：環境、財物和他人的意見（包括配偶）。問題即出在對外在事物的依賴，當這些事物變動時，我們的生活就受到牽連，進而變得搖擺不定。

內在安全感的來源

我們必須能夠無視於環境變遷，仍保持穩定。重新編排自己的生活劇本，並遵照新劇本詮釋，需要相當勇氣，而勇氣是從內在個人價值感和安全感而來。我們不妨看看不受他人意見與環境影響的七種安全感來源。

- **正北的原則**。這是最基本的來源，也是其他來源的根本。永恆的原則永遠都是值得信賴的，也就是說，要不斷教育並服從我們的良知。做得愈多，婚姻生活也就愈幸福，也會有更多的智慧和力量，去解決或超越所面臨的各種問題和挑戰。
- **豐富的個人生活**。培養冥想、沉思、祈禱、研讀《聖經》和其他精神糧食的習慣。許多人生活中充滿喧擾的活動，總是要與他人來來往往，一落單就感到興味索然。試著去培養獨處、深入思考、什麼事都不做、享受寧靜與孤寂的能力。回想、寫點東西、聆聽、計劃、想像、沉思、放鬆。豐富的個人生活，有助提高個人價值與安全感。

- **欣賞大自然**。沉浸在湖光山色的自然美景中（特別是在清晨或傍晚，在山上或海邊），將感受到造物者的神奇，大自然也會將美景與力量，注入你的心靈，這就好像吸取一桶新鮮的氧氣。自然教導人類許多美麗的原則與過程。
- **回想你的假期**。接近大自然，在高山峽谷、湖泊河海等秀麗的景致中，體驗寧靜的一刻，當時是怎樣的心情？難道不是陶醉於沉思，內心更加平和安靜嗎？再回想另一個看來樂趣十足的假期，但行程緊湊，多數時間都花在逛街、逛遊樂場、看馬戲團和嘉年華會上，回到家後又有什麼感覺？難道不是更加疲憊，需要再度休假？
- **養精蓄銳**。每天培養體能、心智和精神上的企圖心，維持至少每隔一天伸展筋骨或跳有氧舞蹈的習慣。光是週末運動並不夠，而突然間的過量運動反而有害。隨著年歲漸長，我們的身體已喪失柔軟度與彈性，無法應付週末運動所需。定期運動有益健康，不但延年益壽，更能增添生活的意義，千萬不要忙得抽不出空養精蓄銳。
- **服務他人**。匿名服務尤其重要。因提供服務而損失的時間，終將得到補償。如果我們的目的是服務、祝福他人，就會出現一種心理、情感和精神上的報償，亦即內在的安全感與平靜。

- **表現出誠意**。如果我們誠心給予別人指引，信守承諾，竭力依價值觀行事，我們的生活就是完整的。榮譽心勝於一時的心情。因為我們認識自己，自然會對自己產生信心，即使受到誘惑，仍能忠於自己。誠心是所有美好與偉大事物的基礎。導源於此的內在安全感，使我們不需要為了給人好印象而活，不需要借助學歷、財物、關係、外貌或地位象徵的力量；也不再需要挖苦嘲諷或牽強的幽默，幽默感會因情境而自然產生。
- **可信賴的人**。安全感的最後來源是，當我們懷疑自己時，仍然關愛、相信我們的那個人。這種來源似乎是外在的，且不安全；但他之所以占有一席之地，是因為有許多人是真心且值得信賴、倚靠的，他們的內在大多踏實穩重，可資信賴。他們了解、關心我們，無條件地付出；當每個人都棄我們不顧，尤其是在我們自己也自暴自棄時，他們仍會與我們長相左右。

多數父母對子女的關愛都是無條件的。或許母親在引領子女來到這個世界時，經歷了極大的痛苦，讓她願意完全地付出，並相信子女的優點與潛能。以原則為重心的人，也具備同樣美德。

這些人能使我們的生活全然改觀。想想自己生活中，是否有位老師、領導者、鄰居、朋友、教練或顧問，在你已對自己絕望時，仍對你信心十足？無論如何，仍與你同甘共苦？這些不是軟弱、屈從、討好你的人，而是絕不屈從，也從不放棄你的人。我認為，最艱苦的挑戰是如何同樣地對待他人。

家庭使命宣言

八、制定一套家庭使命宣言。制定家庭使命宣言是凝聚家庭向心力的有力方法。許多家庭都是以論功行賞來管理，而不是建立在健全的原則和豐富的情感帳戶上。當壓力愈積愈多時，家庭成員就開始咆哮、過度反應、言語尖銳，甚或不理不睬。子女耳濡目染，認為這就是解決問題的方法，不是抗爭，就是逃避，這種情形會傳到下一代。

所以我主張劃分家庭任務。在草擬家庭制度的最高原則時，就能找到問題根本。想達成長期目標，就找出核心的價值觀和目標，讓整個家庭制度配合這些價值與目標。在基礎上下功夫，讓它更形穩固。家庭的核心是永恆不變的，這在家庭使命宣言中便可看出。自問：「我們重視的是什麼？我們的家庭是怎樣的家庭？我們的立足點是什麼？我們的任務是什麼？組成的理由是什麼？」

制定家庭使命宣言極為重要。更重要的是制定的過程，若這份宣言真要做為奉行的圭臬，引導、啟發家人，每位成員都應參與制定。宣言中所涵蓋的原則必須是每位成員都重視的，花數週、數月來制定宣言，讓大家都有機會公開表達自己的感受，沒有惡意的批評，大家都認真了解什麼才是重要的，提供充裕的時間，保持耐心。

我還記得我們家中第一次嘗試制定家庭使命宣言的情景。我那位打橄欖球的兒子首先發難說：「我們的家庭真是一團糟，讓我們開始吧！」隨後數個月，我們都聚集在一起，對彼此更加了解。最後宣言終於出爐，我們並承諾要彼此協助。我願意與你共享這份宣言，但我不希望你全盤照抄，因為這只是一個例子：

本家庭的任務是：創造一個有秩序、真理、關愛、幸福、休閒的地方，讓每位成員都有機會變成獨立且負責任、相互扶持又有效能的人，以達成有價值的目標。

我已見到這份宣言對每位成員的影響力，並看到我的子女，做出生命中重大的決定，自許達成有意義的目標並貢獻社會。我鄭重向你們推薦這個凝聚向心力的方法。

13

實踐篇

教出冠軍子女

珊德拉和我共有九個孩子，我們認為他們的資質都很好，不過，當然不是每個人每天都能夠保持顛峰狀態。我們每天都祈求智慧、力量、原諒寬恕、改進的動力。我們用過各種方法，讓每個孩子都能成龍成鳳。以下十種方法，可以讓你的子女個個高人一等，也可以使你所雇用、管理的員工表現突出。

以原則為重的人格

一、建立子女的自尊。子女一出生，我們就肯定他們的價值，相信他們，並且給予正面的回饋。我們相信他們的本質，也信任他們的潛能；不拿他們相互的比較，或是和他人比較。

我一直認為人類對自己的感受，是能否運用天賦，並釋放出潛能的真正關鍵；而他們對自己的感受，又源自別人如何看待他們，尤其是父母。

子女在入學之前，我們花了許多時間和他們一起遊戲，並肯定他們，試圖建立他們的自尊。

過去我們經常陪伴最小的喬許，而且樂在其中。每當我出差回家時（即使只是一天），我們都會到附近小店吃一頓。我們一起開車外出時，他會湊到我跟前說：「我們又在一起了，只有我們二人。」一路上，我們有說不完的話。到了晚上，他會說：「今天再為我講個故事，好嗎？」我說：「沒問題，兒子。」於是他靠到我身旁，聽我娓娓道來。

二、鼓勵培養「至上的偉大」。我們告訴子女，「偉大」有兩種：「至上的偉大」，就是以原則為重的人格；「次級的偉大」，才是為他人所認識的偉大。我們試著激勵他們先去追求「至上的偉大」，而不借助「次級的偉大」的力量（如：受人歡迎、名聲、財物、天賦等），彌補人格的缺憾。

我們的兒子西恩在南非服務時，亦多次表現「至上的偉大」。他克制自己，嚴守紀律，關懷他人，肯定與他共事的每個人，結果是他的影響力擴及更多的人。他知道生活的重要課題是圍繞著上帝的意見和榮耀，或是人的意見和榮耀。

西恩具備「至上的偉大」，當他在面臨沉重壓力時，仍然勇氣十足地做出決定。他擔任學校橄欖球隊的四分衛，了解對方的防守隊形，認為進攻無法得逞時，隨即改變進攻的方式。

他冷靜、沉著，當全隊士氣低落時，就會蹦蹦跳跳地，散發一股活力，並說：「我們就要得分了！有些事就要在我們手中發生了！」被絆倒時，仍會一躍而起，拍拍對手說：「幹得好！」若有隊員抑鬱不振，幾乎喪失信心，他也會去給予安慰。

雖然他一心想把球打好，贏得競賽，但他在大學的主要目標仍是為人生做準備和進入研究所。他知道一次嚴重的運動傷害將改變一切，他不想以打球為業。

三、鼓勵子女培養自己的興趣。當喬許看完電影《功夫小子》時，就想學空手道。雖然我了解他那股熱勁維持不了多久，但他對某件事很狂熱，我就會鼓勵他去試試。我馬上替他報了名，我肯定他選擇的能力。最近我們在扔橄欖球時，他說：「你注意到我對橄欖球是多麼在行嗎？」他從不懷疑自己各方面的能力。

當我們發覺子女的真正天賦時，應鼓勵他們。例如，早在西恩參加運動競賽之前，我就察覺到他的運動天分。他在念小學時，我可以感受到他身體柔軟、協調、敏捷、平衡感又好。我建議他：「你為何不參加比賽？」但他擔心失敗，有點猶豫，認為與其失敗，還不如不試的好。有一次，他終於答應參加學校裡的幾項競賽，結果囊括所有獎牌；一旦肯定自己的能力，他就開始參加各種大大小小的比賽。

創造喜樂的家

四、創造一個樂趣無窮的家庭文化。我們希望自己的子女能從家中得到更多樂趣與滿足，遠超過從學校、同伴，或其他地方所能得到的。基本上我們不希望他們反叛什麼事。我們希望家庭文化充滿樂趣與肯定，以及許多的機會。家庭不應該讓子女有處處掣肘的感覺。我們的態度是：「你可以做任何事，只要你事先規劃，並努力去做。」

我們試著每個月至少一次，與他們做一對一的談話，並盡量配合每個孩子的個別需要。過生日也是趣味盎然，我們稱之為「生日週」，將整整一週都貢獻出來，這期間真是高潮迭起。我們也有定期的家庭聚會，試著讓這些活動有正面意義，並鼓勵每個人表達他們關心或欣賞彼此的原因。

五、預先規劃。我們至少在六個月前，會預先規劃幾件家庭大事。我們的兒子史提芬和他的妻子傑妮表示，他們不願前往達拉斯的ＩＢＭ公司工作，再前往波士頓哈佛企管學院就讀的主要原因，就是不想失去共同規劃家庭大事的樂趣。

許多家庭並未規劃有趣的家庭大事，讓其流於形式化，而失去助子女一臂之力的機會；活動的樂趣即在於規劃本身。事實上，規劃事情與完成事情，所得到的滿足經常是一樣的。

財務上的考慮經常被拿來當作忽略此事的藉口，但尋找樂趣不一定要花大錢。重要的是，你擁有一段愉快的家庭經驗，子女們參與規劃，每位成員都很興奮地期待，每個人都認為是其中的一份子，往後談起來仍然是津津有味。

當然，廣泛包涵家族其他成員是規劃成功的重要因素。我們的子女就和堂兄弟非常親近，我們的家庭活動通常會擴及上下四代，每位成員對彼此之間都有相當興趣，即使連十幾歲的孩子，都不想錯過家庭大事。這種氣氛給孩子們認同感、自尊、關懷與支持，並提供他們服務的機會，這些對於他們的出人頭地是絕對重要的。

以家庭會議取代武斷限制

六、樹立追求卓越的模範。我們做起事來都想盡善盡美，追求卓越也就成了不須多言的規範。我們從不需要督促子女用功讀書、寫作業，或許這是因為他們經常體會到讀書學習的好處，這是家庭文化的一部分，也是學校的期望。他們在功課上若需要幫忙時，我們仍會伸出援手，但總是試著讓他們獨立自主。

我們有次聚會討論家中看電視的情形。許多報導和研究讓我相信，一般美國人，尤其是我的家庭，花太多時間看電視，使得心智萎縮。我知道如果提出這些資料，並武斷地限制家人看電視的時間，會有什麼後果：咆哮、抱怨、強烈的抗議等。

但我們聚在一塊兒開家庭會議，討論電視對家庭所造成的影響，以及電視節目中所倡導的價值觀。我解釋道：為何有人將電視看成是家庭罪惡的淵藪、帶插頭的毒藥，影響深遠卻又不易察覺。為了強調，我特別引用詩人波普（Alexander Pope）的名言：

罪惡是隻容貌可怖的怪物，
牠令人深惡痛絕，卻又不得不見；
但經常相見，牠的面孔就變得熟悉了，
開始是忍受，然後是同情，後來就是擁抱了。

最後我們決定將看電視時間限制為一天一小時，並且只看好的娛樂或教育節目。當然我們不是一直都信守這項協定，但成效仍是相當驚人。子女都自動自發完成作業；閱讀、思考、分析和創造，取代了電視機前的枯坐。

做孩子的後盾

七、教導子女利用想像力，發揮潛能。西恩在高中擔任四分衛，我和他有許多一對一運用想像力的經驗，尤其是在球賽的前一晚。運用想像力的基礎，是認為所有事情都會在心智和體能上重複發生。運動員的訓練大多在體能上，教練可能會提到心智上的堅毅與集中，但很少人能有一致的心智排練或運用想像力的經驗。世界級的運動員幾乎都能盡情發揮想像力；早在贏得勝利之前，這種情景已在他們腦海中出現過。

一開始時，我教西恩如何放鬆，然後把球賽中的各種情節，詳細生動地描述出來。西恩可以預見自己在各種狀況下的完美表現。

這種心智上的準備自有它的代價。在一次全州冠軍賽中，西恩隊上仍落後兩個達陣，而對方氣勢如虹。在一次傳球失誤後，西恩隊上退到自己的防守區。我彷彿「看見」西恩在集中心思想著：「我不要只是枯守，我要掌握整個攻勢，我確信這終將成真。」我看得見，也感受得到，整個隊伍也都感受到了，於是形勢開始逆轉，這均取決於他的心智。他們積極發動攻勢，一次又一次地達陣，終於贏得比賽。我想勝利的主因，在於西恩和他的隊員經常在腦海中演練這種狀況。

西恩在球季期間，每天都會花上少許時間，在想像空間中遨遊。他也觀賞學校早期一些優秀四分衛的比賽影片，在球場上，這些明星就是最好的精神導師與模範。

八、接納他們的朋友。例如，西恩的幾位球友是我們的義子，我們錄下他們所有比賽，每次比賽後，邀請每個人到家裡來觀賞，這可協助營造家庭和團隊的氣氛。

個人冠軍通常是冠軍隊伍的一部分。所以我們會在子女隸屬的球隊、俱樂部、學校和班上，投注同樣多的心血。當家庭、朋友、學校和教會都採取一致立場時，就會構成強而有力的團隊。一旦事情出了差錯，如有位同伴出了問題，都很容易得到解決，這比放棄那位出狀況的同伴要好多了。

九、相信他人。教導他們要有信心、相信他人、肯定並祝福他人，並為他人服務。西恩在任務中學習，處處為人設想，才是發揮影響力的關鍵，意即必須注意他人的感受與觀點。要成為冠軍，就先要對別人感到興趣，尤其是那些失意潦倒的人。

西恩在球場上特別關照那些沒人注意的新人，而且毫不造作。他相信人無法發揮潛能的主因是懷疑自己，他肯定他們。若看重某人的潛能，那個人自然就會變得偉大起來。與人交往成功的關鍵在於相信他們，肯定他們。

十、提供援助、資源與回饋。我們與每位孩子保持信件和電話的往來，以彼此肯定。這種做法有累積的效果，成為支持大家的感情力量。

我們也依賴彼此之間的誠心回饋，因為好的回饋對於成長是必要的。西恩對他的橄欖球教練說：「我希望你知道我需要回饋，你不會因此激怒我，請隨時告訴我你的想法。」他一直願意向有能力、有知識的人學習。他非常開明、有可塑性，即便有一些課題的代價很大。

塑造優秀子女需要不斷的努力，我們為此目標奮鬥不懈，卻發現最後仍然是要回歸基本點。

第二部

領導企業組織

共榮共生，達成雙贏

有效領導的核心關鍵

如何讓所有員工自發投入工作，
發揮潛在能力，
共同朝著組織的使命前進？
從領導思維、授權制度全面改造及提升，
達成企業與人才的雙贏局面。

前言

解決困境，齊力向前

早在二十歲時，上司即要求我，運用有效管理與領導的原則和技巧，監管並訓練比我年長的員工。這的確是個令人戒慎恐懼的任務。

多數人遲早也會爬上所謂「管理」的地位；但在責任來臨之前，少有人已準備妥當。多數人在行動、錯誤中學習，長久下來，仍可增長不少能力與信心。

之後的章節將著重在經理階層常面臨的問題與挑戰，諸如：監督、授權、參與、期許和表現，我也會提到有關組織領導的問題。

成為一個組織的領導人，必將遭到與以前完全不同的狀況和問題。有些是長期的問題，有些則是急迫的問題。大至名列《財星》雜誌的前五百名，或小至家庭、小公司和志工團體，如何有效運作的問題都大同小異。

此處我主要是談論結構、制度、策略等企業內部的問題，但在以原則為重心的領導模式中，人的因素仍占相當分量。領導者應謹記個人與組織間的緊密關係，也不應喪失對使命與共同願景的期許，亦即對企業最高指導原則的承諾。

解決管理上的困境

以原則為重心的領導，可協助解決典型的管理和組織困境，例如：

- 如何創造具備可塑性、有彈性與不斷改進的文化，同時仍保有穩定性與安全感？
- 如何讓員工認同企業文化與策略，讓每位成員與制定策略的人一起付出心血？
- 即使工作上並不需要，而且相對的獎勵措施也不存在，此時，如何激發員工的創造力、想像力、天賦與精力？
- 如何清楚認識到，何時扮黑臉、何時扮白臉的困擾，是植因於錯誤的二分法？
- 如何在公司願景的架構下，妥善運用回饋，調整發展方向？
- 如何將使命宣言轉化為全公司的最高指導原則，而不只是一大串模糊、無意義、引人發噱的老生常談？
- 如何創造一種「管理階層能奉員工為上賓，視員工為專家」的公司文化？
- 如何在為了稀少資源、權力升遷和祕密任務，而彼此長年鬥爭、批評的部門與員工之間，創造團隊合作與和諧精神？

看完第二部分的各個章節後，你將能了解有效領導的基本原則，也會具備足夠的能力，獨自解決各種管理上的難題。

管理與領導的兩大原則

以原則為重心的領導，在個人、人際、管理與組織等四個層次上，應是由內向外的運作。每一層次都是「必要但非充分」，必須以某些原則為基礎，在四個層次上下功夫。此處我將著重在管理與領導的兩大原則上。

- **在管理層次上授權**。缺少信任，如何能管理員工？認為員工缺少能力與品格，又如何去管理？缺少信任，就必須採取控制手段；但在培養高度信任後，又應如何管理員工？你不須監督，員工會自我監督，你只需在必要時伸出援手。績效表現的協議，可讓員工知道你對他們的期望，並結合公司的需要和個人的需要。你承擔一切責任，但員工應以協調內容為基礎，參與績效評估，員工的自知之明已超過任何評估制度。若公司內互信的氣氛不夠，員工只會把他們認為你想聽的一切告訴你，此時只好被迫使用評估制度。

- **在組織層次上認同**。公司內若互信不夠，又實施控制式管理，那會是什麼景象？充滿了階級色彩。控制的範圍呢？非常窄，因為就只能控制那麼多人。於是只好採取事必躬親的授權方式，主管僅讓屬下跑跑腿，仍由自己制定並管理所有運作方式。所蒐集的資訊也側重在立即的結果，以便採取決定性的調整措施。「胡蘿蔔與棍子」仍是激勵員工的手段。這些原始的方式在面臨一般競爭時仍能奏效，但碰上強硬對手時，就不管用了。

若公司內的互信度高，又是什麼景象？員工平起平坐，非常有彈性。控制範圍呢？非常廣泛。原因何在？因為員工能自我監督。由於你與員工之間有情感帳戶維繫關係，不須提醒，他們即會自動自發。你得到員工的承諾，員工則得到授權。原因何在？因為你在基本原則的基礎上，建立共同、且具前瞻性的公司文化，而且不斷努力使公司策略、風格、結構與制度，配合最高指導原則與現實環境。

你所面臨的挑戰是：在發現某些事情失控後，如何以基本原則為基礎，以由內至外的方式，在四個層次上努力解決。

14

觀念篇

富足心態成就卓越

善於處理「燙手山芋」的主管，都能冷靜地為產品打開市場、促銷、得到應得的一份大餅，而不是保護原有的勢力範圍。

愛達荷州的馬鈴薯農夫辛普勞（J.R. Simplot）和葛威格（Nephi Grigg），藉由培養「豐富心智」（abundance mentality），在商場上無往不利。他們認為每個人都可創造市場，不須搶奪他人的市場。這種「豐富心智」，使他們創立了冷凍食品公司——辛普勞公司（J.R. Simplot，麥當勞薯條的主要供應商）和奧愛食品公司（Ore-Idn Foods）。

豐富心智的力量

這兩人成功的原因都是擁有「豐富心智」，深信「自然與人性資源豐富，就足以實現任何夢想」，以及「我的成功不全然是別人的失敗，別人的成功也不會剝奪我的機會」。

過去二十五年來，根據診斷企業和個人的經驗，我觀察到「豐富心智」會消弭狹隘的想法和敵對關係，而卓越與平庸的分野也在此。

企業與社會中充斥著負面的想法。在衝突開始之際，就急著採取法律途徑解決問題。大家都汲汲於名列前茅，想要分得自己的一份大餅，並保護自己的勢力範圍。這種以自我為中心的做法，都是出自於「資源有限」的信念，在此姑且稱之為「貧乏心智」（scarcity mentality）。

學術界和商業界奉為圭臬的正常分配曲線，所隱含的「零和」概念，助長了「貧乏心智」的趨向。就算在學校時沒被灌輸這一理念，在運動場上競技和進入社會工作時，仍可能會滋生這種想法。

有這種心態的人，易於以「非贏即輸」看待每件事，相信「只有這麼多，別人拿去了，我的份就少了」。他人成功，可能意謂著自己的東西被剝奪了，這些人往往不能替他人感到高興，甚至即使成功的人是家人、同事或鄰居，仍不能釋懷。

放棄「零和」觀念

將生活看成是「零和遊戲」：別人贏，就表示你輸，很容易會產生敵對或競爭的態度。若父母給子女的是有條件的關愛，又不斷拿子女與他人做比較，子女將會養成這一種心態，以二分法來論事，不是有，就是沒有，不是「我好，你不好」，就是「我不好，你好」。

我的一生也經歷許多豐富與貧乏心智的掙扎。當擁有豐富心智時，我相信別人，開朗、肯施捨，願意和別人共同生活，能夠欣賞彼此的差異。因為我察覺到，力量的泉源在於差異性，整體並非一模一樣，每個人都應該截長補短，某人的弱點可由另一人的長處加以彌補。

有「豐富心智」的人，注重「雙贏」的協商原則，溝通時先求了解別人，再求被人了解。心理上的滿足並非來自擊敗他人，或與他人比較的優越與否。這些人沒有占有欲，不要求他人照自己的話做，安全感更非建立在別人的意見上。

「豐富心智」來自內在的安全感，而不是外在的排名、比較、意見、財物或關係。如果自身的安全感是從這些俗務而來，便會依賴它們，當這些俗務變動，就會影響到他們的生活。

「貧乏心智」的主張者認為，資源是稀少的，若同僚獲得升遷，朋友得到認同或有重大成就，自己的安全感或自我認同即受到威脅，即使口頭上讚譽有加，內心卻是痛苦不堪，覺得自己的東西被剝奪了。這些人的安全感是和他人比較而來，而不是來自自然法則與原則的信仰。

愈堅持以原則為重心，愈能培養「豐富心智」，愈願意與他人分享權力、利潤和名望，也愈能為他人的功成名就，感到與有榮焉。別人的成就對自己的影響是正面的，而非負面的。

豐富心智的七項特徵

「豐富心智」論者如辛普勞與葛威格，與擁有「貧乏心智」者有何差別？「豐富心智」有以下七項特徵：

一、回歸正確的來源。我在《與成功有約》一書中提到，原則是最基本的資源，也是其他資源的根本。生活若集中在其他資源，如：配偶、工作、金錢、財物、樂趣、領導者、朋友、對手、自己，就會產生扭曲與依賴心理。

「豐富心智」論的人從內在安全感的泉源中汲取動力，並保有平和、開朗、信任的特質，對他人成就與有榮焉，重新開展、塑造自己的生命，培養豐富的感情，以滋長舒適、內省、啟示、指導、保護、方向感和寧靜的心靈。他們期待回到心靈的泉源，若是缺少這方面的滋潤，即使只有數小時，也會產生退化的症狀，好像身體缺乏水及食物。

二、尋找孤寂，享受自然。心智豐富的人保留時間，尋找獨處的機會；心智貧乏的人，由於本性喜歡喧囂，獨處時往往感到無聊。應該培養獨處的能力、深思、享受寧靜與孤寂，常做反省、寫作、聆聽、計畫、準備、想像、沉思、放鬆等活動。

自然界有許多寶貴的教訓，可充實我們的心靈感受。靜謐的自然環境讓人深省、心境平和，有助我們準備重返步調緊湊的生活。

三、精進不懈。每天鍛鍊心智與體能，以保持身心狀態。

在心智方面，我建議培養廣泛且深入閱讀的習慣。加入培養主管的訓練課程，再慢慢增加紀律與責任感。若能不斷充實自己，經濟上的安全感就不會依附在工作、老闆的意見或人為制度上，而是靠自己的能力。「未決難題」是個龐大的未知市場，對有創見的人，以及能為自己創造價值的那些人而言，這裡永遠充滿機會。

波勒（Carl R. Boll）在所著《無限的主管機會》（*Executive Jobs Unlimited*）一書中認為，無法經常修練自己的人，會發現自己變得陳腐不堪，為求生存，只好小心翼翼，採取防衛手段，以安全為重，開始為自己打上一副金手銬。

四、默默為他人服務。為了經常培養內在安全感，有些人願意盡力服務他人。他們特別喜愛不具名的服務，覺得那是活在世上應付的代價。不求名利，服務他人，這種付出將帶來與日俱增的內在安全感與豐富的心智，這就是最好的回報。

五、與人們維繫長期良好關係。在我們失去自信時，配偶或親密朋友仍然會關愛並且相信我們。但並不是凡事言聽計從，他們不屈服、不放棄，在我們生命中造成相當重要的影響。

心智豐富的人會與許多人維持這種關係。當察覺到某人正在十字路口徬徨時，就會不辭辛勞地表達對那人的信任。

六、寬恕自己與他人。心智豐富的人，不會為自己的愚蠢行為或社交過失而自責，也不會在意他人的莽撞。過去或明日的夢想不是他所關切的，這些人很理性地活在現在，仔細規劃未來，並靈活面對變動的環境。充滿幽默感，坦承錯誤並學著寬恕，滿心喜悅地去做能力範圍內的工作。

七、解決難題。豐富心智的人就是解答的一部分。知道如何將人與問題分開，把精神擺在整體利益上，關心但不在立場上爭辯。別人會慢慢察覺他們的誠意，合力為解決問題貢獻心力。在這種交心過程中產生的解決方案，比妥協、折衷的方法好得太多。

遵循農場法則

苟且推諉與急就章的做法，在農場上是行不通的。我們必須每天替母牛擠奶，每件事都必須依照自然循環法則完成，即使是好意，違背自然法則也會遭天譴。人受制於自然法則，也就是「一分耕耘、一分收穫」的法則，這是長久不變的。依據自然法則，農人必須墾地、播種、耕耘、除草、澆水，才能期望有好收成。在婚姻問題上或協助青少年度過認同危機時，也是一樣；沒有特效藥或一蹴可幾的祕訣，讓人可以突然提振精神，獲得出人意料的成就。

無論情境如何，自然法則主宰一切。在生活和人際關係中運用這些「農場法則」，你的心智將由貧乏變為豐富。「要怎麼收穫，先怎麼栽」，自然法則顛撲不破。

15

觀念篇

組織的七個長期問題

我們每天都可看到許多藥品廣告，保證效果快速、用法簡易、無副作用；但我們卻常忘記，這許多「神奇藥物」只對急性症狀有效，對長期病痛卻束手無策。

什麼是急性疾病？就是會產生立即疼痛的疾病；慢性疾病是長期的疾病，助長了急病發作的可能性。

多數人急於解決急性疾病和問題，想馬上減輕劇烈的疼痛，想立即修復破裂的關係。但卻發現，愈是運用特效藥和偶爾有作用的小伎倆，愈會讓長期問題惡化。

假使得了長期的工作疲乏症，例如：儲備能量即將耗盡；工作習性讓人陷入管理危機；不斷要求自己做超出能力範圍之外的事；情緒受他人意見的支配，極力迎合每個人或壓力過大；就可能會造成慢性疾病。這些疾病會出現某些症狀，我們的可能反應之一是，拿一些特效藥來治療。

這其實是自欺欺人。解決長期問題沒有特效藥，只有自然法則才是答案，春耕夏耘是秋收的唯一保證。在自然體制中工作時，這道理似乎顯然易見。但在生活中，我們卻又要求特效藥，例如：有多少人求學時是臨時抱佛腳度過的？有多少人的成績，甚至研究所學位，是這樣矇混來的？我們知道自己並未全心全力的付出代價，所以無法得到最好的教育。我們常是哪裡痛就醫哪裡；當另一個危機爆發，我們又急忙趕去應付。

這種頭痛醫頭、腳痛醫腳的方式，讓人心力交瘁。在壓力下，與人交往的能力也萎縮至最低點。生活受制於外在環境，老是疲於奔命。

開膛破肚解決老問題

許多個人和企業飽受老問題之苦，永久的解決之道往往需要開膛破肚，一探究竟。

我有一位朋友是外科主治醫師，他讓我參觀過不下二十次的外科手術，有一次我甚至在開心手術上幫點小忙。我幫忙拿住撐開胸腔的工具，讓他更換三條血管。我摸了這些血管，血管中塞滿膽固醇，因而變得僵硬、脆弱。

「為什麼不清洗一下呢？」我問。

他說：「暫時可以奏效，但長期下來，膽固醇仍會黏附在血管壁上。」

我又問：「調整過這三個地方後，病人是否就痊癒了？」

他說：「不！已蔓延到整個身體了，這是慢性冠狀動脈的問題，心臟疾病的一種。從其他的輔助循環系統運作正常看得出他一直在運動，但他仍未改變其他生活型態，這是長期的慢性毛病。這三個地方的情形最嚴重，由於會阻礙氧氣流向身體其他部分，而造成心臟病或中風，所以只好動手術。」

人們最不想改變的就是自己的生活型態，但若想與嚴重的老問題搏鬥，就必須改變。

個人問題終將變成組織問題

組織由個人組成，儘管在工作中加入更多紀律，個人的作風仍會隨著進入組織內。我們不停找特效藥醫治組織的短期毛病，而不是改善日積月累已成形的舊習性。如果每天每個人都將自己的病痛帶進組織內，而社會價值也鼓勵及時行樂，以特效藥解決深層的難題，個人的老問題，終將變成組織的老問題。

這種情形在美國尤其常見，但根據經驗，下列七項問題普遍存在於各個角落，不同文化的組織，甚至組織內的各部門與個人之間都可見到。

問題一：缺少共同的前瞻性與價值觀。不是組織缺少使命宣言，就是組織內各個階層對任務也缺少深度認識。

多數主管並不了解制定使命宣言的重要——代表組織內各階層的共同價值觀和前瞻性。耐性、前瞻性和有意義的參與是不可少的，但很少企業真正重視這些。多數組織徒有一份使命宣言，但員工並未參與制定，也就無法成為其中一部分。組織文化意謂著共同的前瞻性與價值觀，組織內各個階層應共同制定、全心全意深入了解，並確實執行使命宣言中所列舉的一切。

經驗證明，企業內若缺少最高指導原則，並以之統御每件事，其他六個老問題也會一一浮現。

為達成具體成效，使命宣言應涵蓋四項基本人性需求：經濟或金錢、社會或人際關係、心理或成長，以及精神或奉獻。多數使命宣言並未兼顧這四項需求，有些遺漏了心理或人性成長的需求；有些則忘記提及雙贏的人際關係、經濟報酬的公平性，以及對原則或價值觀的堅持，和對社區、供應商、客戶、企業所有人與員工的服務與貢獻。

問題一如看不見的冰山。使命宣言若有所遺漏，主管不見得察覺到各階層缺少共識，問題也就不易凸顯。但缺少共同前瞻性與價值觀，是一切問題的根本。

「羅盤」模式的策略思考

問題二：缺少策略途徑。策略不夠完善，或無法有效表達使命宣言或配合客觀現實的要求。

近年來，最好的策略思考方向，已從「街道圖」模式轉變為「羅盤」模式。這主要是因為我們所處的環境變幻莫測，使得街道圖已無用武之地。大家需要固定的組織羅盤（即有原則和價值的使命宣言），以靈活調適環境。

舊式策略規劃模式可分為：目標（往哪裡去）、方式（如何去）、手段（如何動員資源）；新模式則要求運用羅盤、原則和價值，以達成目標。多數組織常見的做法是，用已知的事實來預估，並大言不慚地稱之為「策略規劃」。這些組織領導人從不問：「五年後邁進到哪個地步？」或「我們追求的是什麼樣的企業？」反而處處遷就環境，任憑宰割。有的策略規劃反映出現實環境，卻缺少前瞻性。有的組織則一心以任務與願景為重，在策略上又疏忽了現實環境。

好的策略規劃同時反映前瞻性與現實環境。應確定你的策略是來自使命宣言，並反映內在的前瞻性與價值觀，以及現實環境，才能避免生產過時的產品和服務。創造並維持平衡並不容易，需要高度智慧與判斷力，需要對社會敏銳觀察，更需要以承諾和良知堅持價值觀。組織內容缺乏穩固、共有的價值體系，就會欠缺安全感，只好向外尋找。結果是舉棋不定，受制於外面變幻莫測的因素。

問題三：缺乏一致性。結構與共同價值、前瞻性與體制之間，缺少一致性，組織的結構與體制便無法符合或強化策略的要求。一致性的問題普遍存在。請問問自己：「我們的使命宣言符合最高指導原則嗎？是世上的最高法則嗎？組織內每個人是否都信服？是否每一計畫、每一制度，甚至組織結構都以最高原則為圭臬？」如果答案是否定的（通常是如此），一致性的問題就出現了。

缺少共有的價值體系，就缺少內在安全感。那要去哪裡找尋安全感呢？只好在僵化的結構和體制中找了。為什麼？因為可以預測。僵化的結構和體制，給人可預測感；但這種制度對於現實環境的調適缺少彈性，往往成了致命傷，許多美國公司和產業就是如此。

許多美國公司的管理方式，是一人控制六、七人，頂多十人。突然遇到的對手是一人掌握五十人，甚至是更多，成本結構也完全不同，除非調整結構，否則無法與之競爭。有一些公司堅持「這裡就是這樣」，而維持舊有的體制；有一些則迫於現實環境，而大幅精簡制度與結構。這種做法讓人驚惶失措，擔心不已。他們在尋找新體制，卻仍然跳不出舊窠臼。

許多主管雖然表示，重視資本主義，但受到獎勵的卻是封建制度；他們重視民主制度，但受到獎勵的卻是獨裁制度；他們也重視開放制度，但卻更關切封閉制度、祕密過程與權力鬥爭。

這種老問題的立即症狀，是人際的衝突與部門間的不和。特效藥就是提出表面的解決方法，即針對溝通技巧的短期訓練計畫；但如果彼此不信任，效果仍然不彰。下一帖特效藥可能是調整薪酬制度，試圖產生激勵作用；但紊亂的管理制度會使員工感到惶恐，無所適從，不知道明天會發生什麼事。即使員工間原有的共同信念是團隊合作，但新的薪酬制度卻迫使員工彼此競爭，以提高生產力。

風格與原則須一致

問題四：錯誤的風格。管理風格與共同的前瞻性和價值觀不協調，或風格不能反映使命宣言中一致的前瞻性和價值觀。這一問題可說比前三種問題更為基本。

多數人的管理風格是來自家庭、學校、社會上的教養，由於當時高度依賴他人，想要被接受的情緒和心理需求非常強烈，所以早期的教養對後來的風格影響很大。一位專制粗暴的父親，可能是我們賴以生存的唯一依靠，自然也就會傳承他的風格。

遇到與自己格格不入的風格時，例如面對粗暴、濫權、敵對，我們往往心生惶恐。例如：我兒子喬許八歲時，聽到一位同齡小孩遭父母遺棄時，就相當震驚。接連著兩天也這樣，後來他問道：「怎麼會發生這種事？」這種事對他過於陌生，他甚至不願意承認那是一種生活方式。

我們處在新的環境，面臨與原有風格不一致的新價值體系時，不管是獨裁、民主或寬容的制度，都必須重新出發。深入了解新的價值制度，做為重新調適的根據，並重新建立個人生活的最高原則。

高階主管的風格會影響到員工的風格，但往往只是在管理上，而非領導上。於是員工腦中只出現效能，只出現事物，從未想到過人性、原則，因為從沒有人要求他們如此做。

面臨多樣化、流動性的社會，如何讓風格與組織內的前瞻性和價值觀一致，的確是項挑戰，可能必須適度調整風格。若能以原則為重心，只要風格與這些原則一致，就可靈活運用，所以，以原則為重心的領導是相當重要的。

有人難免質疑食古不化的老主管，是否有能力學習新的管理風格。有些人則爭辯說，風格早在十幾、二十歲時就根深柢固，要改變風格當然非常困難，但並非不可能，領導風格可依情境而定，一位新導師或典範就能造成改變。

有人常爭論，管理人才是天生的？還是後天學習的？我相信多數是藉由學習並運用正確原則而來。所以，偉大的領導人物往往是時代的導師，協助改造新的一代。但如此做的代價可能非常慘重，可能必須犧牲，承受極大痛苦，換取重要的改變。

只要員工能堅持共同的指導原則，就能忍受不同風格的組織。但試著找尋與自己風格配合的環境，仍是明智之舉。有的風格在某些組織中的確比較合適；但要決定何處最適合自己，或察覺到自己的風格是否與組織風格一致，則需要真正的智慧。

欠缺技巧與互信

問題五：欠缺技巧。風格不同於技巧，有些經理人在管理上欠缺技巧。

有些人確實是想要有所改變，但卻缺少必要的技巧。例如：不知如何完整授權，如何運用親和力獲知他人的觀點，如何統合綜效創造第三方案，如何協議雙贏的工作表現。目前，欠缺知識和技巧，已不是深沉的老問題，因為這個問題只要藉由教育與訓練就能解決。例如：初次滑雪者不久就會發展自己的風格，具備一定的技巧，在某些坡度上也能運動自如，但仍然缺少在特殊狀況下安全滑下山坡的技巧。原有的風格與技巧，可能只適合某些地形和天候，對其他狀況仍無把握。即使有意願和動機，體能上也不成問題，仍須在技巧上下工夫，才能達成目標。

藉由發展技巧，人們也同時擴張欲望，甚至改變風格。例如：當有新的時間管理工具和技巧訓練時，他們的生活也常發生重大改變。或是人們開始學習運用體諒的技巧時，會發現為人著想，結果改善他們的風格。「人類潛能運動之父」羅吉斯（Carl Rogers）曾說過，如果你真想幫他人改變，那麼就體諒他們；他們會逐漸產生新的洞察力，開始發揮新潛能。就某種意義來說，這過程開始改變他們。

問題六：缺少互信。員工缺少互信，造成情感帳戶的透支，封閉溝通管道，問題無法解決，而且缺乏團隊合作精神。

互信決定人際關係的好壞，這是一種「蛋生雞，雞生蛋」的問題。例如：建立信任的最好方式之一，就是為使命宣言或一致性的問題付出心力，但若維持閉塞的管理風格，員工自然戰戰兢兢，也不會信任你所說的一切。

雖然受過技巧訓練，缺乏信任仍會阻礙溝通。在缺少信任的氣氛中，經理人所提出的績效協議、工作說明和使命宣言，均無法獲得員工信任，員工也不會視其為最高行動的準則，反而自行制定政策和程序手冊，樹立一座金字塔以保全自己的工作。

「我相信你」、「你是值得信賴的」、「你能坦承錯誤」、「你很平易近人」、「你很開朗、可塑性高」、「信守你的承諾」，這些代表信任的話，是內在感覺的表現，是其他一切的支柱。表裡不一的人無法解決缺少信任的問題，光靠嘴巴並無法解決缺乏互信所造成的困擾。

信賴已不只是誠意問題，這又和能力有關。換言之，在我信任一位誠實的醫生之前，還想知道他的能力如何。有誠意與否經常成為注意的焦點，個人的能力與工作表現反倒成了其次；但誠實的人若不具備專業能力，仍不值得倚重。

問題七：缺少誠意。價值觀不等於習性，重視和相信是一套，實際的作為又是另一套。缺少誠意的人，要如何建立情感帳戶？如何讓人信賴？如何調整自己風格，以配合新環境的要求？如何創造彼此信任的文化？公司若缺少誠意，要如何滿足客戶？留住最好的員工？維持營運？

無法信守自己價值觀的人，可能不清楚自己的角色。無法清楚認知自己角色的人，行為習慣自然一塌糊塗。當然，縱然明瞭自己的角色，仍有可能無法堅守，那就是偽善，或表裡不一。公司表裡不一的情形也是一樣，只不過公司是由個人組成，情形更為複雜。當我在一家公司挖掘出老問題，而高階主管在爭相諉過之際，我會立即要求他們反省，以找出主要的禍源。不要面面相覷，或顧左右而言他，只要問：「我自己有誠意嗎？」

問題都有解藥

這七個老問題都有解藥。我們常看到的這些問題，競爭對手也有同樣的困難。商業上的成功，有著相對的意義，不是以卓然出眾這類理想為衡量標準，而是以競爭對手為對象。由於多數組織或多或少都有這方面的問題，大家已學會與之共存。除非是疼痛不堪，不然還會繼續忍受。

有智慧的領導人，不僅能治療老症狀，更能創造美好的將來。但要這麼做，就要先改變心意、建立信任、革新體系。多數領導人都是藉由這樣的努力，試圖創造一個有利潤、資訊豐富、技巧純熟、有生產力、合作、講求品質的組織；而人性像利潤一樣，開始成為關注的焦點。

16

觀念篇

培養領導思維1

管理思維的轉換

法國文豪雨果說：「當一個觀點成熟時，再沒什麼比它更強而有力了。」《追求卓越》（*In Search of Excellence*）一書在美國造成轟動後，顯示追求卓越的時代已經來臨。個人與公司要想有長足進步，以及正面的轉變，型態上必須大幅更動，而且應立即採取行動，否則一切仍將照舊，不會有任何改變。

歷史的教訓

現在的問題是：「如何做？」如何變得更有績效？想要逐步改善，就要在態度或行為上有所改變；但若想要有重大革新，不論是個人或組織，就要改變參考標準，改變對這世界、對他人，甚至對管理與領導的看法。

改變了解和解釋現實生活的標準，亦即「思維」。最偉大的突破，就是擺脫過去思想方式的羈絆，隨著思維的轉換，洞察力、知識和理解力會開啟全新的一扇窗，而有截然不同的表現。請看看下列三個史例：

- **自古以來，許多人死於疾病和傳染病**。在戰時，若每戰死一人，相對地，便有數十人死於疾病和傳染病；在生育時，也有數以千計的母親與新生兒喪生。問題就出在醫生太慢了解到，疾病可能是藉由肉眼不可見的細菌而傳染；直到法國的科學家巴斯特（Louis Pasteur）和匈牙利的醫師塞麥爾維斯（Ignaz Philipp Semmelweis）醫生，發現了細菌的存在，才改變了醫生腦中的思維，而在對抗傳染病上有了顯著的進步。

- **美國這片自由國度的誕生，也是因為思維的改變。**當美國開國元勳之一的傑佛遜（Thomas Jefferson）在《獨立宣言》中寫道，政府的權力是來自被統治者時，他與其他簽署者已經建立新的政府型態——沒有神權統治，也沒有君主制度，政府官員將由人民選派。依據這個新的思維所產生的，是有史以來最自由的人民與最富庶的國家。
- **錯誤的思維會貽誤國家生機。**一五八八年，西班牙是全歐洲最強大的國家，國庫裡裝滿從新大陸運來的黃金，無敵艦隊在七大洋上更是所向披靡。但英國卻毫不畏懼，當西班牙自豪的無敵艦隊慘敗後，顯然思維也已轉變。敏捷的英國船艦和機智多謀的艦長，已成大海上的新統治者。

現在，商業界也透露出類似的轉變氣息。全球最大的幾家公司，對於自己的現金存量、資產、科技、策略和不動產等自信滿滿，卻和西班牙人一樣，發現小公司正以更適合當今市場的思維，一較長短，並頗有斬獲。

新思維帶來新氣象

回想在生活中，自己的許多想法、觀點是否也有所轉變？若你已婚，就回憶單身時是怎樣，結婚後，生活的思維是否改變？若是曾在軍隊服役，回想一下從老百姓到軍官，稱謂和角色改變的時刻，眼前是一個新世界，責任感也大不相同。因此從新思維來看生活，必將有顯著的差異。身為祖父母的，不妨回憶一下第一個孫子出生時，當有人以新稱謂叫你，你的角色又是另一番新氣象。

在新稱謂、新角色、新思維之下，行為和態度也會有重大轉變，而改變思維最快的方式就是改變稱謂或角色。想想看第一次當上經理時是什麼樣子？是不是每件事都有點不一樣？這就是革命性的改變。以前抱怨過的老問題，當我們有責任去解決時，便會以不同角度看待它。

危機四伏時，被迫決定生活的先後次序時，也會造成思維的轉換。前埃及總統沙達特在電視上向數百萬人宣誓：「要是以色列人占領一丁點阿拉伯領土，我就不會與他們握手。絕不！絕不！絕不！」群眾也跟著高喊：「絕不！絕不！」

但沙達特內心了解，這是個危險、卻又需要相互依賴的世界。幸好，他早已學會如何集中心志，以產生內心思維的轉換，那是年輕時，被囚禁在開羅中央監獄的單獨囚室中領悟出來的，他學會沉思，並對照現實環境來審視腦中的計畫，再以嶄新的思維看待整個狀況，這使他終於能夠在耶路撒冷提出大膽的和平方案，並達成解決中東問題的大衛營協議（Camp David Accords）。

過度注重技巧、特定事物以及目前的壓力，進步必然有限，若想要大幅進步，轉換思維必不可免，如此才能以全新的角色做全盤的考量。

四項管理思維

這裡有四項基本管理思維可供參考，雖然每項各有其優點，其中三項卻是以對人性本質的錯誤假設為基礎，因而仍有瑕疵。

一、科學獨裁管理思維。在此思維下，人被看成是胃，是一種經濟性生物。經理人若如此看待屬下，就會想以趕驢子的方法激勵員工：在前頭掛著一串胡蘿蔔引誘員工，後面則拿著棍子驅趕。經理人支配一切，極具權威，儼然是佼佼者，知道什麼是最好的，引導眾人向前邁進，方式則是賞罰並重。當然經濟的獎賞、福利措施要公平，但這是為滿足人

表一　四大思維

需求	比喻	思維	原則
生理／經濟	胃	科學獨裁管理	公正
社會／情感	心	人際關係（仁慈獨裁管理）	仁慈
心理	心智	人力資源	運用並培養天賦
心靈	精神（整個人）	以原則為重心的領導統御	意義

的腸胃需要而設計的。

這種對人性本質的假設是「經濟人」，也就是說，激勵人類往前的動機是追求經濟安全感。奉此假設為圭臬的經理人，自然會揚起手中的胡蘿蔔和棍子。這假設若正確，人應該就會依循這一動機，為自己和家人汲汲營生。

造成這種情形的是專制獨裁的管理方式。權威的主管做決策、下命令，員工只能按照要求去合作、執行與付出，期盼得到經濟上的報酬與其他福利。許多企業和經理人都依這種方式運作，這些人偶爾會暢談以人為本的大道理，但根本仍是在操縱經濟誘因，以期滿足自己的要求。

二、人際關係思維。人類不只是胃而已，還有一顆心，亦即是社會性生物，具有感情，所以不但要公平對待，更需要親和、禮儀、謙恭和仁慈。但經理人仍自認是了解狀況的少數優秀份子，這樣做不過是將獨裁者轉化為仁慈的獨裁者，權力仍屬少部分人，只不過對待方式是公平、親和兼具。

這一思維的假設是「社會經濟人」。人類除了經濟性的需求外，還有社會性的需要：受人善待、受到歡迎與尊重、有歸屬感。這一觀點以鼓吹人際關係為基礎。

在這假設下，管理階層仍然大權在握，做決策與下達命令；不過，注重人際關係的經理人，會試著創造和諧的團隊精神或公司文化，並提供機會給員工，在社交性、休閒性的環境下，讓員工彼此了解、打成一片。

在這個假設上運作的經理人，企盼有歸屬感，並且受人歡迎，不喜歡將硬邦邦的標準和期望加諸他人，因而會較寬容。

許多經理人卻因此陷入錯誤的二分法，認為「不是強硬就是寬大；不是堅定就是軟弱；若不掌握一切，就會被別人掌握」。由於獨裁方式比寬容方式更有效，認同這一假設的經理人，就會採取仁慈的獨裁管理方式，以解決困境。

這些仁慈的獨裁者，正如同仁慈的父親，為子女作最好的打算，只要子女順從其願望，就會妥善照料他們。一旦子女不從，就成了不知感恩圖報的叛逆行為，仁慈的父親會這麼想：「我為他們盡心盡力，瞧瞧他們是怎麼待我的。」

三、人力資源思維。在這裡，工作不但要求公平與親和，還講究效能，大家想要有所貢獻。這些人不但有胃、有心，還有意志，是有知覺、會思考的生物。只要深入了解人的本質後，就可更善用人類的天賦、機智、創造力和想像力。於是，主管開始授權，認為員工若能認同一特定目標，就會採取必要行動。人被看成是主要資源，不再是一項資產或財物，釋放出創造力。主管知道每個人都想有所貢獻，也希望自己的天賦得到認同、得到栽培，並有發揮的機會。

在這一階段，人被看成是「心理性生物」，除了經濟安全感和社會歸屬感外，還需要成長和發展，對有價值的目標，能貢獻一己之力。

有此認識的經理人，認為人的潛能無限。他們的目標是找出並培養屬下這種潛能，以達成組織的目標。人被看成是經濟性、社會性與心理性的生物，並強烈渴望能以建設性的創意，發揮自己的潛能，經理人只需試著創造環境，讓員工為達到組織的目標，而盡情貢獻一己之力。

有意義的工作

四、以原則為重心的領導思維。這階段同時具備公平、親和、效能以及成效，這是全人的思維。人不只是資源或資產，也不只是經濟性、社會性或心理性生物，而是有靈性的生物，渴望做有意義的事。沒有意義的事，就算能將心智能力發揮至極限，也不會有人去做。提升人心，讓人類覺得崇高，應是工作的目的。

在這思維下，人類由一套鐵律般的原則所支配。那就是數百年來，每個偉大社會、每個負責任的文明所特有的自然法則與社會價值觀，能激勵人心，讓人感到自我實現的價值觀、理想、規範和教義。

依此思維運作的經理人，認為員工的創造力、精力與進取精神，較現有工作所需高出許多，「相信我！」是許多人的心聲。IBM公司的基礎即在於相信個人的尊嚴與潛能。確定這一新管理思維後，就會支持員工的新觀點，員工也都能達到主管的要求。

員工為達成自己的目標和夢想，可說是全心全力，而且消耗了大部分的精力在公司裡，因此如果無法同心協力，是人類天賦的浪費。要想統合綜效，必須參與並有耐性，櫃台後的員工應該與櫃台前的客戶受到同等的待遇。天底下沒有東西可以交換到員工自願的付出，你可以買到人的手和背，但買不到他的心和意志。

《追求卓越》作者畢德士（Tom Peters）認為，當權力中心不再集中於實行獨裁制度的少數菁英手中時，組織內每位成員會覺得自己的力量大為增強。

有關領導與管理的想法，我們有了幾乎是一百八十度的大轉變。過去，經理所扮演的角色和代表的意義就是警察、裁判、魔鬼的代言人、有否決權的人。但在好的公司中，更適合經理和領導人的名稱應該是啦啦隊長、教練、潤滑者、培養冠軍的人，以往被遺漏的聲音，其實是來自員工的內心。

人想要為有意義的目標貢獻一分心力；想要成為企業使命中的一份子，超越自己的極限。沒有意義的工作，即使能夠發揮所長，也缺乏誘因。能夠讓人振奮、崇高，啟發、鼓勵人發揮到極致的目標與原則，才是人類所追求的。

貢獻心力，自我實現

我常問別人是否願意接受挖洞、填洞的重複工作，每天工作八小時，一星期五天，直到六十五歲退休，年所得一百萬，每年隨生活成本而調整。有人願意接受這個工作，以改善現在的經濟困境，但數年後即使這項經濟誘因仍在，亦會避之唯恐不及。人類活著不只是為了麵包，過日子絕非人類唯一的目的。

這種對人性本質更廣泛的見解，彰顯了人對增加工作挑戰與自我實現的需求。領導人試著將單調枯燥的工作自動化，讓員工有機會為工作感到自豪。他們一向鼓勵員工參與重要決策，決策愈重要，問題就愈富挑戰性，他們愈願意去挖掘人類資源的潛能。員工培養並表現出更佳的洞察力和能力；他們也不斷的嘗試拓展領域，讓員工得以訓練自我控制與自律。

多數調查顯示，員工希望接受原則管理的思維：生活要有意義和目標，老闆能視其為完整的個人。

科學管理思維的含意是：「給我高薪！」人際關係的思維則是：「善待我！」人際資

源思維則隱含：「好好運用我！」以原則為重心的領導思維則說：「讓我們談談前瞻性、任務、角色和目標。我想盡一分心力。」

培養以原則為重心的領導思維，不只能掌握公平、親和的原則，善於運用員工的天賦，以增進效能，並且能在個人和組織效能上，產生長足的進步。

17

觀念篇

培養領導思維 2

原則領導的優勢

我曾與德州達拉斯一家大企業的主管共事過。我問道：「貴公司有使命宣言嗎？」他們猶豫了一會兒才拿出來。上頭寫著：「增加業主的資產。」我說：「你是否把這貼在牆上，以激勵客戶和員工呢？」

「你知道，這是祕密的。至於貼在牆上的標語，老實說，我們並不追求那種理想化的廢物。我是說，賺錢難道不是做生意的目的嗎？」

我回答：「那當然是重要目標之一。但我可以知道貴公司的企業文化是什麼了！」

思維無法像不動產般轉手

我說道：「內部人員或部門間衝突紛爭不斷，員工在一些問題上形成小圈圈，閒話、謠言滿天飛，虛偽的應酬話到處都是。工廠的情形也好不了多少：派系糾紛、部門間利益衝突，為了銷售成績，各種競爭與競銷手段爭相出籠。」

他們說：「你怎麼知道？」

「你剛告訴我了。你以錯誤的假設為基礎，只能滿足員工的經濟需求，所以每位員工都轉往其他地方以滿足自身需要，做些有意義的事。」

「那你的建議是？」

我於是向他們介紹新的管理思維。他們也察覺到公司文化有徹底改變的必要，於是問：「要多久時間？」

我說：「這要視公司受損程度而定。若公司不覺得有問題，任何方法也起不了作用。如果藉由環境壓力和良知的力量，讓公司確實覺得有不對勁的地方，而所有公司員工也都普遍感受到了，那就必須改變。你可在一、兩年之內，先制定使命宣言，並開始調整公司風格與體制來配合。」

「有件事你還不明白，我們工作速度很快。在這個週末我們就可完成一切。」

這些人所依循的思維到底是什麼？在他們腦海裡，思維就像是不動產，可以在週末時轉手好幾次。這些人所面對的是錯誤的管理思維，絕對無法創造真正的團隊合作。

為協助分析公司營運、達成目標，我建議採用更接近組織真實本質的思維。我稱之為「PS」思維。

一個P和七個S

在PS思維中，除了「人」是以P開頭外，所有其他要素的英文字總是以S開頭。

圖六　PS 思維

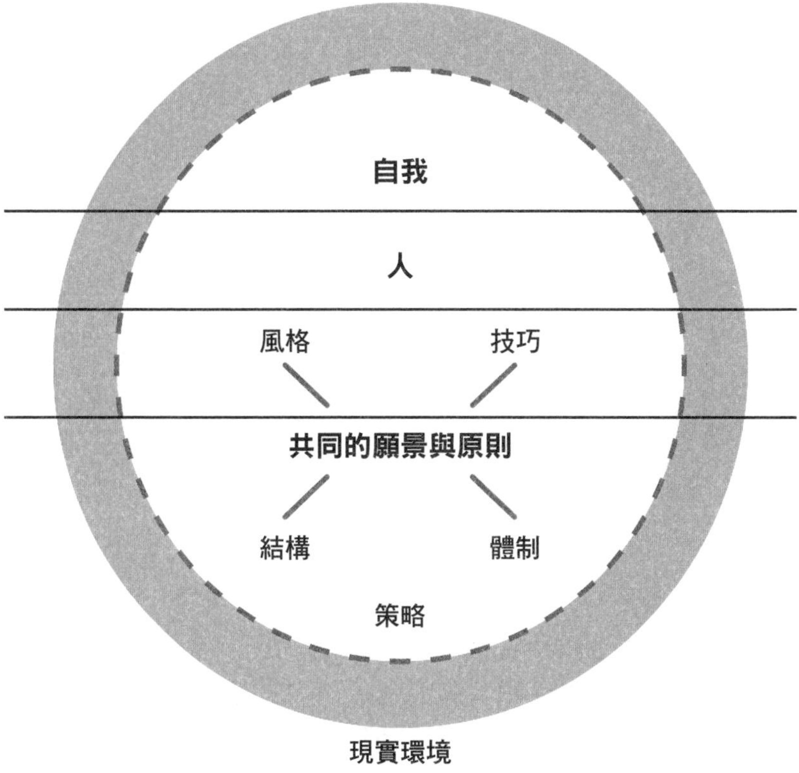

- **人（People）**。PS思維並不是以組織結構和管理風格的效能為基礎，而是建立在人的績效上。人設計一切，在個人、人際、管理、組織等各層次上創造一切，有最高的價值。公司文化只是員工如何看待自己、同事和公司而產生的一切。
- **自我（Self）**。組織和外界的現實環境中，有許多令人關切的事。若真想創造有意義的改變，就必須從自己的影響範圍、從可以直接控制的事情開始。這是種由內向外的過程，轉變與改善確實須由自我開始。
- **風格（Style）**。參與型管理風格會激發員工創新、進取與奉獻，但也會造成不可預期的行為。主管必須審慎評估參與型管理風格和控制手段之間的優缺點。滿口參與型管理，實際上卻採取控制手段，只會讓人覺得好笑。
- **技巧（Skills）**。在授權、溝通、協商和自我管理上要有優異表現，必須具備一定的技巧。這可藉由持續的訓練與教育培養來加強這些技巧。
- **共同的願景與原則（Shared vision and principles）**。如何完成工作？當然在管理上要稍做安排和協議，以制定各階層之間的關係。在雙贏的協議中，雙方共享以共同原則為基礎的願景，可激勵雙方各自完成分內之事——員工達成工作要求，領導人則提供援助。

若沒有了這類的協議，上司就必須監督不願負責任的人，而無法全心扮演好後援的角色。

- **結構與體制（Structure and systems）**。組織內，人與人之間互相依賴，互動須受到結構與體制上的規範。人的身體是最好的範例，例如神經系統傳遞訊息（資訊），循環系統傳送養分（薪酬），骨骼系統（結構）支撐身體，呼吸系統則供應氧氣（回饋）。

各個系統間彼此依賴，其中之一的改變會影響整體平衡。組織也和身體一樣，也有均衡的問題，在均衡狀態下運作，就可免除病痛與壓力。然而，它們可能以迥異的生產方式來運作。

某個組織可能極有創造力，富有團隊精神通力合作，充滿使命感、熱情、目標導向、創新積極，沒有痛苦的障礙。另一個組織則全然相反，勾心鬥角，人人保護防衛心強，生產力低，獲利能力低——這組織也是處於平衡狀態，但卻績效不佳。

組織內的六大體系

多數組織中常見的六大體系如下：

一、**資訊**。為獲得正確、無偏見的消息，管理人需要一套資訊系統，以獲知組織內發生什麼事、員工的腦子裡又在想些什麼。完善資訊能讓人做出明智的判斷，是完美決策的基礎。

二、**薪酬**。金錢、認同、賦與新責任、機會和升遷，都是薪酬制度的一部分。有效的薪資制度應該包括了實質金錢和心理獎賞。而獎賞的目的是要達到同心協力和創造團隊精神。

三、**訓練與發展**。在有效的人力資源發展計畫中，學員應各自為學習效果負責，指導者和訓練機構只是支援而已。訓練應該由學員主導，而非由制度所支配。亦即學員應依自己的步調前進，選擇能達成雙方協議目標的方式。學員應將所學公開講授，在向第三者傳授訓練內容時，可增強對公司的向心力，訓練課程的目標與個人的生涯規劃，應有密切的關連。

四、**晉用與甄聘人才**。以原則為重心的領導人會仔細選擇和晉用人員，使新進員工的能力、性向和興趣，配合工作所需。員工在公司內的工作，應該是他喜歡做、又做得好的；面談、篩選與雇用，應在符合雙方最大的利益下進行。

個人工作資歷上的成功模式，要能夠配合公司要求的成功模式，如果有所差異，應該要公開討論。在雇用、升遷、降級或解聘之前，有效能的領導人應該先聽聽同事與上司的意見。

五、工作設計。如同家中的室內設計是為了配合個人的需求與嗜好，工作亦可針對發揮人的興趣與技能而設計。員工需要明確了解這份工作是怎麼一回事，與公司整體任務的關連又如何，個人能有什麼貢獻。員工也應知道可運用哪些資源和後援系統，並享有多少的自治權，以決定為達目的應採取的方式。回饋就像房子內的線路，一開始就要設立，為成長與新機會預留修改的空間。

六、溝通。一對一的晤談，以達成雙贏協議和解決責任歸屬的問題，是有效組織溝通的關鍵。此外，配合行動的會議、獎勵節省經費的建議制度，以及公開、公正的決策與程序、定期的越級晤談、不記名的意見調查、針對特定事件的腦力激盪，都很重要。溝通制度若能依循共同的願景與使命感，將能更有效地運作。

由於制度經常是由心智貧乏者所設計，所以常缺乏一致性。心智貧乏者容易感受到四周強者的威脅，希望每個點子都是自己所構思的，他們往往無法認同他人的能力，也無法和他人分享權力。

- **策略（Strategy）。**策略應配合任務、可運用的資源以及市場現況來制定，亦應受監督，並隨時因應競爭情勢的變化而改變。

- **現實環境（Streams）**。組織內外存在各種現實環境，需要定期檢討，使得策略、共同願景、體制等能與外在現實環境密切配合。明智的主管能觀察風向，預期現實環境的變遷，避免失敗或好高騖遠。

從人做起

這一切都應從人（設計者）做起。先從簡單的地方開始，然後才能改變困難的部分。優秀人才是創造優良產品與服務的關鍵。至於個人是否優秀的關鍵，則是人格、能力和與他人建立的情感的綜合表現。以原則為重心的人首先要求品質，再追求數量；重視關係，然後才是獲得想要的結果。

在婚姻、家庭、事業和社群中，他們的信條是：「不在他人背後說人閒話，就算為幫助別人而提出建設性的批評，也不會淪為謾罵。與他人有歧見時，應直接面對，澄清立場，以解決問題。」這需要相當的勇氣和力量，這正是從以原則為重心的PS思維所衍生出來的。

思維是自然的模式，改進思維就是試圖進一步了解自然是什麼。在各種科學領域中，這就稱為理論或模式。若思維有瑕疵，不管行為態度多麼完善，都是枉然。

ＰＳ思維的四大特徵

ＰＳ思維具備四大特徵，可以更清楚地描述自然模式是什麼：

一、綜覽全局。換言之，它著重在各個層次，每件事都包括在內。例如：可以將財務、實質結構和技術納入公司架構；或是將屬下的工作風格與技巧，以及領導人的風格與技巧，加以管理。ＰＳ思維面對的是個公開而非封閉的體制，考慮到公司、工廠和社會的各種現實環境。

沒有一個組織具備完美的一致性，每個人都面臨公司內外的敵對環境。積極、以原則為重心的人不會受制於環境，而會不斷朝向一致的目標邁進，並試圖在生活和工作的環境中找尋意義；他們會在政治、經濟、社會、文化力量的影響，以及國際市場變動的考慮之下，力圖有一番作為。

二、全盤考量。每件事彼此息息相關，就像是生態系統。在生態環境中，我們不但要處理一切事情，還要注意每件事都有關連，互相依賴。在一個地區的作為，勢必影響到其他地區。

有些管理思維認為組織是種分割、機械性、無機化、非生態性的環境。但所有組織都只是更廣泛的生物體系中的生態體系，屬於自然的一部分。自然並沒有明顯區隔，是個不可分的整體。高漲的環境意識使美國社會更加認識自然的生態體系：「原來燃燒的油井和漏油會影響整個環境、氣候、生長季節以及遠處的生活品質。」

在第一次波斯灣戰爭「沙漠風暴行動」的總攻擊中，陸海空軍以及海軍陸戰隊的運作是整體而非單獨的。他們隸屬同一個生態系統中的各個部分，具有明確的任務，也得到卓越的領導。

領導聯軍的指揮官史瓦茲科夫說道：「若在依權宜行事而贏得今天的戰事，或依原則行事而慘敗之間，做一選擇，我仍將選擇原則，因為長期來看，原則會影響其他事物，終將反敗為勝。」我喜歡他表達使命宣言的方式。有位記者問他：「你在墓誌銘上希望怎樣描述自己？」他說：「一位愛國、愛部隊、愛家人的榮譽軍人。」

三、逐步發展。就是按部就班，如：學代數前要先學會算術。成長與進步是循序漸進的，但許多傳統的管理思維卻忽略此點，認為按部就班是多餘的，可以半途插入，而以特效藥改善狀況。這種循序發展過程，在「創世記六日」的隱喻中，最能強烈表達出來。真正的成長是從自我開始，程序一樣是由內而外。

四、以「主動積極」的人性為基礎。人與其他生物的不同之處是，具有意志、有選擇的能力。當然，由於兒時或現實環境所蒙受的心理創傷，有些人的意志力與影響力很薄弱。習慣於競爭環境的人，思考上也傾向於採取守勢，心智較為貧乏。生活在肯定、奉獻環境中的人，則傾向於擁有安全感與豐富心智。

大多數的管理思維要求效能，想把人轉化為事物，這就是為何許多經理人濫用人力資源的原因。若社會普遍存在這一觀點，人就會為了保護自己而發展出集體力量，如工會，並要求立法，以抑制侵略性管理方式的剝削與投機。對事物可以講求效能，對人則必須注重成效。在情感問題上，若想對人講求效能，結果不是吵架就是逃避，只有負面影響。

PS思維的四項特徵，特別適用於企業管理和以原則為重心的領導上。

18

實踐篇

授權的六項條件

研究問題時，我們必須根據事實本質做假設；若基本假設謬誤，即使推理過程正確，結論仍有瑕疵。唯有根據正確假設的推理，才能得到正確的結論。

這個簡單的事實卻常被人遺忘。所謂客觀的知識可能正是建立在主觀的假設上，每個人在各自的領域，都具備足夠的智慧，盡可能地透過研究和閱讀，對於假設提出質疑，並予以證實。例如：心理學的基礎是對人性本質的幾項假設，企業領袖則以自己對人性本質的假設來激勵員工，他其實就是在進行心理學家的工作，但自己可能並未察覺到。

那個人的動機何在？

美國汽車業傳奇人物艾科卡（Lee Iacocca）在《反敗為勝》（*Iacocca: An Autobiography*）一書中寫道，他在學校時除了工程和商業的課程外，還選讀四年的心理學和變態心理學，他說：「認真來說，這些可能是我在學校裡最有價值的課程。其中一門課（在州立醫院心理治療病房上課）的重點，正是人類行為的根本質疑：『那個人的動機何在？』」

現在，許多高階主管都已認同以原則為重心的領導，問題卻出現在執行面，高階主管如何依「全人」的假設，採取措施？組織如何反映這個對人的廣義見解？管理者如何拔除根深柢固的獨裁式或仁慈獨裁式的管理風格？如何擺脫不必要的心理和結構包袱，賦與員工思考和行動的彈性，以符合這個廣義的見解？

奇異公司（General Electric Company, GE）的標語：「輕薄短小」，在許多狀況都適用。我永遠記得有次與家人前往歐洲旅遊的經驗。在啟程後不久，衣服、禮物、旅行手冊、紀念品等，就已多得讓我們走不動。我們決定在旅遊結束前幾天，先將三分之二的行李託朋友寄回家，那種如釋重負的感覺，讓我們能夠興趣高昂，繼續玩下去。

我建議主管人員應試著去除某些對人性本質的錯誤假設，並簡化組織結構，如此才能充分運用人力資源，並享受到績效突增的益處。

誠如艾科卡所言，在建立制度之前，應先研究動機。建築大師蘇利文（Louis Sullivan）的名言是：「形隨機能（Form Follows Function）」。在發展策略與體制前，不妨先試著找出並闡釋假設。

為激勵員工發揮最佳潛能，首先要找出組織的需要與目標，和員工個人的需要、目標與能力有哪些重疊的部分；然後再制定雙贏的協議。依據協議的內容，員工就可自我監督管理。管理階層只需提供後援，並制定輔助性的組織架構，讓能自我監督的員工為實現承諾而努力。員工可定期將自己的表現與協議的標準相比較，以衡量責任的歸屬。

授權的前四項條件是：一、雙贏協議；二、自我監督；三、輔助性的結構與體制；四、責任歸屬。

雙贏協議是管理階層與員工心中的合約，表示雙方明確了解各自期待的成果、準則、資源、責任歸屬、結果等五項要素，並願意為之盡一分心力。

達成五項共識

下列將一一詳述這五項要素，以進一步了解如何制定並管理雙贏協議。

一、期待的成果。充分討論管理階層所期待的成果為何，對於數量與品質不可含糊其詞，預算與程序也要確定，讓員工願意為成果付出心血，並讓他們自行決定最好的進行方式。應明定完工日期，目標應該是組織策略、目標和工作設計，與個人價值、目標、需要和能力的重疊部分。雙贏的思維就是管理階層與屬下明確闡述雙方的期望，並共同為期望的成果而努力。

二、制定準則。準則是對達成預期成果有幫助的程序、政策和原則。盡量不要提程序，讓員工擁有最大的彈性與自由。組織內的政策與作業手冊應簡明易懂，集中在政策與程序所依據的原則上。如此，就算環境改變，員工腦筋也不會轉不過來，仍能照常運作、運用自己的創見和判斷力，在組織的價值體系內，努力完成目標。

以往經驗證實，對不利於完成組織目標或維持組織價值的因素，準則中亦應標明。許多以目標為導向的管理，由於無法分辨這些因素而失敗。員工原本認為自己擁有無限的自由與彈性去完成協議，結果卻發現自己到處碰壁，計畫推不動，所以提不起勇氣再度主動嘗試。

於是員工又故態復萌，「別拐彎抹角，直接說出你要我們怎麼做。」因為員工的預期受到挫折，留下創傷，於是又開始將工作看成是達成經濟目的的手段，並往其他地方尋找滿足。

在分辨不利因素的同時，也要找出面臨不同責任時，應給予員工多大的主動權？員工是否應等到有人說才能做？是否有問題就該問？或是自行研究，再提出建議？或是做了就立即報告，還是做了之後定期再報告？如此管理階層對員工的預期才能明確，也才不會做出過分的要求。

有時候，應該是一個口令、一個動作；有時候，卻又可賦與高度的主動權，即「運用你的判斷力，做你認為適當的事；定期讓我們知道你在做什麼，成果如何？」

三、找出可運用的資源。找出員工可用來達成預期成果的財務、人力、技術和組織等資源。向員工提出結構和體制上的安排與過程，這體制可包括資訊、溝通和訓練。管理階層和其他人員均可視為人力資源，並指示屬下如何運用這些資源。管理階層也可在使用資源上加些限制，或僅僅與屬下分享經驗，讓他自行決定如何從中獲取最大的利益。

四、決定責任歸屬。讓員工負起責任，使雙贏協議更能有效發揮。責任歸屬不清楚，員工會逐漸喪失責任感，並為自己的差勁表現推諉卸責。但若員工參與制定參考標準，決定雙方可接受的表現，就會對期待的成果產生強烈責任感。

衡量、觀察和判斷是評估結果的三種方法。詳細說明你將如何評估表現，以及進度報告應於何時提出、如何準備，責任認定會議又將如何舉行。在互信度高時，員工對自己的要求會遠甚於外在評估表或主管，同時自我判斷也遠較所謂的客觀衡量標準要準確很多，這是因為員工內心對於自己的表現十分清楚。

五、確定賞罰。不管是否達成預期成果，雙方對此應有共識。正面的結果包括認同、褒獎、升遷、新任務、訓練機會、有彈性的工作型態、休假、責任加重、獎金等金錢與心理上的獎勵；負面結果則可能是斥責、再訓練或解雇。

朝自我管理邁進

雙贏協議的五大要素涵蓋一點：員工在接下任務前應先了解的各項因素。諸如：預期的成果、工作的準則、可運用的資源、責任的歸屬及工作表現的結果。在這裡我們並未提到運用的方法。雙贏是一種人力資源的原則，主張員工具有自我指導與自我控制的能力，並能依據準則完成分內的事。

當雙贏協議涉及的人數超過兩人時，這個心理性合約就擴大為社會性合約。管理階層可以與一個小組或一整個部門制定協議。不管小組、部門的大小，每位成員都要參與制定的過程。這一社會性合約考慮到多數人的本性，並符合人性有所歸屬及參與有意義計畫的需求，因而較心理性合約顯得更有力、更能激勵員工。

心理或社會性雙贏協議的優點之一，就是對於成熟度和能力不同的員工，以及不同的狀況，都具有充分的彈性。若員工的能力與意願不足時，主管就不應該期望過高，應為員工提供更多的準則，包括程序在內，讓資源能隨手可得、吸引人，而且看得見，並在更嚴謹、明確、可衡量的標準之下，賦與更多的責任，事後立即予以賞罰，讓回饋更能夠發揮作用。

但若員工成熟度高、能力強、有意願，則雙贏協議應更精簡，尤其應考慮程序與政策達成、更長期的成果。仍必須隨時備妥資源，但不必擺在明顯的地方，責任不必加重，同時可運用判斷及衡量方式，以評估績效，制定長期的賞罰措施，特別強調心理上的獎賞，而非外在的實質獎勵。

雙贏協議達成後，員工可以自我監督，管理階層只需從旁援助，並設立輔助性組織結構與體制，讓有自治能力的員工實踐協議的規定。員工參與制定協議、能定期說明自己的責任，以明確的標準評估自己，當雙贏協議在雙方滿意下達成後，員工就會盡其所能，根據準則達成預期成果。

輔助性組織體制，對實現雙贏協議大有助益。這些體制可包括策略規劃、公司結構、工作設計、溝通、預算、薪資、資訊、聘雇、篩選、職位安插、訓練發展。員工可從這些體制中直接獲知自己的表現，而做必要的修正。

若這些所謂的輔助性體制具有傷害性的贏輸性質，最後必將取代雙贏協議，這在薪資制度的設計上尤其明顯。若管理階層口口聲聲「雙贏」，但採取的措施卻又是「非贏即輸」，就會破壞自己的體制。這就好像是對著一朵花喊道：「長大吧！長大吧！」卻把水澆在另一朵花上。

組織體制須配合雙贏協議

應整合組織內所有體制，以配合雙贏協議的執行。不但在聘雇、訓練上應反映出「雙贏」的思維，在生涯發展、薪資、工作設計、公司結構、策略規劃、使命及目標選擇等活動上，都應看到「雙贏」的思維。

依據雙贏的協議，員工應自行評估。由於員工十分了解預期的成果和評估績效的標準，因而有資格自我評估。

以往由主管評估員工，偶爾運用一套祕密的主觀標準，在工作告一段落時，出其不意地詢問員工，這對員工可說是羞辱，所以許多主管一直無法做好評估的工作。除非雙方對預期已有共識，承諾也相當明確，否則員工會認為評估很令人難堪。

主管的立場是輔導而不是批評，他可以把自己看成是雙贏協議中的一項資源，在員工承擔新任務或新責任時，給予訓練，或在生涯規劃與職業發展上，提供意見。主管應要求員工參與雙贏協議的制定，讓員工自行評估績效。在互信度高時，由於員工知道所有狀況與細節，評估將更為正確、完整和誠實，遠勝於主管所做的評估。

當主管察覺到大趨勢已經改變，或原本不屬於協議內容的狀況出現時，就應該請員工再度腦力激盪一番，重新規劃，並制定新的協議。

不可或缺的兩項條件

在前四項授權條件的中心，存在著另兩項要件：人格與技巧。人格指的是一個人的本質，技巧則是一個人的能力表現，這兩項是建立與維持前四項條件的人性能力。對於建立互信關係、雙贏協議、輔助性制度和員工自我監督、評估制度，是不可缺少的條件。

圖七　授權的六項條件

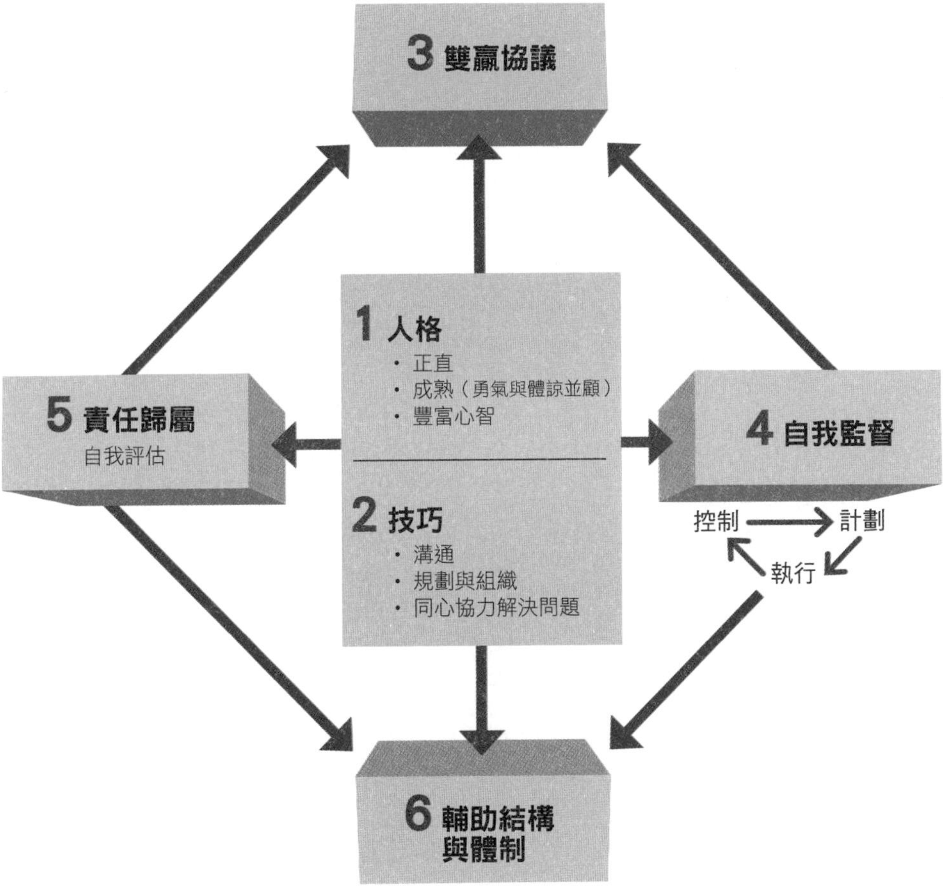
3 雙贏協議
1 人格
· 正直
· 成熟（勇氣與體諒並顧）
· 豐富心智
2 技巧
· 溝通
· 規劃與組織
· 同心協力解決問題
5 責任歸屬
自我評估
4 自我監督
控制
計劃
執行
6 輔助結構
與體制

彼此若不信任，很難建立良好的雙贏協議，或產生自我監督與評估。這時，控制制度和外在的監督評估勢不可免。主管在設立前述四項條件之前，必須先在情感關係上下功夫，努力建立互信關係，讓雙贏協議得以順利誕生。

對於建立雙贏協議極其重要的人格特質是：正直（生活習慣與價值觀、言談與行為、表達與情感一致）、成熟（勇氣與體諒並顧）、豐富心智（每個人都有其應得的一份），具備這些人格的人，能由衷地為他人的成就感到高興。

三項最重要的技巧則分別是：溝通、規劃與組織、同心協力解決問題的方式。藉由這三項個人技巧，可建立讓組織有效運作的四項條件。

當一個人表裡不一、口是心非、態度前倨後恭，信任的基礎會被侵蝕，結果被迫採取非贏即輸的協議與安排，訴諸外來的監督、管制與評估。

這六項條件相互依賴，任何一項出了毛病，馬上會影響到其他——其實只要改變人格一項，其他條件都會受到影響。就拿成熟來說，主管若只有勇氣，卻缺乏體諒，就只會咄咄逼人地表達個人觀點，無法真心聆聽他人的意見，結果自然產生贏輸協議；此時，主管為所欲為，認為自己對每個人都做了最好打算，不鼓勵也不允許員工表達內心所想，無法發掘員工內在動機，為達目的，只好使用外在的監督與誘因，以及管制制度、評估程序和薪資制度。

另一方面，若主管缺乏勇氣，卻又很鄉愿，迫切需要被人接受與歡迎，就會發展出輸贏的心理性合約，讓員工閉門造車，結果是員工自我放縱，組織混亂。員工於是開始推諉過失、需索無度。

這類行為只會強化輸贏的心態，最終一團糟，因此主管為了生存和維持表面的秩序，最後只好採取中央管制手段。無政府狀態終將造成獨裁制度，美國革命時期政治家亨利（Patrick Henry）說過：「若無法明智地管理自己，必將為獨裁者所控制。」

銀行的例證

下面我以自己的經歷，說明雙贏協議對組織效能的貢獻。我曾與其他顧問參與一家大型銀行的組織改善計畫。這銀行擁有數百家分行，這次特地撥款七十五萬美元，為儲備中階主管進行六個月的訓練計畫。

構想是吸收大學畢業生，讓他們在各個職務上輪流實習。每個部門待上兩個星期，期滿後換一個部門。六個月後，就被分派至分行擔任中階主管的職務。

高階主管希望我們能仔細分析並改進整個計畫。我們做的第一件事就是了解公司的目標。我們懷疑公司是否了解自己的期望，答案果然沒有。期望的目標非常模糊，銀行高階主管對目標和優先順序，仍有相當爭議。

在我們要求下，這些主管終於敲定，目標是訓練結束後，學員分發擔任中階主管前，應具備哪些能力項目。他們總共提出一百多項目標，經過我們濃縮成四十項，這就是期望達成的成果。

下一步驟就是讓學員認識這些預期成果。學員非常企盼工作，對能如此迅速得到中階主管的職位也興奮異常，極樂意認同這些目標，並盡全力達成。

學員了解目標以及評估的標準，知道要達成目標，在哪裡可得到援助的資源，包括書面資料、拜訪部門經理或借助外面的教育機構。他們也知道，只要在這四十個項目上表現實力，就可一步登天。

學員得到相當激勵，平均在三個半星期就達成了目標。此一表現令許多高階主管非常的訝異，有的甚至不太相信。他們仔細檢討這一些目標、評估標準與成果。許多人認為，三個半星期並不足以讓學員有足夠的歷練，做出成熟的判斷。

顧問說：「足夠了！不信的話，就定下一些較難的目標，包括需要運用成熟判斷力的問題和挑戰。」接著又敲定了六個目標。幾乎每個人都同意，學員若能額外完成這六個目標，就比完成全程六個月訓練的前期學員具備更好的能力。

於是我們轉達這些另外增加的六項目標。這次，我們讓學員自行監督，我們親眼見到學員激發出旺盛的精力和天賦，幾乎每位學員都能在一星期內就達成目標。

換言之，我們發現與這批年輕中階主管間的雙贏協議，可以將六個月的計畫縮短成五星期，而且成效更好。

不單是訓練方面，這在管理的各個領域上，均具有長遠的涵義。得到啟發的銀行主管，也開始往這方面努力；有些人則倍感威脅，認為要花上加倍時間才能升級，但沒有人否認這項成果。

雙贏協議的確能達成期待的成果。

給主管的一封信

彼得．杜拉克多年前引進了「給主管的一封信」的觀念。建議屬下以書面寫下預期的成果、準則、資源、責任歸屬和賞罰的大綱，並寄給他的上司。

多年來，我一直在許多不同環境中，不管是在諮詢和訓練時、在成立和管理自己的企業時、在楊百翰大學與學生相處時，以及家庭生活中運用這一觀念。我絕對相信，想要有高生產效能和強固的生產能力，就要從這六項條件著手。

這並不容易，需要時間和耐性，不可揠苗助長。雙贏協議不可能在一夕之間急就成章，需要事前仔細思考、誠實溝通，還需要高度成熟的參與和相互影響的過程。紀律、一致、有始有終，也是不可缺少的。任何一點沒有做到，都可能會對最後的結果產生負面的影響。

先從小處著手，得到小勝利，逐漸增強自己對整個概念的信心，然後再應用到更廣泛的責任範圍上。如果員工不願意寫這封信，就由主管執筆，並問員工是否已能代表雙方的協議。如果書面的東西確實令人生畏，就暫時打住；但要確定雙方已進行良好的雙向口頭溝通。還要注意的是，當環境改變時，一切都是可以靈活變通的。

態度也是很重要的。主管的基本態度應該是：「我們往哪兒去？」、「你想到哪兒去？」、「你的目標是什麼？我能幫上什麼忙？」下層員工的心態則是：「進行得怎麼樣了？我能幫得上什麼忙？」

多年前我在一家公司首次接觸到這種思考方式，有位經理的態度就真的是：「你想達成什麼？我如何幫得上忙？」他對我的潛能深具信心，讓我實力大增，發揮旺盛的精力，竭盡一切，以達成預期目標。他是極有價值的資源。

我也相信，不管我們對別人的觀點是什麼，都會慢慢實現。若從更廣義的層面來看人性本質和潛能，我們就會去尋找證據，以支持我們的見解，直到內心覺得肯定、踏實。

19

實踐篇

管理期望
達成雙贏協議

每個人在找工作、建立關係時，總會有些期待；而家庭和組織中之所以經常會出現「人的問題」，主要就是因為預期模糊不清。角色與目標往往在期望與現實間出現嚴重落差，造成許多人的痛苦和困擾，加深了人際關係的裂痕。

以下就是一些預期相互衝突的例子。

- **公司購併**。史密斯和貝羅分別是通用汽車（General Motors）和電子數據系統公司（Electronic Data Systems）的主管。當這兩家公司合併時，這兩位主管在處理難題與調和不同企業文化時，出現了摩擦。貝羅主張維護一般員工的權益，想要廢除層層的管理束縛及主管特權，卻似乎忘了通用汽車的文化已有一段歷史，不能說廢就廢。即使是企業顧問在這方面也無法強行要求改變，這需要更多的教育和溝通；但多數的公司在購併之前，並未先進行有意義的雙向溝通，雙方往往各執一詞，互不相讓。
- **婚姻關係**。以往不願人知的婚姻問題和婚姻期望，現在大都被公開提出來了，但對夫妻的角色仍頗有爭議。年輕男性對婚姻關係的態度若還是：「我是養家活口的人，妳則負責照料小孩。」那他最好清醒一下，不管新、舊夫妻，都同樣面對實際角色和預期相衝突的問題。許多女性堅持外出工作以彌補家庭生活的空白，這也是由於現今社會不肯定家庭主婦所造成的後果。

- **教育**。每一利益團體都以自己的標準來看待教育問題，每個人指向不同的問題，提出不同的答案。現在教育上出現一個較重要的問題——隨著離婚率增高、傳統雙親家庭制度的崩潰，由學校提供人格教育，其必要性已愈來愈高了。
- **親子關係**。父母與子女對彼此的期望經常出現衝突，尤其是十幾歲的青少年。雙方對各自角色的觀點不同，而且隨著年歲增長，這些觀點又隨時在變。
- **政府關係**。政府的目的是在做對全民有益的事，還是防止全民做不利的事？若有人認為應是前者，有人認為應是後者，就會出現不同的期待、衝突、失望與譏諷，這是可以預期的。
- **聘雇與升遷**。新人對工作與公司的期望，通常與雇主的想法相去甚遠。這些期望在蜜月期較不尖銳，仍有轉圜空間，這時，雙方如願意坦誠溝通，是闡明彼此立場的最好時機。

整個制度若不公平，在聘雇、升遷時自然會顯現出來。若新進人員的薪資較高，舊員工就會抱怨。當主管悖離員工的期望時，結果必然是：信任度下降，員工開始做自己的事情，不是反其道而行，就是質疑正常的運作，遇事時偏執，往往做最壞的打算。

- **部門間或開創性的計畫提出時**。在不同部門之間，或信奉不同原則的個人之間，衝突往往就會出現。此外，部門之間或開創性計畫籌備之初，一定會出現各說各話的情形。
- **客戶關係**。有經驗的產品服務部門經理知道，當客戶的期望超過公司能力時，是多麼危險的事。自此必須藉由了解客戶的需要和客戶資訊系統，仔細監督和管理客戶的期望。
公司試圖了解客戶的感受和期望：「客戶在想什麼？」、「客戶對我們的期望是什麼？」、「客戶希望有什麼售後服務？」、「客戶想要什麼樣的社會關係？」這些期望若未得到答覆，客戶自然會失望、失去信心，最後就流失了。
- **利害關係人的衝突**。員工、客戶、供應商、股東、社區等，公司的成功與否，牽涉一定的利害關係。但每一團體各有各的看法，這些相互衝突的見解，會造成足以讓公司癱瘓的爭議與誤導。

隱含的期望

不論是對於婚姻、家庭或工作關係，每個人對於每種關係都有隱含的期望。過去的經驗、以前的角色和其他關係，都會影響這種期望。有些期望過於浪漫，不切實際，不是來自媒體的渲染，就是幻想。

期望與現實間總有一些差距。期望是想像中的地圖，一種「應該如此」的地圖，而不是「已有的」地圖。但是許多人卻堅持自己的地圖是正確的：「就是這樣！你的地圖錯了。」

隱含的期望是人類在建立關係、進入公司或做為客戶時，揮之不去的包袱。例如在購物時，客戶總希望得到殷勤有禮的接待，若有商店達不到這些期望，就會轉移到那些顧客至上，並能顧及客戶心理需要的商店。

明智的服務部門經理會將一切公開化，明白表示服務和不服務的項目，客戶也才有所依從。他們將使命和資源公開化，公布要選擇使用與不用的資源。

績效協議是針對期望衝突的解決方案，是管理期望的工具，更讓所有期望公開化。績效協議是雙方對於角色和目標的期望，開誠布公懇談後的產物。主管若能與員工之間達成此一協議，很多管理上的問題也就迎刃而解。

理由即在於，績效協議納入了所有成員的所有期望，若這些成員彼此信任，願意真心傾聽他人之言，並傾訴心中的話，或彼此扶持和學習，就能創造出雙贏的績效協議，讓每個人對於期望都有共識。

績效協議的兩項先決條件

績效協議包括三個部分：兩項先決條件（信任與溝通）、前面提過的制定雙贏協議的五項內容要素，以及組織結構與體制的強化。

- **信任**。員工初進公司，總有些不欲人知的期望，這是因為雙方信任度仍不足以讓他暢所欲言。信任是良好的績效協議不可或缺的條件之一。若缺少信任與相互尊重，雙贏協議的基礎自然不穩固，也就很難實現。但公司和各部門間，仍可從小處著手，讓許下諾言與信守承諾的過程慢慢發展，以重建信任，達成雙方都可接受的協議。即使雙方都必須讓步，這仍是當時最好的協議，而且下回又可向前一步。

績效協議對任何一方都應該是公開、可磋商的。當狀況改變時，任何一方都可提議進行溝通，以修正協議。雖然其中有些原則必須堅持，大部分仍可以討論。

- **溝通**。第二項先決條件是溝通，亦即接受現實考驗的過程。「我不知道你會如此想，你是要我先行採取步驟？我知道了，讓我告訴你我是怎麼想的。」這是種平衡溝通，人與人之間以對等的身分（沒有上司與下屬之分）真誠交流。

「我期待你會更主動，我一直在等待！現在我已了解你的期望，下次我會研究研究、再提出建議。」這是員工間澄清對工作關係期望的對話。若公司支持，這一類溝通就比較容易；但在許多公司內，正式討論彼此的期望雖然常見，卻被認為是不恰當的。「你意下如何？你真正關切的是什麼？」我特別推薦費雪和尤瑞在《哈佛這樣教談判力》一書中所提議的溝通過程。他們很明智地將雙方期望攤開，達到有利雙方的協議。我們再看看這四項基本原則：

- 將人的因素從問題中剔除。
- 著重利益，而非立場。
- 構思對雙方有利的方案。
- 堅持採用客觀標準。

此一雙贏的協議過程需要認同他人的感受，了解他人的期望。員工常有許多急於表達的感受，希望自己能先為他人所了解。

「先挖掘他人的利益」，指的是發現他人的利益所在，了解怎樣對他人的成長與幸福最好。你不能假設你知道怎樣才最符合他人的利益，必須藉由體會他人的感受，找出如何才符合他人的最大利益，並納入協議中。

闡明對角色及目標的期望，是團隊合作的精髓，這個構想就是將不同部門的員工集合在一起，例如：銷售部門與製造或採購部門湊在一起，在輕鬆氣氛下，分享彼此對角色及目標的期望。

經過坦誠交流後，效果是極為驚人的。員工會說：「我並未想到這點，還以為你的意思不是這樣，也難怪你會那麼想。我知道了，你可能誤會我的意思了。」「是啊！我就是這麼想的。」

這的確具有相當療效。員工也都會鬆了一口氣。「事情解決了，真好！」將每人心中所想，擺明在桌面上，知道每人的立場如何，然後就可開始協商的過程。

雙贏協議制定的原則

在制定雙贏協議時，下列原則應謹記在心：

- 闡明期望的成果，但別花心思在監督方式上，否則會將時間浪費在管理瑣事上，控制範圍也會大幅受到限制。
- 抓緊準則，放鬆程序，當狀況改變時，員工就有應對彈性，發揮自己的創造力。

- 說明公司內所有可資運用的資源，以及公司外的管道。
- 讓員工參與制定雙方均可接受的表現衡量標準。
- 評估結果時，除了所謂客觀、量化的標準外，還要維繫信任並運用判斷力。
- 雙方了解，當預期成果達成或未達成時，會有什麼樣的正面或負面後果。
- 確保這一績效協議在公司結構與組織的支持之下，能夠進一步加強，並通過時間的考驗。

控制管理到授權管理

雙贏協議遠勝於使命宣言。許多公司都有使命宣言，明白指出工作內容，以及對該職位的期望，這些說明通常都非常明確。而雙贏協議則是經由統合綜效的溝通過程而來，使隱含的期望成為雙贏協議中的一部分。

多數使命宣言並未顧及員工「贏」的部分，贏的唯一定義就是員工做好工作、賺到錢。使命宣言並未面對心理、精神和社會等方面的需要，甚至根本避而不談。

使命宣言通常側重在方法上，以外部控制為基礎。雙贏協議則著重在內部控制，不再是上司控制員工的一面倒狀況，而是員工也可以說：「我了解，這對我是有益的，我會盡力。」

整個方法也從控制管理，轉變為授權管理。由於多數公司並未採行雙贏協議，故授權管理仍未風行。

如果公司目前尚未採行雙贏協議，個別部門主管仍可自行採用；但應切記自己所面臨的是社會性意願，不可過於天真地認為，可以強行制定心理性的績效協議，主要原因即在於，雙贏協議是由許多社會性合約（即公司內部隱含的文化）交織而成。

明智的主管會說：「我們必須了解公司的文化、外界的狀況以及社會性意願。」社會性合約較心理性合約更為有力，而公司文化正是所有社會性合約的組合。所謂共同的價值觀，就是將隱含的規範予以公開化：「這就是我們做事的原則。」

以雙贏協議約束彼此的期望是絕對必要的。

20

實踐篇

讓員工自我督促

鮑伯是一家大型製造商的副總裁，他很高興公司終於決定大幅裁減中階主管，因為這樣不但擴大勢力範圍，對下層主管也擁有更多的控制權。尤其值得興奮的是，這樣可以節省不少的經費與時間，對公司的員工也可以充分授權。

弗烈德是下屬主管之一，對此決定也大表歡迎。他不再需要面對繁複的官樣手續、冗長的說服程序，以及開不完的會，他可以直接面對問題。

整個方向看似不錯，每個人也都預期公司內會有良好的轉變與成長。

過了不久，弗烈德碰到一項難題。客戶通知弗烈德，由於貨物保險的問題，使得他無法接受弗烈德剛運送給他的大批貨物。仔細研判後，弗烈德做出他認為最好的對策。

「你是位好客戶，我們重視與你的關係。把貨物退回，等保險問題解決後再運過去。」弗烈德覺得這樣做正符合公司滿足客戶的要求，不免有點沾沾自喜。

鮑伯聽到後，不禁勃然大怒。

「怎麼可以讓他們全部退貨！」他咆哮著：「剛剛有批貨到，已經沒有地方擺了。這麼大的一批貨，公司也無法負擔全部的退運成本。」

「但公司不是要求盡量滿足客戶嗎？」弗烈德質疑：「我們講的話到底算不算數？」

「公司當然希望客戶滿意，但並不表示要全部承擔對方的錯誤。你應該用其他方式處理。」

弗列德一臉無奈地走出辦公室，決心再也不衝鋒陷陣；鮑伯癱在位子上，腦袋發脹，懷疑下層主管為何如此無能，決心再也不讓弗烈德自作主張了。

顯然，有效的員工自治與組織控制之間，發生了正面衝突。

長期衝突

上述例子在商界、政治界、服務業、甚至家庭中，不停地上演。它反映了組織運作的必要控制與員工自我監督之間的衝突。

由於這種例子一再發生，形成一種長期衝突，使建立高層價值觀的美意落空，更造成信任度低落，導致彼此冷眼旁觀、主管加強控制，以及緊張關係不斷。

組織內的一致性、連貫性和大方向的控制確有必要。但為了員工本身及組織運作的有效性，讓員工擁有更多的自主權與自由，讓決策更能配合行動，也不無道理。問題的核心不在衝突，而是在於這衝突是因為簡單的二分法──「是或不是」的假設，而造成的觀念衝突。

其實以上的組織控制或自我監督的問題，並不是出在效能上。兩種價值觀都很完善，對組織的效能而言，都很重要。但這兩種觀念的邏輯基礎不應該是「是或不是」，而應該是「都是」（and），也就是組織控制和自我監督並存。

組織的權限擴大指的是，擁有知識、技巧、願望和機會的個人，在促使個人的成功，同時也間接促成組織的成功。以下我們將探討有關組織的基本觀念，以了解造成長期衝突的因素，如何能轉化成擴大權限的助力。

機械性觀念與農業性觀念

許多人將組織看成是機械性觀念或固定的模式。組織類似機器，有損壞就要修補，只要找出問題，拿到合適零件，一陣敲敲打打，就能運作如常。

但組織不是機械，而是有機體。以農業觀念看待一個組織，就是將其看成是由活生生的人類所組成之有生命、會成長的生物。替換失去作用的零件，不能立即修好活生生的生物，需要長期培養，才能獲得預期的成果。

組織內預期的工作，並非由機械工人負責，而是由園丁細心照料。園丁知道生命是從種子發芽開始，雖然無法揠苗助長，卻可選用最好的種子，並運用「都是」的邏輯，以創造合適的土壤、溫度、陽光、水分、肥料、除草、培育和時機，促使成長快速進行。

組織中的園丁以六種重要方式，加強組織的權限（參考第十八章）。其中之一直接論及雙贏協議，探討如何處理組織控制與個人自治之間的長期衝突問題。在協議中，以「都是」邏輯為基礎，尋求相互的利益，為組織與個人所關切的部分，創造出更多的重疊。

雙贏協議基本上仍然是屬於個人的合約，代表雙方在五個層次上，事前的明確共識與承諾：

一、預期成果（而非方法），指明目標為何、何時達成。
二、準則是達成成果所依循的原則與政策。
三、資源則是可用以協助達成目標的人力、財務、技術或組織內的援助。
四、責任歸屬則是指制定衡量、評估表現與進展的標準和方法。
五、結果則是指依據評估的成績所給予的獎懲，但闡明如此做的理由。

這種協議是擴大組織權限的必要措施，但光是協議不一定就能促成雙贏局面，這是種思考和互動的方式，為客戶、股東、員工等帶來最大的利益。雙贏也可說是一種思維，不斷尋找為雙方創造最大利益的第三種可行方案。若個人無時無刻不在雙贏的架構中運作，組織控制與自我監督就不再是相互衝突的價值觀，反而成了擴大組織權限的額外助力。

「控制」並不是某人控制某人，而是說組織「支持一切」，各部門共同合作，以創造預期成果，這現象可以稱為廣義的責任歸屬。組織應對整個成果負起責任；個人則為自己的表現向組織負責；組織內的所有部門，則為維護組織的一致性而彼此負責。在責任歸屬的架構內，努力的方向應配合組織的需要，組織則對個人或部門的表現給予監督或援助。員工對完成各項任務有強烈的責任感，信任度自然提高。

自我監督成了個人依據協議去規劃、執行並控制自己表現的實際過程。雙贏協議讓員工更容易掌握授權的要素——知識、技巧、願望和機會，也更能自主。原來浪費在監督上的時間和金錢，可用於培養領導與管理能力。

互信文化

每位園丁都知道，必須先澆水，花草才會生長。若期待每個人在互信的雙贏文化中共同努力，輔助性的結構與體制，是絕對必要的。鼓勵員工彼此競爭的薪酬制度無法培養合作精神；無法確立責任歸屬的溝通制度，也會使組織的有效性大打折扣。體制與結構，亦即組織的架構與角色定義，必須要能加速完成預期目標，而不是成為絆腳石。

雙贏協議、責任歸屬、自我監督和輔助性的體制與結構等四項因素，提供了授權運作的架構。而是否能達到真正授權，則又決定於兩項重要條件，它們使這四者成為可能。

如果相互猜忌，是不可能達成真正的雙贏協議的，因為虛偽、詐欺、不負責任或只顧自身利益而產生的問題，就算花一百個鐘頭協商也無法解決。信任來自信賴度，授權的核心其實是基本的人性問題。

醞釀雙贏協議的信任文化，是由正直、成熟與豐富心智所創造的。正直的人對自己與他人都能信守承諾。成熟的人兼顧勇氣與體諒，勇於表達自己的觀點與感受，同時也顧及他人的觀點與感受。心智豐富的人認為每個人都有應得的一份，重視他人及第三方案的無窮潛力。具備這些人格的人，才能真正與人合作、發揮創造力，自在地與人交往，即便公司裡的人相互猜忌，也不會受影響。

授權核心的某些因素與這些人格關係密切：亦即溝通（深入了解他人與被了解）、組織（規劃與執行）和同心協力解決問題（達成另一種替代方案）的能力。光知道有這麼一種雙贏協議，與知道如何去創造它，仍是有所不同的。

五個必要步驟

這六項因素使公司得以充分授權。雖然無法藉由修改他人有缺陷的人格或撤換不好的技巧，來創造有效、正面的改變，但領導人在自己的影響範圍內可採取行動，改善各項條件，讓授權在充滿生機的組織內滋長。以下是五個必要的行動步驟：

一、加強個人與組織運作的效能。
二、加強個人人格和技巧，再擴大影響相關事項。
三、與上司或屬下展開制定雙贏協議的過程。
四、致力創造或加強組織內輔助性體制和結構。
五、以身作則，加強認識。

這些行動步驟不是特效藥，而是建立在健全、已獲得驗證的成長與改變的原則上。領導人在選擇永恆的原則做為領導思維的基礎時，應了解人性層面的自然法則與自然層面的法則，是同樣真實、不造作的。要知道，個人與組織的成長和植物的成長過程如出一轍，所以努力創造培養成長的條件才是重要的。

以原則為重心的領導人也了解，成長過程是由內至外，必須先改變自己，才能擴散影響到組織的其他部分。在他們以一致的「農業」法則增加能力和工作時，整合正確的原則，授權才能在有效的組織和員工之間，落實為重要的事實。

21

實踐篇

讓員工參與解決問題

參與是執行改革與加強承諾的關鍵。自己的觀點總是比他人的觀點，更能夠引起自己的興趣；若不參與的話，就容易排斥改革。但是在讓員工參與時，主管應該先學習一些新技巧。

我曾和一位略顯臃腫的老醫生一起打迴力球。他告訴我，他年輕時在這項運動上面花了很多時間，但看看他那近似變形的體格，我並未把他看在眼裡。

我錯了！雖然我的體格較佳，又有求勝的欲望，但掌握全場的都是他。他的優秀技巧彌補了體格上的缺憾，我僥倖贏了第一盤，後兩盤卻任憑宰割。

我不斷告訴自己：「如果想贏，就要改變一下。」我試著去改變，卻是徒勞無功。他一直迫使我依循他的方式打球，我試著想要掌握全場，卻缺乏必要的技巧。我又試著客觀評估並做一些調整，但一切都是枉然。

管理上的困境

企業主管有時會發現自己處在類似的困境中。每個人都想要在競爭市場上有一番作為，但卻有一種無力感。人和組織的改變並非易事，因為所面對的除了動力、態度、技巧和觀點之外，還有根深柢固的模式。人往往會迷戀過去的觀點、方式和習慣，不肯輕易的放棄。

擺脫過去習慣的束縛，需要有很大的決心；決心來自於參與，而這是改變過程中的催化劑。

參與的另一面是冒險。員工參與問題的解決，主管就面臨喪失控制權的危險。將員工排除在外，只要告訴他們該如何做，是簡單安全多了，而且似乎更有效能。

前國際電話電報公司（ITT）總裁季寧（Harold Geneen），在他的《季寧談管理》（*Managing*）一書中，曾經語重心長地說道：「許多高階主管陷入專制模式而不自覺。因為專制管理容易且又省事，不知不覺就這麼做了。」

多數專制的經理和高階主管並非暴君，而是仁慈的領導者，他們也願意盡量運用人性管理原則指導員工，並達成預期成果。

以人力資源為原則的管理方式，勢必帶來不安，讓員工參與必然要冒險。開始時，主管無法得知結果如何，亦無從探討是否值得嘗試。

季寧說：「美國管理階層根本的錯誤，就是多年來已喪失冒險的欲望——去做一些別人沒做過的事——並且誤認專業主管都不會犯錯。」

經理人於是就落入兩難的局面。不知該採取安全又有效能的專制領導風格；還是該採取風險高、卻可能更有效的參與式領導風格。

有效的決策必須兼顧品質與承諾。對這兩者加以評分，再將評分相乘，就可決定有效係數。

假設一個完善的決策，在品質上得到滿分（十分）；但由於某些原因，在承諾上，只得到二分。十乘以二為二十，有效係數為二十，這可說是相當沒有效用的決策。現在假設別人一同參與後，決策的品質降為七，但承諾卻升高為八，這時有效係數高達五十六，表示這決策可能未臻完善，但有效性卻高出將近三倍。

雖然如此，由於擔心會產生其他方案影響自己的思考，或被迫在立場上讓步，許多年輕或新任主管不願讓員工參與決策過程。

但多數主管在經驗中仍會學到，決策的有效性根基於品質與承諾，承諾則來自參與。此時，這些主管就願承擔風險，並培養技巧，讓員工適時參與。

改變的助力與阻力

社會科學家勒溫（Kurt Lewin）的理論有助於社會大眾了解變動的過程。他在四十年前發表的力場分析理論，詳述了在變動過程中互動的力量。

實線代表目前活動與表現的狀況，虛線則代表預期的狀況，也就是改變努力的目標。

圖八　變動過程中互動的力量

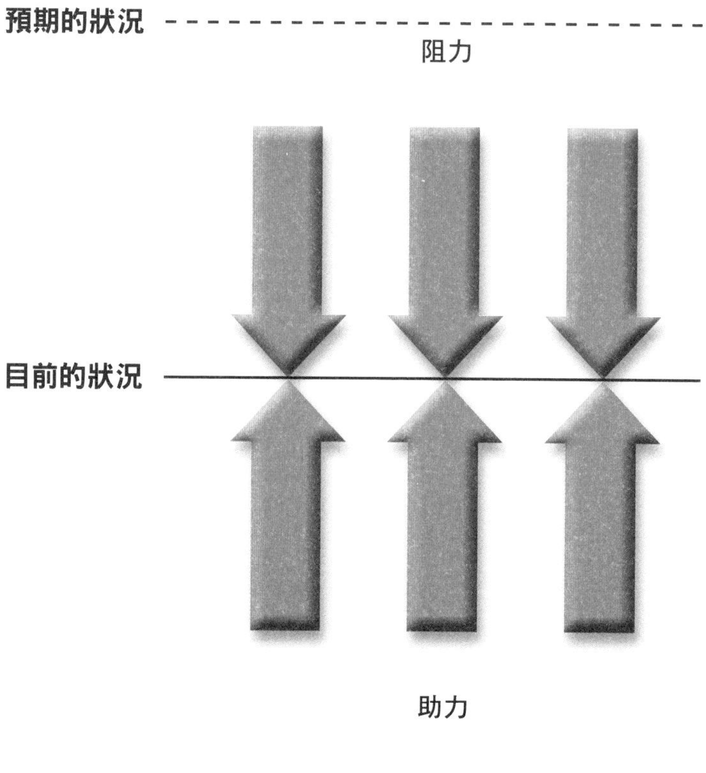

由上而下的箭頭代表阻力，由下而上的則代表助力。現在的表現水準代表助力與阻力之間已達到平衡。

勒溫在二次大戰期間受美國政府之託，研究如何改變美國主婦購物、烹飪和進食的習慣，而意外地獲致這重要的研究結果。美國政府由於戰爭物資緊縮，鼓勵婦女購買並食用更多的動物內臟，而不光是肉。

政府機構除了說明原委，並提出種種有益因素，如愛國心、便利、經濟性、營養等，以激勵家庭主婦給家人食用內臟；但他們卻低估了阻力。美國人並不習慣吃牛舌、牛心或牛肚，婦女也不知道如何購買或如何烹調，並擔心家人會有不良反應。

後來這些主婦聚在一起，開始了解問題的真相後，逐漸軟化，不再堅持自己的觀點，胸襟更為開放，也認真考慮可能性。這些婦女在完全沒有壓力、困窘和畏懼的情況下，說出自己的疑懼；許多人因而調整購物、飲食習慣。他們了解飲食習慣的改變，將有助於戰事的勝利。

勒溫和美國政府都學到一項寶貴經驗：「大眾真正參與解決問題時，就會誠心誠意地為此貢獻一分心力。」

參與的力量

對於參與解決問題所能發揮的力量，我有親身經驗。

有一天晚上，我和大女兒聊天、聽她的感受。過了不久，她問我是否有什麼要說的，我決定讓她了解一個一直困擾我們夫妻的問題，就是如何讓小孩早早上床睡覺，小孩睡眠充足，我們夫妻也可以擁有自己的時間。

出乎意料之外，她竟然提出非凡的見解。一旦參與後，她就產生責任感，自然就會對解決問題貢獻一分心力。

另一個例子，我想保持車子的良好狀況，又不想花太多時間和金錢在保養上，於是請教一位保養站經理。我對他本人及他的判斷力表現十足的信任，使他覺得有參與感，責任心就油然而生。他細心呵護，好像是自己的車一樣，親自做些預防性的檢查，還給了我一些折扣。

有此認識的領導人和主管，多少都會運用這一簡單的原則。他們了解，大家有參與感時，就會全力以赴。而且當個人的目標與組織的目標一致時，個人就更能投注大量的精力和創造力，並且忠心耿耿。

季寧寫道：「主管在面臨抉擇時的態度最為重要。我希望ＩＴＴ的主管有想像力和創造力，對於周遭事物很客觀。氣氛的營造有賴於高階主管，我認為建立一個良好、愉悅的環境，最重要的因素是，堅持由上至下，都保持公開自由和誠實的溝通。」

運用專制或仁慈的權威式管理去解決問題，會造成一種硬要人領情的模式。員工會認為主管是在施小惠，動機就是迫使他們有所改變，自然會產生排斥心理。

增加助力，減少阻力

主管在學到有關力場分析理論後，經常問道：「什麼是增加助力和減少阻力的最佳方法？」能夠直接增加助力當然最為簡單，因為可以馬上控制員工。傳統上，這方式運用最為廣泛，但成效卻最差，原因在於操之過急。

從圖八就可以看出，增加助力，以期公司和員工的表現，能夠達到預期的成果，但阻力的本質仍然沒有改變。這一種做法升高了新的衝突，一旦放鬆之後，又會回到原來的老地方。

這種情形在公司裡常發生，新管理規則層出不窮，有時著重成本觀念，等到大家都對此深具概念後，卻又忘了銷售這一回事。可想像的是，下次又要強調市場行銷，等到每個人都變得以客為尊，注重服務，漸漸地，銷售又上揚時，卻又無法控制成本了。當工作態度有些不起勁時，管理階層又贊助更多社交、聚會和保齡球賽，讓大家感受一下鄉村俱樂部的氣氛，暫時忘掉銷售和成本。

經歷過這一類循環的公司，必然要不斷處理不同的危機，很快就會變得極為可笑，信任度非常低。當公司的文化變成「我們和他們」的兩種極端，溝通過程也會每況愈下。接下來的新助力或新技巧，無論外來的專家設計得多好，都得不到什麼效果。自相矛盾的作風根深柢固，信任度低落，新的嘗試會被認為是管理階層為了達到目的，所使用的新操縱手段。

增加助力和減少阻力的問題，正如同問：「開車時，若看到手煞車沒放下，是應踩緊油門呢？還是放下煞車？」踩油門可加快速度，但是會損壞引擎；放下煞車可以更有效地加速。

所以我建議，用三分之二的精力去減少阻力，另三分之一則用在增加助力。但每種狀況都不一樣，最好先研究阻力的性質，再對症下藥，就可化阻力為助力。

讓員工參與解決問題，將能釋放出原已存在於員工身上的自然助力。當外在助力與員工內在的動機相互配合時，一個砲口一致的隊伍就產生了。

22

實踐篇

建立人力資訊制度

有一家大型銀行集團流失許多中階主管，但高階主管仍然在納悶，不知道原因是出在哪裡。

銀行內唯一獲知訊息的管道就是透過交談。由於交談雙方常為情緒所影響，而且參與人員的選擇亦不符客觀的取樣，所以並不完整。交談結束後，主管以為問題出在薪酬制度上，於是就酌以調整，結果情況並未改善。

我們這批顧問於是運用人力資源彙整制度（human resource accounting），蒐集可靠資料，發現問題癥結在於：銀行吸收了具有進取心的一群人，卻讓他們做些瑣碎的雜事，這些人覺得他們得不到工作上的滿足，缺乏挑戰，不夠刺激。

這些高階主管得知真相後，馬上適應現實環境，改革組織，人才外流現象才見緩和，只有少數無法適應的人黯然離去。由於員工不再受制於規則、制度、程序和政策，整個組織因而充滿生氣。

為員工著想

除非資訊制度能同時考慮到人與事物，否則整個組織將會在黑暗中摸索。有些人不在乎摸黑辦事，他們的「蘑菇式管理風格」的觀點是「讓員工在黑暗中摸索」，施予肥料，當成熟時，切掉他們的頭，製成罐頭。

以原則為重心的領導人所依循的倫理，最能以下面的話來表達：「懦弱的人害怕真相，懶散的人滿足於半數的真相，傲慢的人認為這就是全部的真相。」

組織是一種生態體系，資訊制度應針對整個組織，協助主管了解整個運作情形。否則主管的判斷與決策自然會有錯誤，有所扭曲，不夠完備，只相信自己願意相信的事。

由於組織是一種生態體系，資訊制度就應該考慮到所有的利害關係人。多數公司內主要資訊制度是財務會計，但財務會計只處理數字類的資訊，而不是人的問題與挑戰。事物只是程式，人才是程式設計師。

要診斷人的毛病、監督利害關係人、了解老問題的根源，財務會計並非適當工具。它完全著重在收入、成本等短期病痛和表面效果，完全依賴這種制度，只會扭曲組織運作。

做有意義的判斷

人力資源彙整制度（或稱利害關係人資訊制度），是個複雜的診斷工具，可協助主管蒐集、彙整資料，並研判組織內外所發生的事。這種制度可協助主管運用各種個人和組織建檔調查，以及自己的診斷和辨識技巧，了解所有利害關係人的狀況。

幾年前，有家連鎖旅館的高階主管知道內部出了問題：利潤下降、生產力低落、士氣不振。他們隱約覺得有股不滿的情緒，就是不知道問題出在哪裡。缺少可靠資訊來源做為決策的基礎，於是延攬我為顧問，希望能開出特效藥。

組織評估調查顯示，真正問題在於員工未受訓練，無法確定主管的期望是什麼，又該如何來完成目標。調查亦指出員工希望在許多地方有所改革，如：體制運作效能、領導方向、組織文化、人才運用、工作環境和部門間的關係。旅館主管極為重視這些調查，決定以後列為每年例行業務。

另有一家公司的最高執行主管自認自己和公司都是以人性為導向。但調查發現：公司員工並不清楚自己的生涯發展，沒有事業規劃，於是許多經理主管都想要跳槽。當他了解屬下的感受後，亡羊補牢，幸好並未流失主要的幹部。對他而言，這項調查暴露出危險的「盲點」。

要了解組織內所有利害關係人的運作，主管應該監督：一、人的系統（員工的感受、動機、價值觀、習性、技巧和天賦）；二、有形的組織結構（環境、技術、策略、政策與程序）；三、無形的組織結構或文化（人與組織間互動所產生的價值觀和規範）。雖然說蒐集資料要耗上許多時間，但若過程不出錯的話，就能提供組織內部正確運作的願景。

● **人的系統**。這一制度包括個人系統（self-system）。員工的感受會影響行為，在評斷員工的優缺點之前，應盡量廣徵訊息。人事資料可提供員工的背景資料，但主管仍須進行一對一的訪談、小組會議、建議制度，並運用科學工具，客觀了解員工的感受。與傳統的、依賴數據的考核制度比較下，人力資源彙整制度顯得較為主觀、較感性。

如果我們認同這種感覺，對抱持這種感覺的人而言是項具體事實，這些事實又會影響到員工的行為，如此看來，「感性」的人性資訊也就不那麼感性了。能有效運用這一制度的組織，就擁有相當的競爭優勢。

組織結構與文化

● **有形的組織結構**。評斷組織結構的優劣點，其實又是在人的問題上打轉，因為所有的背景因素，就是在談人的價值、動機和感受。組織結構是個抽象概念，但若能予以量化，考慮銷售與成本，就能產生實體的架構。其實，組織圖、任務描述、命令、權力層級和溝通管道，也只是對事物的抽象描繪。

外在的背景因素則是社會的政經、社會及文化傾向，而人的感受、動機和價值決定了這些傾向。發生何事、大家在想什麼、以後想做什麼，只有從這裡得知。所以，研究個別產業的傾向，以及如何將人類特殊的優點與能力，與這些傾向相互配合，是很重要的。

內在因素代表著組織賴以生存的傳統，與組織創辦人、所有人和管理人的價值觀。檢討這些內外背景因素，就可發現組織策略是如何形成的，以及組織結構和各種不同制度與政策的形成，是如何代表著組織的肌肉、神經和血管。

● **無形的組織或文化**。當員工（包括主管）與正式組織結構（實質環境、技術、策略和體制）整合之際，價值、規範、風氣以及未表明的期望與假設等文化（即非正式組織），正逐漸醞釀形成中。非正式組織結構的規範與正式組織結構的標準產生衝突時，主管與員工之間難免會發生紛爭（即「我們和他們」的對立）。

在敵對的文化中，主管必然會強行控制並規範員工行為，而不是開導人性潛能，以達成雙贏目標（讓員工的需求與利益，和組織的需求與利益相互重疊）。

文化難以定義，更難以測量，卻可以感受得到。文化無法直接改變，但改變個人的人格和技巧，並非不可能。正式組織結構中有許多可以著力的地方，例如改變凝聚員工的方式、重新定義員工的工作及設計員工的責任。

這些事情處理得當的話，將可逐漸創造一個強而有力的雙贏文化；但若缺少誠意，或僅是為了取悅或安撫員工，所創造的文化就會變得憤世嫉俗，保護色彩很濃厚，並與目標相去甚遠。文化如同人體一樣，會樹立防衛性藩籬以保護自己的利益。人無法直接改善自己的健康，但若能長期服膺自然健康法則，自能獲得不少裨益；同樣地，若能依循正確原則，如公平、人際關係、人力資源和意義，並將這些原則納入組織結構中，就能影響到組織文化。

在蒐集、研判組織內的資料時，方法愈慢、愈科學化，當著手整頓人事時，就會變得愈猶豫審慎，我們反而會開始努力改善公司文化，培養決策者必備的人格成熟度、個性長處、技巧等；我們也終會了解，若要員工為成果負起責任，便不應再要求他們照我們的方法做事，而應與員工共同制定雙贏協議，激勵他們培養所需的技巧和性格特質，容許其依據協議自我監督，而我們的工作是建立輔助結構和體系，要求員工做定期報告。

這一切都需要時間、耐性和自我紀律，也需要與他人互動以建立團隊合作，並設定對所有參與人都具有意義的目標。這過程的艱辛當然不在話下，但長期來看，在黑暗中摸索，卻對自己最重要的資源——「人」，毫無所悉，才真的是既危險又浪費時間。

平衡的見解

建立利害關係人資訊制度，以評估人力資源的目的是：能更有效地處理員工、供應商、客戶、投資者等利害關係人的問題。做決策的人需要有平衡的見解，而獲取資訊的方式必須不冒犯他人。

主管在規劃行動並解決問題時，並未考慮到提供資料的員工，以致於評估計畫往往功虧一簣。當你需要員工提供資料時，也必須有所行動。這時最需要的就是內部的顧問或外面延聘的諮詢對象，讓他們在解決問題過程中擔任催化劑的工作，帶來生氣，提供技巧和紀律。

典型的解決問題過程可分為八個步驟：

一、蒐集資料。
二、研判資料。
三、選擇目標，並制定優先順序。
四、構思並分析替代方案。
五、做決策。

六、規劃行動步驟以執行決策。
七、執行行動計畫。
八、比較成果與目標。

最後又回到第一步。

相反地，人力資源彙整制度通常以蒐集資料為起始和結束，在缺乏訓練和工具的狀況下做判斷。之後，根據判斷，努力發展目標，思考可行方案，做決策並實現想法。

進行評估或調查時，員工會認為他們所提供的資料，將供制定決策參考。如果事實並非如此，員工會覺得期望落空，心中定然失望。如果管理風格和組織體制仍舊側重表面的數據或成效，整個公司的員工對爾後的意見與態度調查，勢將袖手旁觀。

決策人士往往由於可預見負面結果，於是也心存迴避，又落入老套，以不完整資訊追求表面效果，而不是以完整面貌看待問題的根源。

成效考核制度看起來似乎較為精確、合乎科學、有制度、客觀、定義明確；而人力資源彙整制度則顯得主觀、不正確、感性、模糊不清、一無是處。前者似乎有凌駕後者之勢。雖然成效考核的評估工具，能夠正確與客觀，但由於是建立在特定假設上，反而洗刷不掉主觀的色彩。

主觀與客觀的拉鋸

了解成效考核制度的人都知道，這是種相當主觀的制度，但外表看來正好相反。將所謂客觀的資料與「感性」或「主觀」的人性資料比較後，數字總是占盡上風，這也是為何在選美和頒獎典禮上，我們老喜歡運用電腦評分數字，目的即在造成客觀的假象，但判斷仍是主觀的。

客觀其實就是容納更多的意見。我在一所著名大學的行政委員會服務時曾說：「考慮是否讓某學生入學時，應審查他的領導才能。」回答是：「辦不到的，我們該怎麼告訴為人父母者，他們的子女不獲錄取，是因為缺少領導的潛能？」所以我們只循例審查學業成績等「客觀」標準，因為這些更能預測成果。

企業界也有同樣的問題：如何像預測成功一樣，事先評估員工？如果主管長於管理卻拙於領導，該如何調適？在聘雇員工時的那套評估標準，只會惹人生氣，而無法測出重要關鍵動機是什麼。

目前有七種衡量智力的方式，但其中只有一種（文字數學邏輯指數）用來決定智商高低，其他如運動知覺、空間能力、人際能力、個人關係、創造力和美學知覺等六種，現在亦可加以衡量。研究也顯示，每個人至少在其中一項的表現上會相當出色。

運用評估方式以衡量個人能力或表現的優點之一，是獲得衡量前後的資訊。接受過訓練的人，自制能力增強；訓練也會產生正面效果，若衡量並加以記錄，員工就會做得更好，評估的結果也會漸漸有起色。

一個可能的短期缺點是：員工會變得過度積極，長期下來極易形成一種充滿動態的次文化。認為生活中具有各種選擇，從好的方面來看是人與工作間，或員工與組織間，產生更好的搭配。有人說：「你知道嗎？一問問題可能就會有人員流失。」但非好即壞。雖然如此，將短期的「硬性」資料與長期的「軟性」資料相比較時，短期的硬性資料總是較引人注意。但是如果大家只知道要金蛋，鵝的健康與福利就被忽略了。

定期評估客戶及利害關係人

建立人力資源彙整制度，應先從客戶資訊制度著手。但別忽略其他利害關係人，包括股東在內。在這個充滿敵意的併購世界中，如果不對利害關係人進行評估，無異是自找麻煩。除非能夠定期評估，否則組織勢必無法在競爭中倖存。

這項訊息已經漸漸為人所接受，我曾對一群慣用左腦處理技術問題的工程師說：「你們主要的問題是人，若滿腦子只想著事物，無法解決問題。」他們的反應有點驚訝，但也都同意。

強調短期產量，員工就只會運用滿足股東和經理人的財務會計制度。這些人只注重：「銷售量多少？淨收入呢？投資報酬率又多高？紅利有多少？如何維持生活風格？如何得到想要的收入或成長？」而不了解若所有利害關係人能維持和諧的話，長期報酬或許更為可觀。

公司股東鍾愛財務會計制度，經理人又必須向股東負責。員工成了達成目標的手段，毫無尊嚴。日本公司主管早已學會如何動員，增添活力並重視員工的能力。現在美國公司也學會聆聽員工吐苦水，因為他們才是關鍵，他們是直接面對客戶的人。

人力資源彙整制度的目的，是不斷改進品質，建立團隊精神，追求個人的發展。當然，即使是得到回饋的員工，亦可能停滯不前。原因之一是，得到的回饋並不適當。他們於是志得意滿，變得自負、懶惰和懦弱；不想面對現實，不敢直視真實的自己，寧可夢想自己披上地位權勢和尊榮的外衣。因為暴露己短容易招惹非議。

托羅公司（Toro）的梅羅斯（Ken Melrose），是個出色的最高執行主管，他自願接受外界的監督，並公開資訊，為其他利害關係人負起責任。他在辦公室外掛了一張圖表，讓員工知道他朝目標邁進的狀況。如此每天衡量自己的表現，迫使自己負起責任，並激勵自己有所改進。

衡量並加以記錄，確實有了長足進步。有些醫生已使用「生物性回饋」以評估處於危險狀況的病人。有位醫生將偵測器掛在天花板上，在病人正上方，指針兩端分別指著生或死。病人頭也不用抬就可看到，了解自己體內的變化。運用這種方法，病人開始可以控制原來似乎不由自主的病情。

這正是許多美國企業所面對的問題。他們正收到市場傳來的訊息：「你正面臨死亡」、「你將會滅絕，最好想想辦法」。

寧可謙恭思索這些話，而不要到頭來處境受到壓制。然而，若非身為計畫或團體的一份子，很少有人會如此詳細評估。有些高度自主的人，本身具有十足的安全感，可能會根據自己的效能，尋找資料以供評估。

諷刺的是，如果愈在意別人對自己怎麼想，就愈不敢知道別人所想，因為他在這點上太過軟弱。他怎敢冒險知道別人怎麼說他？如果被拒絕怎麼辦？因此他避免蒐集資料。反之亦然。愈不在意別人所想，就愈關心別人想些什麼。因為他們不必由他人來獲取安全感，而由自己內在的價值系統得到安全感。若自我評價認為能影響他人，便會調適自我的風格、技巧和觀點，而從自己的內在獲取安全，在外界收取成效。

從績效上尋求客觀回饋的公司和員工，通常有其內在安全感，他們表現得極為謙恭、包容，更願意去學習和調適。因為他們很溫和，有人認為他們太天真。不過如果安全感來自不變的內在資源，外表上無妨脆弱、有韌性。

在電影《羅傑與我》（*Roger and Me*）中有一幕戲，有個女人一邊不停說話，一邊以棒子打死一隻兔子，它象徵著許多公司和產業的處境。在教育、醫學、會計、保險、出版和法律等領域，許多人正思索其他出路，因為他們對老掉牙的做法失去信心。

美國主要產業一向不理睬他人的意見，所以變得非常脆弱。舊有體制雖然還是存在，但如果有人四處走動，鼓吹新的理念，這一些原本值得尊崇的舊牆，可能就會摧枯拉朽地崩潰。

四種改善層次

要設立利害關係人資訊制度，主管必須在個人、人際、管理和組織等四種層次，不斷追求改善。這四種層次缺一不可，忽略其中一環，會產生負面的骨牌效應，拖垮全局。

若我們的可信任度低，如何能信任人際關係？如此一來，又如何能授權他人來追求目標？控制式的管理風格來自於信任度低，而後者又源於口是心非、虛偽和不一致。面對問題時，不可能靠耍嘴皮子便能解決。談論自己、想像和肯定是必要而非充分的常用策略，最後仍須在這四種層次上努力。

除此之外，可能還需要運用不同類型的人力資源彙整制度，其中一類是正式的、合乎科學的、有系統的；另一類則是一對一的訪談，專心聆聽，建立情感帳戶。不管是正式或非正式的制度，包括建議、公開、暢談、申訴和定期剖析，都可加以運用。應堅持除非員工在這些項目獲得上司、同僚和屬下極高的評價，否則不考慮讓他們升遷。

正確資訊應受重視

你也許會懷疑某部分的資料調查不完全正確，但是也不該因此以偏蓋全，不能因為不喜歡，便否認資料，不要只說：「那邊的傻瓜不知道自己在說些什麼」，便不將之當一回事，只重視自己的祕密調查。

在一個公開、相互信任的文化下，調查確實能獲致不錯的資訊，但問題是，非正式的調查往往缺乏合法性、權威和精確性，員工打打馬虎眼也就過去了。資料除了正確外，還得要有人重視才行。

正確的資訊應受到重視。從不過問公司例行運作的人和過度熱中公司運作的人，都不容易了解真正的運作情形。所以良好的資訊確有必要，否則只是見樹不見林，容易受到隔絕孤立，不知真相為何。員工只告訴你你想要聽的，你也樂得輕鬆；你不想面對真正的問題，甚至可能自己私下布線以得到消息，但這往往是道聽塗說，最安全的辦法還是聽聽眾人的看法。

某些公司獎勵員工參與評估，即使所說的是壞消息。在運作上使用「預定程序」，在公司裡依正確原則行事。除非有完備的資訊系統和穩固的強化體系，否則使命宣言只是陳腔濫調。因為管理風格最終將主導結構與系統。

利害關係人資訊制度讓使命宣言更加完善，成為最高原則。主管可依這個原則蒐集資料、定期檢討、解決問題、規劃行動並獎勵員工。

員工不喜歡面對現實，除非在市場壓力之下，或已真的沒有選擇，才只好蒐集資訊，做出反應。他們寧願在黑暗中生活和工作，在一個容許三〇%誤差的保護市場中苟存；但在世界性競爭中，這是行不通的。短時間內或許可以喘一口氣，若想擁有長期競爭優勢，就要改善。

資訊在手就會想要運用。有些員工獲得資訊後，良知就被喚醒，精力就被激發出來。良知愈高，社會意志愈發達，對以原則為重心的領導人而言，資訊成了力量，一種共同致力完成組織使命的力量。

23

實踐篇

讓員工完全負責

要是公司會議接連不斷，我建議主管不妨運用歷經千錘百鍊的原則，稱之為「完全幕僚工作」（completed staff work）。

有效的人力資源管理，要從有效的授權開始，充分運用員工的時間和天賦。通常，主管總是出於無奈，才會授權，而他們手上的工作往往超出負荷。

我們看看《聖經》中摩西和他岳父葉忒羅的例子。摩西不辭辛勞地為以色列子民做事，鉅細靡遺，大大小小的事都要插上一手。他的岳父葉忒羅就建議：「你這樣是不對的，你和跟隨你的子民總有一天會筋疲力竭。你的擔子太重，無法自己一人承受。」

葉忒羅於是建議摩西做兩件事：第一，摩西教導子民判斷的原則，如此就不必事事躬親。他們可依據原則行事，舉一反三，自己思考問題。這是一種有力的授權型式：教導原則，信任屬下執行的能力。第二，選擇可靠的門徒，授與處理小事的權力，只保留決策性事務。這兩項建議需要摩西先花更多的時間，將事情加以歸納，並承擔風險。

剛開始授權確實需要不少時間，許多人被業務壓得喘不過氣來，認為自己根本抽不出時間說明和訓練。

一位經理還在做屬下能夠做的事，他的說法是：「說明的時間比我自己做的時間還要多，而且，我自己做得還更好。」但隨著手頭上的事情愈積愈多，他愈覺得沒有時間去說明或訓練。

許多主管也都有同樣藉口：「每次授權時，工作不是沒做，就是做得不好，我還要重來。授權有什麼用？只是浪費時間。」但結果是生活一團糟，每天工作十四小時，忽略了家庭和健康，破壞整個組織的活力。授權屬下，讓自己有更多時間處理優先的工作，是絕對必要的。長期來看，授權可以節省更多的時間。

借助他人之力確實會有做錯事或做法不同的風險。摩西必須仔細挑選和訓練人員，信任他們，了解每人不同的作風，而不是一味將自己的判斷加諸他人。有錯誤在所難免，有些主管除了例行公事外，不願在其他事讓步，只信任自己的判斷力和作風，之所以如此是因為：「我這一路都是這麼上來的，幹嘛改變？成功還有什麼好爭議的？」

有些人確有無窮的精力和能力，能創造驚人的效果；但不授權，公司與個人就受制於老闆的能力，成長的機會自然有限。

在授權過程中，有效能的經理人會與個別員工制定雙贏協議，其中一項重要準則就是「完全幕僚工作」的原則。

不得隨聲附和

「完全幕僚工作」是相當好的原則，避免管理模式流於專制獨裁。這原則是：員工應全盤考量整個問題，深入分析，找出替代方案以及替代方案的結果，最後再建議採行其中之一。

此方法會讓員工殫精竭慮，彙整出一項代表自己最佳思慮的建議案。主管只須點頭或搖頭；批准後，只須執行決策或建議行動的步驟。除了節省主管時間外，這種方式還可防止員工假借團隊之名，而行推諉卸責之實。

在會議中，員工常採阻力最小的方案，只顧討論未曾深思過的觀念，所以共同決策不見得能發掘最佳的潛能。

有效能的主管要求員工從各方面來考慮，並做出最後的建議。在工作進行中，主管置身事外，就算有人求他，也不介入，也不提供快速簡易的答案，一切都等到工作完成後再說，否則員工只是浪費他的時間，他也只是欺騙員工罷了。而且若員工在找尋真相或做決策的過程中，老是有人施以援手，他勢將無法為結果負責任。

主管必須運用智慧，因為這種概念並非萬能藥，也不是各種狀況都適用。早期的腦力激盪，尤其是在計畫孵化期，是不可缺少的。一致的決議也是必要的。

但要求員工在開會前有所準備的原則，則絕對不可妥協。這可以防止員工在深入了解問題前，貿然提出不成熟的觀念；也可杜絕員工在竭盡思慮，好好準備之前，就太早湊在一塊，隨聲附和。

千錘百鍊的結晶

據說，季辛吉在擔任美國國務卿時，常要求幕僚提出最好的建議。他拿到手以後先擱一旁，四十八小時後又問幕僚：「這是你最好的方案嗎？」

幕僚說：「不！我們可以再深入一點，敘述得更詳盡，我們也可提出替代方案，並指出若建議案不被接受時，會有什麼後果。」

季辛吉說：「那就再努力吧！」

第二次提出時，季辛吉同樣會問：「這是你們最好的方案嗎？」

此時，多數幕僚都知道自己的方案錯在哪裡。「完全幕僚工作」的原則，讓屬下產生責任感，找出自己錯誤之處加以改正，或建議處理方式。

季辛吉的幕僚們總是會發現一些小錯誤，季辛吉要求拿回去改善加強，而屬下也都辦到了。

第三次提出時，季辛吉說：「這是你們能力的極限嗎？這是最後一份建議案？還有需要改進的地方嗎？」

「我們覺得非常妥善；但文句上或許可稍加修飾，在報告時更完善。」

於是又繼續埋首苦幹，再次提出時，他們說：「這是我們最好的方案，各方面都考慮到，替代方案、結果和建議都已清楚闡明。執行細節亦詳載其上，這是我們的最後定稿，相信你可以信心十足地提出報告。」

季辛吉說：「很好，我現在就來看看。」

這個例子說明了幕僚人員常只想為自己節省時間和精力，沒為主管設想。但主管的時間其實遠較屬下的時間寶貴，所以主管所得到的應該是屬下千錘百鍊後的結晶。

新力迷你CD

新力公司在CD市場上起步稍晚，但卻搶先成功推出迷你CD而擊敗競爭對手。最大功臣應屬大曾根幸三——一位負責研發隨身聽錄放音機、時時以客戶為念的主管。

有天，大曾根到實驗室去，拿了一片五英寸見方（CD唱片的大小）的木片，擺在工程師面前。為避免上司無謂的干擾，他並未將此事告知實驗室以外的人。由於研發中的CD唱盤相當小，研究人員需要了解緊密壓縮在一起的電路，能否由機器人大量生產，所以他又延請產品工程師協助設計的工作。

他要求員工不得過問：「為什麼要這種尺寸？」並告訴員工說：「這就是我們要的尺寸，沒什麼好爭辯的。」設計和產品工程師都口有怨言，但仍奮力去做，並負責如期完成。新力公司的迷你CD上市時，只有一般唱盤的三十分之一大小，三分之一的價錢，在市場上確實造成轟動。

完成完全幕僚工作五步驟

可依循下列五項步驟完成完全幕僚工作：

一、**闡明期望的成果，制定心理性合約**。季辛吉和大曾根都是如此，隨後，員工可自行決定獨力或與眾人合力完成最後建議案以及替代方案，以便讓主管來選擇。行動計畫亦應詳細說明，每一細節均應全盤考慮才定案。

二、**闡明員工權限**。例如：得到指示才去做；主動詢問、建議；做立即報告或彙整一段時間才報告。

三、**闡明假設**。員工若想盡早從主管那兒得到資訊，以確定方向無誤，在完成工作之前，應確實了解主管的想法，否則可能背道而馳，提出的建議案只得到主管的冷言冷語：「你根本不了解我運作的原則。」

四、**提供足夠的時間、資源與接觸管道給那些負責的員工**。對於負責完成「完全幕僚工作」的屬下而言，再也沒有比缺乏資訊與資源更令人沮喪的事。主管若面臨真正的危機，而且沒有時間反應時，就應向屬下說明狀況。

五、撥出時間，找個地方，就整個工作進行檢討。讓屬下有機會說明自己的方案。這項理念絕非萬靈丹，只是能有效激勵員工自行思考，在提出建議之前，將自己的想法彙整過濾。多數員工都喜歡能有機會做研判，以表現自己的能力。這種理念如果能適當執行，就能測出個人的天賦與資質，長期來看將會節省每個人的時間，並創造高品質的產品。

理念的運用

以下是運用這個理念的幾個場合。

- **演講與口頭報告**。盡可能花時間蒐集初步資料，讓負責的部屬知道有何可運用的資源以及上司的期望。上司可能要做些前置作業，引導整個過程的進行。在準備演講和口頭報告時，主管尤須說明自己關注的焦點。主管可能說：「這些是我在兩星期後的會議上想了解的事情。這段期間我將外出考察，回來後再看看你的意見如何。」
- **問題研判**。主管可能對可靠的屬下說：「請仔細考慮這個問題，提出你對這個契約的見解，以及你的因應措施。」也就是：「請替我研判這個問題，並定下合約。」我在某家公司用過這個方法。我坐著聆聽部屬的報告，他們的表現極為出色。主管也大表訝異，私底下告訴我說：「我從未想到他們竟有如此深度。」

- **會議管理**。這個理念不僅測出部屬的天賦，亦可使會議更有效能。員工深入分析問題，審慎考慮其含意及替代方案，並以負責的態度提出建議時，其實就是對會議做最大的貢獻。
- **同心協力解決問題**。在辨明關鍵問題並訂出優先次序後，可成立特別小組，賦與完成任務的挑戰。

假設問題之一是溝通、生涯發展或薪酬，最好從公司不同層級內邀集三、四人組成工作小組，深入研究問題後，向監督小組提出特別建議。他們可能會說：「因為這些考慮，所以提出這些建議。這些是替代方案和結果，這些是問題，以及問題的來源。」小組內若能同心協力，提出的建議就能代表不同的觀點，不容易被上級主管打回票。

老是與別人唱反調的人，在這過程中也會收斂許多，這些人有自由發展的空間後，就可發洩所有的負面精力。手中的武器放下了，氣燄也就不會那麼高張，有助於達成雙贏的解決方案。

有一點要注意：這個理念若不與其他原則一同運用，難免讓屬下有「上司以為他是誰？」的感覺。屬下為上司賣命，而上司只是簽個名，蓋個章，不費吹灰之力，有些員工難免口出怨言：「上司一點都不關心，一點都不想參與。」

這個理念若能順利執行，確實可以栽培部屬並節省主管的時間。部屬肩負更多責任，反應會更好。事實上，它增加部屬的責任感，以及在不同情況下明智抉擇的能力。

24

提升篇

用左腦管理 用右腦領導

組織內成員通常扮演生產者、管理者或領導者，而每一角色都是成功組織不可或缺的一部分。

缺少生產者，偉大的構想和決議將無法實現，工作也做不好；缺少管理者，勢必會造成角色衝突與定義模糊，每位成員都想成為管理者，在不完整的體制和程序下，各自行事；若缺少領導者，整個組織會喪失前瞻性與方向，員工對自己的任務無所適從。

雖然每一角色都各司其職，但最重要的仍是領導者。缺少策略性的領導，即使員工仍很負責地攀登「成功階梯」，但最後卻發現整個梯子擺錯了方向。

- **汽車業**。數年前美國汽車業者將趨勢專家的建議當成耳邊風，仍繼續製造耗油的大車。這些人的短見終致自食惡果，至今仍在付出代價。
- **鋼鐵業**。死腦筋的大鋼鐵廠仍繼續沿用舊式高爐，試圖與採用高科技、低成本、高品質的外國鋼廠和國內的小型鋼廠一較長短。
- **半導體**。在七〇年代中期前，美國公司幾乎掌握全球半導體市場。後來經濟衰退，被迫削減產量。到了一九七九年，美國廠商無法滿足十六K隨機存取記憶體的需求，日本廠商於是異軍突起，到一九七九年底，已攫奪一半的市場。
- **銀行業**。許多美國大銀行發現自己的資產負債表，受制於第三世界國家。過去認為對開發中國家提供大量貸款，是美化財務報表的好方法。但銀行主管卻無法預見這些國家中的社會動亂、高失業率和通貨膨脹，使得償還貸款成了天方夜譚。

- **運輸交通**。鐵路業的主管忘了自己的角色是提供運輸服務，而只認為自己是在鐵路界工作。然而，當他們拚命在建造更好的鐵路時，飛機和公路運輸已經搶走了許多生意。
- **會計**。會計經理仍著重在財務和實務資源上，反而忽略最重要的資源——人。

在各個領域中，都可見到許多人拚命爬上擺錯方向的階梯。彼得．杜拉克指出，許多公司在成立幾年內，就忘了自己的目標和角色，一味強調方法、效能、「以正確方式做事」，而忽略「做對的事」。人們似乎傾向於將過去成功的行事準則標準化，即使這些準則已經過時，卻仍然花費精力去保存、執行。傳統的程序與做法的確是不易擺脫的夢魘。

管理與領導

這說明了領導者對保持成果的重要性。領導者支配整個大方向，確保梯子靠對牆頭；管理者只注重速度，但往錯誤的方向加快腳步，是最愚蠢不過了。領導者注重的是前瞻性、有效性和成果；管理者必須處理體制上的問題，以獲致預期的成果，並且要強調效能、成本效益分析、後勤支援、方法、程序和政策。

領導的注意力擺在上層結構，管理則重視下層結構，領導的權力得自價值觀與正確原則，管理則是將可運用資料排列組合，達到目標，產生預期成果。

管理與領導並非互相排斥，應該說領導是管理的極致表現。領導可以分成兩部分：一部分有關前瞻性與方向、價值和目的；另一部分則是激勵屬下在共同的前瞻性與目標下，一起努力。有些領導人具備前瞻性，卻缺少建立團隊精神的能力。有的領導人則能激勵部屬，建立團隊合作，但卻缺少遠見。

建立團隊時，領導者應試著減少成員的摩擦，同時也應認識到在互補的團隊中，力量來自彼此的差異。所以不必要求部屬照領導者的模式行事，只要部屬目標一致，是否扮演同一角色就不重要了。當團隊成員彼此尊重，歧見也就消弭於無形，阻力也化成助力了。

領導者的基本任務之一就是培養互相尊重、互補的精神，讓個人的優點更加彰顯，讓缺點起不了作用。管理者的重要作用則是運用影響力，以加強生產者的工作和角色。生產者的作用則是捲起袖子，各盡所能解決問題，以達成理想目標。

仔細研究個人的工作風格與傾向，是否符合這三種角色的要求，不但有趣也很有幫助。有的人在工作要求上是生產及領導部分少，管理部分多，但工作風格與傾向卻像是生產者，而非管理者或領導者。工作預期與個人表現不符合時，當然令人沮喪，往往也會招致非議。如果一名員工從上司或同事那裡，得到對這三種角色重要性的不同認識，那他的問題就麻煩了。

左右腦並用

對腦部組織的研究有助於了解企業管理：為何有些人長於生產卻拙於管理，或長於管理而拙於領導。研究指出，腦部組織可分為兩大部分——左腦和右腦，各具不同的功能，處理不同的訊息和問題。

雖然邏輯和創造的過程都須經過大腦的兩邊，但左腦的邏輯能力較強，右腦則主管情感能力。左腦掌管語言，右腦掌管影像。細部作業、分析由左腦負責；整體作業、各部關係及整合作業則由右腦掌理。左腦處理的是連續性的思考，右腦則處理立即的、整體性的思考。左腦時刻以時間為念，具備時間和目標觀念；右腦則不受時間拘束。左腦掌管身體的右半邊，右腦則掌管身體的左半邊。

從上面分析可以看出，在這個由左腦支配的世界．語言、準確與邏輯的能力得到尊崇；而創造力、直覺和藝術細胞則遭到貶抑，甚至懲罰，這在男性身上尤其明顯。崇拜男子氣概的文化模式，加上強調左腦的學術作用，使得常被認為是女性化表現的創造力、美感、直覺受到排擠，甚至完全不受重視。

東方文化提到人的本質可分為陰陽兩極。陰是女性的部分，陽則是男性的部分。有許多關於這方面的研究書籍，甚至討論公司組織的書，也提到陰陽。有些公司有良好的管理監控體系，卻缺乏人性。有些則講究人性管理，卻缺乏好的經營方針、制度和監控系統。古希臘哲學家經常以感性（pathos）和理性（logos）說明發揮影響力或說服力的過程。

感性指的是情感與動機，也就是右腦；理性則是邏輯推理的過程，亦即左腦。

將腦部功能理論應用到組織內的三種主要角色上，可以發現管理者的角色由左腦主導，領導者則是右腦主導。生產者角色則視工作性質而定，若屬語言、邏輯、分析工作，則是左腦；若屬直覺、情感和創造性工作，則是右腦。

長於管理但卻拙於領導的人，可能具備完善的組織能力，對於體制、程序和詳盡的工作說明，均能駕馭自如。但這些人沒有感情，每件事都是機械性的，過於呆板；保護色彩濃厚，除非受到內心的激發，否則事情不易完成。結構鬆散的組織，外人看來雖然顯得雜亂無章，但運作效果可能較好。由於員工具有共同的前瞻性、目標和使命感，往往能達成真正的成就。

所以我的建議是：用左腦管理，用右腦領導。

理想狀況當然是培養左右腦並用的能力，如此才能評量狀況，並援引最適當的工具。在下棋時如果有人問道：「下一步最好怎麼走？」就要先了解「現狀如何？」然後才可能下手如神。在高爾夫球場上，如果有人問：「現在最好用幾號桿？」我們就要先了解地形、球的位置、標竿又在哪裡。首先要正確的評估狀況，而這種能力正需要左右腦的良好配合。

鍛鍊較弱的半腦

為維持功能上的均衡，應經常鍛鍊較弱的一邊。左腦較靈活的人，可以多運用感官知覺和視覺想像力，用眼多觀察，參與藝術的創作，提出創新的解決問題方式，以訓練右腦；右腦較發達的人，則可藉由分析性的解決問題過程、語言和邏輯的溝通、閱讀教科書、研讀電腦、法律、會計等應用學科中的科學和技術性資訊，以活動潛伏的左腦細胞。

只著重短期效益、美化數字的組織，常會忽略培養這類領導才能，只能養成「半調子」的主管。他們常常挪不出時間與部屬溝通大方向、建立團隊精神、培養員工、規劃會議，就算有，也是急就章似地臨陣磨槍。

領導問題就算終於受到重視，也僅勉強列入「其他項目」一欄中。主管往往忙著解決紛爭、處理公司列為優先的生產與管理問題，很少有空面對領導問題。

也難怪許多個人與組織方向錯誤，迷失在叢林中，階梯也靠錯了牆頭。此時的解決之道就是借重策略性的領導才能。

具備策略眼光的領導者，關切方向與成果，而非效能、方法和程序，就能為部屬提出願景，以愛心推動進取心，並在相互尊重的基礎上，建立互補性的團隊合作。雖然所有生產者正在叢林中勇往向前，而管理也忙著為生產者磨利刀鋒，制定揮舞彎刀的準則，施予各種訓練，但一位真正有勇氣、開明的領導者，即使預期會受到阻撓，有時仍必須大聲吶喊：「走錯地方了。」

25

提升篇

追求全面品質1

理念的基礎

追求產品及服務的卓越品質，必須遵守一些一般性的原則。

當追求品質成為我們的價值觀時，不只應該時時把產品與服務的品質掛在心上，對自己的生活品質與人際關係的品質，也不可忽略。

追求全面品質的生活，要訣在於不斷地改善，不論成就多麼輝煌，均不能以現狀自滿。若是經常從利害關係人得到精確的回饋訊息，很少人或公司還能滿足於現狀。品質是來自於對利害關係人的需要和期待的了解，意謂著要迎合、甚或超越那些需要和期待。

不斷改善四個領域

追求全面品質指的是在下列四個領域內，不斷改善：

一、個人與專業的發展。我一向很推崇「主動積極」的精神，事實上，你我才是追求品質的關鍵，這就是我所謂的由內至外追求品質的方法，亦即要從自己的觀念、個性和動機做起，要求改變自己，而不是改變他人。

品質管理大師戴明（W. Edwards Deming）說過，一個組織九〇％的問題都是體制上的一般問題，只有一〇％是有關人的特殊問題。許多管理者都誤認為，若能修正體制和結構，人的問題自然就消失了。但反其道而行才是正確的；若能先糾正一〇％的問題，其他

圖九　PS 思維

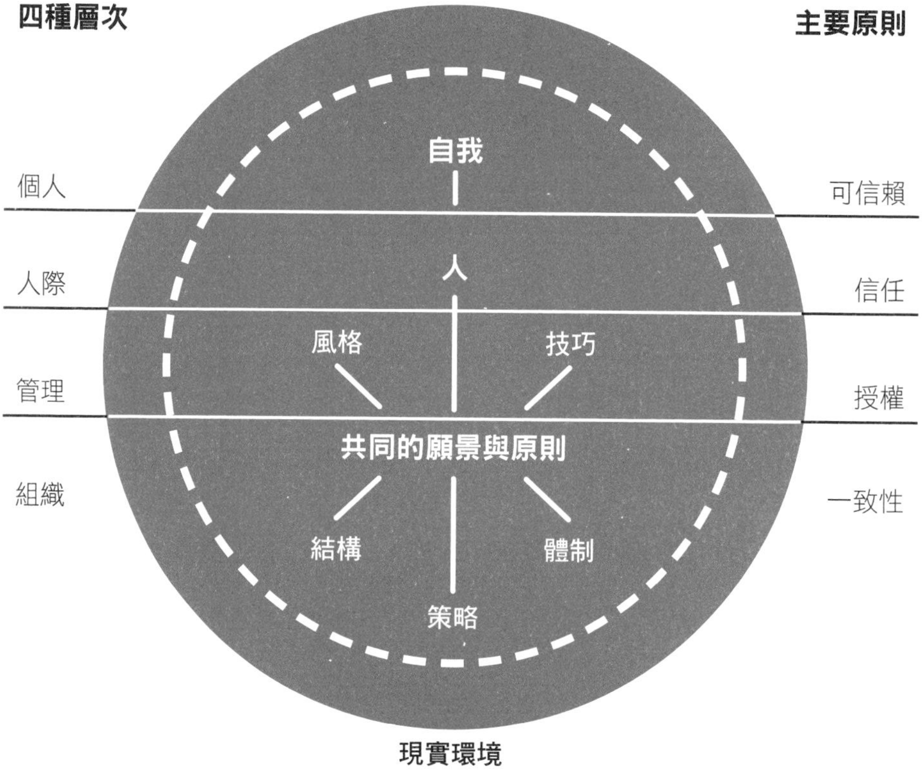
四種層次
主要原則
自我
個人
可信賴
人
人際
信任
風格
技巧
管理
授權
共同的願景與原則
組織
一致性
結構
體制
策略
現實環境

問題就消弭於無形了。為什麼？因為人負責設計、運用體制和結構做為表達自己個性和能力的工具。想要改善體制，就先從設計的人下手。人會創造策略、體制和組織的風格。

創造追求品質的個人

創造追求品質的組織，首要關鍵在於創造追求品質的個人，他們能夠拋開個人的私欲，秉持公正、客觀的標準去制定體制。假設有些人的內在安全感是來自贏得勝利或與他人比較，那麼這些人所設計的薪酬制度會是什麼樣子？互相排擠和內部鬥爭？一個只獎勵競爭的制度，要如何產生追求品質所必須的團隊精神？

某公司負責組織訓練的經理告訴我：「本公司在你的計畫下，改變最多的就是增加個人運作的有效性。藉由團隊合作與溝通的改善，以及對部屬授權，第一年海外營運的利潤，就大幅增加九〇％。」另一名主管則說：「以原則為重心的領導，為追求品質的理念，播下良好的種子。」這段話透露出，在解決品質問題之前，必須先從個別主管的心理與意念著手改變，因為人對工作的看法，比實際的工作方式，能產生更大的衝擊。

獲得美國國家品質獎（Malcolm Baldrige Award）的學生一致認為，不將品質列為第一優先的公司，將無法度過經濟難關。他們認為預測未來最好的方法，就是創造未來，運用羅盤在崎嶇、易變的地形上游走自如。運用有效性的原則，能將人提升到一個新的思考領域，能提供平衡、不變的核心。從人性面追求品質，能使體制與程序相互配合，激發出潛在的創造力和精力，創造更多利益。

人格和技巧的培養，是不斷改進、持續向上的過程。就個人而言，追求品質指的是完全忠於自己的價值體系，使自己無論在個人修養或專業知識上都能日新又新。

戴明不斷追求目標的原則，意謂著必須先設立目標或使命——說明現況為何，以及未來的發展願景。成功的共同因素是具有堅定、引導、啟發、向上提升的目標。若心中已清楚立定目標，它將能指引一切，激發創造力，深入潛意識，開啟記憶之門，開始以想像力來工作，而非記憶。不會受過去限制或束縛，而感到未來有無限可能。心靈預指著未來，而非歷史。

不斷改進也表示，你不會對似懂非懂的事感到滿意，你的客戶當然更不會滿意。若能得到正確回饋，就有足夠的誘因和挑戰改善自己，不然只有走上失敗一途。

許多主管欠缺安全感，不敢尋求利害關係人的回饋意見，他們感覺受到威脅。回饋對成功極為重要，成功的人常接受回饋意見，傾聽並從中學習，他們以之改善日常的行為。個人與組織改善計畫都建立於正確回饋，而非不正確的社會資料上。諷刺的是，愈在意別人如何看待你，就愈會為回饋意見所威脅，因為自我的形象和安全感，都依社會的鏡子而成形。那些裝出不在乎別人怎麼想的人，其實是非常在意的。

企業也是生態體系

二、人際關係。追求人際關係的品質，意謂著在與別人的情感帳戶上，不斷放入存款，亦即不斷建立善意和信任關係，而非擔心害怕。如果使他人期待產品或服務會持續改善，卻無法實現，這對雙方關係只會造成負面影響。

企業文化就像人體一樣，是個彼此互相依賴的生態體系。這些人際關係必須合作以求平衡，以信任為基礎，達到品質的要求。

情感帳戶很容易用盡，當持續溝通和改善的期望落空時，這點更是明顯。若不溝通就會重蹈覆轍，甚至擔心害怕，產生負面的效果，而以此為規劃未來的基礎。

在婚姻或工作關係中，若雙方並不在乎信任與否，原來的情感帳戶很快就會枯竭。老朋友之間由於彼此期望不高，不須放入太多的新存款，稍有不適意，也能立即解決，因此，我們與老朋友很少會有摩擦，通常只有愉快的回憶。但在婚姻、家庭和工作關係上，卻每天困擾不斷，需要不斷在情感帳戶上投注新活力才能解決。

人際關係的品質意謂著一天須相擁十二次——給予我們身旁的人身體的、情感的、言語的擁抱，如此才能經常在情感帳戶中存款。

雙贏協議

三、管理的有效性。追求管理的品質，就是培養雙贏的表現和合作協議，以配合個人和企業內部的步調。這些雙贏協議隨時都可重新修訂，最好是在同心協力的基礎上，而非在立場爭辯上，並隨著市場的各種力量和變化而調適，如此才能有一種雙向對流的感覺。

雙贏協議能創造團隊合作；贏輸的想法只會造成對立。在已建立的制度中，各部門為培養自己的命脈和賴以生存的機能，經常鬧得臉紅脖子粗；資源有限時，對立是自然的事。他們認為職業市場的大餅有限，遂逐漸發展贏輸方法。大家都譏諷別的部門為「那邊的那些傢伙」，並談論如何為建立自己的帝國獲得更多內部資源；然而最強悍的競爭者卻是在自己的部門。當市場上有足夠資源時，誰還需要內部競爭？

內部必須有整體性、對任務貫徹到底、堅持目標，才能建立雙贏的合作模式。贏輸競爭因為背地批評他人而盛行。若對某人有疑問，去和他們討論，解決它，之後回到團隊裡。對立競爭對公司文化有不良的影響。

許多人只著重技巧、做法、程序上的品質，而忘了追求品質應是對管理角色的嶄新詮釋。所有偉大的突破都是因為能夠擺脫過去思考方式的羈絆，所以，用原有的「鏡片」看待既有的工作，勢必無法得到突破性的看法，唯有摘下「眼鏡」，才能看到不同的風貌。

管理與領導有何差異？管理是隔著「鏡片」看事物，領導則看著「鏡片」說：「這個參考標準正確嗎？」管理是在體制內運作並完成工作，領導則針對制度著手；領導處理的是大方向、前瞻性、目的、原則、團隊合作、建立企業文化以及培養部屬等，管理則著重於控制、後勤作業及效能；領導強調上層結構，管理則強調下層組織。但手不能對腳說：「我不需要你。」領導與管理都是不可或缺的。

很少人能夠將人力管理和技術管理等量齊觀。要如何才能培養將領導視為教練、後援主力的觀念？要如何才能排除憂慮、障礙、建立功能交叉的團隊精神和個人自我價值？人是設計者，創造了一切，自然是關鍵所在。

人們必須了解：生活是由原則和正常程序所管理。操縱他人的生活，威脅到他人的飯碗，勢必使情感帳戶產生赤字。公司必須削減成本以維持競爭力，最好能依循正常管道，否則情感帳戶定會透支，一旦憂慮感滲入公司文化，員工都會產生危機意識。

一家大公司的執行副總裁曾說：「我這輩子有兩次受到驚嚇的經驗，一次是在硫磺島搶灘時，看到第一波攻勢中有三分之二的人倒在我面前。」

「那第二次呢？」我問。

「今天早上來上班時。」

「怎麼回事？」

他說：「不知道上司下一步會幹什麼？他已經裁員兩次，這讓我十分恐懼，我永遠無法釋懷，因為我無法知道什麼時候也會大禍臨頭。」

即使上司只是偶爾違反主要原則，但仍可能傷及他人。員工擔心上司不知何時又會發作，自然就會影響到人際關係。

充分授權

管理的工作就是授權，授權簡單說就是：「給人魚吃，他可以過一天；教人釣魚，他可以過一輩子。」教部屬原則時，其實就是授權他們管理自己，他們會有責任感。主管賦與屬下運作的原則、可運用的資源、用以評估的雙贏協議標準、努力的目標和獎勵。當主管充分授權時，自己的觀念和角色也跟著改變，不再控制部屬，而由他們自行管理，主管只須扮演輔導的角色。

想要影響部屬並充分授權，首先就要了解他們是否擁有尚未發揮的潛力，了解他們的目的、觀點、語言、考量、客戶、老闆。別做任何有損關係的蠢事，保持信任，授權給部屬，可以增加控制範圍，減少固定支出以及不必要的作業。

授權需要豐富心智，認為每個人都有應得的一份，而且付出的愈多、回收的也愈多。看到他人的成功會感到受威脅的人，將每個人都視為對手，這些人的心智貧乏，難與他人分享權力、利益和聲望。

四、組織的生產力。積極的領導來自於能夠認識自己不是制度的產物，不是環境的產物；制度與環境雖然有其影響力，但我們仍能選擇回應的方式。主動積極的態度是真正領導能力的精髓，每位偉大的領導者，都具備主動積極的力量與前瞻性，一種「我不是生活中各種條件的奴隸，而是自己的價值觀、態度與行為的產物」的觀念。

戴明一再強調，追求品質應從組織最上層主管開始。組織的領導人應主動參與這個過程，確使追求品質的思維植入每位成員的心中。他認為品質危機較技術危機更為重要，解決之道則在於採納新思維，重新詮釋角色功能，徹底改變管理運作。品質不只是將事情做得更好，而是以不同的方式做事。

組織不斷改進的要訣在於：依據利害關係人提供的資訊去解決問題。多數公司用的大多是財務資料和分析，但美、日等國最好的公司，不斷地向利害關係人蒐集資訊，全神貫注去聆聽，並據之以找尋解決之道，所以這些公司都能持續成長。如果組織依據的思維只是一時興起制定的，並未制度化，要追求全面品質提升，就還有一段遙遠的路。

財務會計分析一向依循下列步驟：蒐集資訊、分析、制定目標、辨識、選擇並評估可行方案、做決策、執行決策、研析成果、重新蒐集資訊。在人力資源會計制度中，通常只有蒐集資料一個步驟，很少人知道如何分析資料，更別提以此分析目標和問題的優先順序、行動規劃，以及評估目標是否達成的各項衡量標準。

同心協力

多數公司並未建立所謂利害關係人資訊制度。管理者偶爾會做些調查、蒐集資料，但如果無法徹底革新，只會徒使員工期望幻滅，下一次再想蒐集資料時，只會遭到員工的白眼，這些公司的品質就無法保持一定水準，只能視個別員工是否熱中於品質的改善而定。

管理者開始以利害關係人資訊去解決問題時，才能真正改善品質。許多公司甚至連蒐集資訊的工具都付之闕如。他們不運用人力資源的方式去解決問題，而是運用人際關係——善待員工，這基本上仍屬於仁慈專制的管理風格。所以員工無法真正信服，追求品質的提升成為公司的口號，而不是每位成員服膺的理念與價值觀。

寶僑公司（P&G）追求全面品質的方法是，了解客戶的需要和客戶的期望。這是首要條件，其他的每件事都奠基於此。下一步驟則是提供超出客戶預期的服務，以爭取競爭優勢，博得客戶的青睞。

我建議每一組織都發展利害關係人資訊制度，以股東、客戶、員工、社區、供應商、經銷商的需要和期望，做為蒐集資訊的基礎。

如果這個制度的執行有系統、講究科學方法、不具名、有彈性，就能和財務制度一樣正確且客觀，主管就能很快了解公司與供應商、客戶的進展情形。我認為在未來數年內，公司若仍無法將這個制度系統化和科學化，並據以解決問題，可能在競爭上會遭遇挫折。

我建議每一公司與客戶和供應商建立同心協力的關係。在需要合作關係的時候，應先把「競爭」暫擱一旁。

若情況需要團隊合作，就必須盡力排拒競爭，同心協力，對於肯合作、提倡團隊精神、提供智慧的人，應該給予獎勵。包容觀念上的差異是非常有力的，尤其是當彼此尊重個人在知覺、感情、意見和背景上的不同時，更是如此。

生活中同心協力的範例太少，真能如此做的人也不多。有人認為同心協力是一種消極的合作或妥協；有的人則從沒碰過具有這種精神的人，從未在這種環境中待過。對於供應商和客戶，他們從未建立起同心協力的夥伴關係，所以儘管有心嘗試，仍無法達成全面品質要求。

全面性的理念

追求全面品質，是種全面的理念，在四個層次上不斷改善的全面思維。這是井然有序的，若個人無法達到目標，整個組織也無法辦到；員工不求改善，當然不能期望公司有所改善。制度可以改善，但如何讓組織內的成員，為改進制度而付出？員工必須要先成長，才能進行溝通，解決問題並改進制度。

追求品質應服膺以原則為重心的理念，它是最佳的觀念。我們相信追求品質的根源與精髓，在於認同客戶的動機和購買習性，所以相關理論一再強調人性面，而非技術面。

客戶和其他利害關係人的反應，支配一切事情的運作。追求品質的關鍵即在於聆聽利害關係人的意見，先求了解別人，再求讓人了解。

個人與組織何以未能不斷改進？

一、**受創仍不夠深**。「黑色星期一」紐約股市崩盤，的確震撼了大家，但我們仍是不知死活。在十年內，如果現狀不變的話，我們將無法控制整個經濟情勢，反而會被左右，隨著情況逐漸惡化。美國企業被另一更高等的新企業所兼併，是可預期的。因執著於追求品質的理念，使得日本公司的生產力高出美國兩倍，在一些基礎研究上也遙遙領先。

二、**不願改變生活方式**。追求全面品質最後將造成生活型態的改變，但我們希望得到的，只是一種計畫或只是生產線末端的某種控制，而不是過程中員工品質的改進。我們一直不願面對幾個難題：如何訓練員工？如何雇用員工？如何形成公司文化？

三、許多很好的公司也只是將追求品質視為一種計畫、一個部門的業務。並未與組織結構、制度和風格相整合。

追求全面品質是導源於永恆的原則：

- 信任、希望、謙恭。
- 工作、勤勉、研究、試驗。
- 持久、一致、可預測性。
- 不斷改進。
- 以實際評估和心理辨認所得的回饋。
- 人性關係中的美德與真理。

沒有根就沒有果實。沒有這些支配的原則，光有方法和技巧，無法造就高品質的產品、服務或人際關係。追求品質可使個人或組織具有長期競爭優勢，這個理念一旦深入個人人格和組織文化，任何人都無法抄襲。

26

提升篇

追求全面品質 2

從原則領導出發

一般人認為美國公司生存與成功的關鍵在於品質，所以企業不論大小，不論製造業或服務業，正興起一股追求全面品質的運動。不管採用的方式是否有程度上的差異，追求品質的過程與原則，絕不能只是五分鐘熱度，或頭痛醫頭，腳痛醫腳的特效藥而已。追求品質的理念是本世紀管理理論與實務上最深奧、最全面的變革，但各公司改善品質的努力大都失敗了，根本談不上絕對的成功。在追求品質的路途上，主管、工頭和藍領工人之間，互相譏諷卻又很沮喪。

問題出在哪裡？對許多公司而言，這是由於基礎不穩固。解決的辦法是什麼呢？依我的經驗，以原則為重心的領導乃是追求品質的不二法門。

原則領導和《與成功有約》的七大習慣，為何能使公司達成追求品質的目標？這其中並沒有訣竅，只要能夠確實執行戴明所提到的基本原則，各公司或組織都可辦得到。

領導才能與人性典範

領導才能和人是追求品質運動中的基本要素，卻往往被疏忽了。公司主管一向著重在追求品質的枝節上，例如統計上的程序管制，卻忘了根本要素——領導才能和人。

有哪些追求品質的公司，會把注意力集中到下列技術性項目上？

- 自動化
- 勤奮工作
- 讓員工負責
- 工作標準
- 零缺點
- 品管圈
- 賞罰制度
- 新機器
- 最大努力
- 目標管理
- 獎金制度
- 存貨控制
- 規格控制
- 統計應用

戴明說：「錯了，大錯特錯！」以上這些都不是全面品質。而如果前述項目都無法代表追求品質的要素，什麼才是？

當然上列有些因素對追求品質確有幫助（有的卻有害），但絕對無法保證追求品質能成功。於此，對追求品質和如何藉由原則領導來達成，可以有基本的認識。戴明認為追求品質的理念存在個人心中，每個人都是品質的代言人。所以對生產線工人而言，品質就是技藝純熟而產生的驕傲；對股東而言，品質就是增加利潤；對客戶而言，品質就是價廉物美而又耐用的產品。

但最後，品質還是要由客戶來決定。老闆、管理人、工人和供應商等，如果忽略客戶對品質的判斷，勢必無法倖存。所以，所有追求品質的動作必須以客戶為導向，客戶的荷包是判斷品質好壞的絕佳指標。

但要如何達成客戶所要求的品質？戴明認為，品質其實決定於追求品質的過程。而在這個過程中的兩項基本要素——「領導才能」與「人」，二者要能發生作用的話，必須借助原則領導所提供的原則和應用工具。

改變管理方式

戴明最主要的目的是，力挽西方產業界衰退的狂瀾，並使美國公司重獲全球競爭優勢，其中最基本的便是，改變西方的管理風格，而首要的改變又是什麼呢？戴明說：「西方管理的工作並非監督，而是領導；改變西方管理方式，亦即要求管理者提升為領導者。」

戴明在所著《轉危為安》（*Out of the Crisis*）一書中提到：「本書主要談論領導才能，幾乎每頁都提到一項好的領導才能，或舉出一個正反面的例子。」他所提及的「十四要點」（見三四二頁），全部和領導才能相關，目的就在架構「美國產業改造的基礎」，以及提供評估的標準。

追求品質的宗旨在於：為消費者提供符合期望並不斷改進的產品與服務、提高其價值（經由消費者的判斷）、為其他利害關係人製造工作與利益。原則領導的宗旨則是授權部屬，加強組織的能力，以達成有意義的目標，增加員工產能；所以，它涵蓋的內容遠較追求品質一事來得廣泛。原則領導運用到追求品質的理論與方法上時，可使企業達成追求品質的目標。當原則領導在組織中與追求品質相結合時，便已奠定成功的基礎。

原則領導的理念也可應用到個人和家庭等人際關係上，以達成關愛、和平、和諧、合作、諒解、承諾、創意等有價值的目標，並使每位成員在人際與管理關係中更具成效。

戴明所謂力挽西方產業衰退狂瀾的基本改變為何？就是管理必須徹底改造。唯有改變管理上的態度、固定模式、基礎思維，追求品質的目標才能實現。這裡的重點是：管理階層如何看待自己所扮演的角色，以及對部屬、客戶及供應商等所有利害關係人間的關係。

管理必須徹底改造

現行的美式管理與領導風格，就是將人看成物，亦即「商品」，給他們一天的工資，他們就回報你一天的工作。持人性關係和人力資源理論的人認為，若能待部屬以禮，並偶爾詢問部屬的意見，部屬就能更全心地投入，因而也會改善生產量。

對於挖掘「人」的潛能，美式管理一向是虛應故事。「未能善用人才是美式管理最浪費的地方，」戴明惋惜地說。所以美式管理的第一項革新要務，就是針對人的內在尊嚴與價值，亦即人類之所以發揮潛力的「內在動機」，予以新的評價。

管理應盡可能賦與部屬權力，排除困難障礙，以免部屬願意貢獻的熱誠冷卻，創造力和服務品質受阻。從工作中得到樂趣與驕傲是天經地義的事，但管理上的做法卻往往成了絆腳石。

要達成追求品質的目標，管理者必須搖身變為領導者，激發部屬最大的能力以貢獻心力、巧思、創意、注重工作環境與過程中的每一細節。換言之，管理者必須升格為授權的領導者。

革新的基礎

戴明追求全面品質的理論雖然說明了要「做什麼」，也多少解釋了為何要如此做，但缺少「如何去做」的討論。原則領導恰好能彌補他的不足：如何將被動、以控制為導向的管理方式，轉變為主動、以授權為導向的領導風格。

戴明的「十四要點」當然不僅是達成全面品質目標的檢查項目表而已。這些項目涵蓋範圍廣泛，而且彼此相關，但仍保持整體性。在應用上，應視為互有關連的思維和過程。完整的管理與領導架構，可激勵組織成員發揮最大潛力，提供高品質的產品與服務。

《與成功有約》的七大習慣是原則領導的關鍵因素，也是促使有效互動的永恆和根本的原則。這些不是解決個人管理與人際關係問題的特效藥，而是根本解決之道。若能持之以恆，那麼個人修養、人際關係和組織，都能徹底改造。

七大習慣和十四要點相同之處就是涵蓋範圍廣泛、彼此相關、有整體性，而且有先後次序。彼此相輔相成，為成功的人際關係和有效組織的運作，提供一個務實、有凝聚力的基礎。

原則領導包含了七大習慣和其他有關的根本原則。因為原則領導強調根本的原則和應用過程，自然能孕育思想上和個性上深刻的改變。唯有組織內的個人，先從內到外改變自己，組織才可能產生深刻、持久的文化革新（例如對追求全面品質的承諾）。不但個人改變要先於組織改變，個人品質的提升也要先於組織品質的提升。

若技巧訓練只側重方法和技術，個人私下的看法和思維便很難改變。而當上司仍認為必須經常監督、控制屬下，否則將會生產出劣質產品，或賦與員工太多權力會威脅到自己的工作時，培養團隊的溝通技巧課程，也不會有何成效。

如果上司改變思維，認為員工有能力和意願為追求品質貢獻心力，那麼授權將使上司的整體工作更為有效。運用以原則為重心的授權方法，上司便能輔助員工發揮潛能。在充滿信任的統合體系和結構內運用這些思維，溝通技巧的學習才能獲得長期效果。

將七大習慣和有關原則深植人心，就能夠改變個人和組織。而這種改變正是達成追求品質目標的關鍵，對許多人而言，這一關鍵早已被遺忘了。

27

提升篇

追求全面品質3
運用七大習慣

許多管理者都忘了追求品質的一項重要原則：除非繼續改善人際關係，否則無法改進彼此相關的制度和程序。

依循《與成功有約》的七大習慣，使公司上下相互依賴，藉由溝通、合作、同心協力、創造力、過程改進、革新和追求品質，使工作能夠更有效地運作。打破部門間的藩籬，培養與供應商的關係，讓每一位成員為品質革新貢獻心力，培育領導才能，不斷改進與創新，預先設想客戶的需求。以上種種有效的人際交往成果，是追求品質運動最基本的要求。

戴明認為，缺少理論說明和預測的原始資料是無意義的。統計分析的目的在於協助管理者發展理論，以了解、預測並控制追求品質的大敵——變動因素。

管理階層的主要目標是：讓所有體系穩定運作，並正確預測結果。在穩定、可預測狀態下，我們就可控制並改善流程，將變動因素減至最少。統計分析是了解、預測並減少制度中變動因素的基本工具。組成企業體制和交易過程的要素中，哪一項最為重要，同時又最易變動、不穩定，且不可預測？答案當然是「人」。

人是獨一無二的，深受文化背景的束縛，是感情的動物，行為或是工作表現常常受到心情、他人行為和環境因素等的影響。於是每個人的表現都不一樣，每一天的表現也各不相同。

制度都是由人所設計、發展和控制。戴明說過九〇%以上的變動問題，都是體系造成的，與個人無關。人愈不穩定，愈容易受制於變動、不可預測的因素，他們所設計執行的制度，同樣會顯得不穩定，容易受到影響。穩定員工的表現、讓員工的行為更為一致、可預測，管理階層所付出的努力將獲得雙倍效果，不但產品品質大為改善，制度和過程也會變得更穩定、更符合常軌。戴明認為，我們應多了解員工彼此間的交流、工作、學習，以及內在和外在的動機。

將原則領導運用於追求品質的最大好處是：得到授權的員工在個人表現上，將更受內在動機驅使、更為一致、更易於改進。此外，還能協助設計、執行工作，監督更具穩定性的程序和系統，使其與品質目標和組織的策略方向和諧共存。員工的行為和彼此的互動，經由積極應用和七大習慣相關的淬鍊過程後，不再是自身情緒和他人行為的產物，而是根據穩定不變的原則所做的承諾。

戴明的十四要點

戴明在《轉危為安》一書中提到的十四要點如下：

一、（一）要求不斷改善產品與服務，以保持競爭力，不被產業淘汰，並且提供工作機會。

（二）以文字制定公司的目標與宗旨，告知員工。管理階層必須經常表現出對實現這個使命的決心。

二、全公司從上到下採取新理念。面對新經濟時代挑戰的管理人應該覺醒，要認清自己的責任，為革新挑起領導的重擔。

三、（一）不再依賴監督以達成追求品質的目標。將品質觀念融入生產過程中，不再處處監督。

（二）了解監督的目的是在改善運作過程和降低成本。

四、停止價格競爭，使整體成本降至最低。所有產品應在建立長期信任關係的基礎下，朝唯一供應商之途邁進。

五、經常且持久地改進生產與服務的制度，以改善品質和生產力，並降低成本。

六、進行在職訓練，培養新進人員技能，協助管理階層了解組織的運作過程。

七、教導並塑造領導風格。監督管理階層和生產線員工，協助人和機器發揮更高的工作成效。

八、去除恐懼，以增加每位成員的產能；創造互信，醞釀創新的氣氛。

九、(一)打破部門間的隔閡。
(二)靠團隊努力使公司的目標和宗旨，達到盡善盡美。
十、揚棄生產線上的口號、說教和生產目標。
十一、(一)揚棄數字性的生產目標和配額，學習並制定改善的方法。
(二)揚棄目標式管理，強調運作過程的重要性，並學習改善。
十二、排除影響員工成就感的障礙，揚棄年度的評等或獎賞制度。
十三、為每位成員制定嚴格的自我教育和改進計畫。
十四、制定行動綱領，讓每位成員為達成目標而努力。

以下將分析把七大習慣應用到戴明的十四要點及其他相關的原則上，會是什麼情形。

七大習慣的運用

習慣一、主動積極：自知之明的原則，具前瞻性和責任感。

採取主動，不只是積極或有自己的主張，而要以自己的原則為基礎，制定步驟，回應外來的刺激。採取主動的人認為，基因、文化或環境等因素，無法控制自己或組織。採取主動的個人和組織應有自知之明，為自己的行為負責，不推諉過失，在自己影響範圍內不斷努力，改變並培養自己的能力，以便更能影響他人。他們發揮自己的想像力，捨棄過去的行為模式，決定自己的命運，朝自己的目標邁進。他們願意接受挑戰，幫助他人朝同樣的目標努力。

戴明也察覺到現行管理上的缺失，他說：「今天多數管理者都很被動，只會將手擺在熱爐子上；太燙，就急著抽手，貓也會這麼做。」主動積極是以原則和價值觀為基礎，所形成的一種做決策與行動的習慣，幾乎可將十四要點完全包含在內。戴明的第一要點「為同一目標努力」、第二要點「在組織內採用新的理念」、第三要點「決心改變監督的過程」、第四要點「培養與供應商的新關係」，以及第五要點「不斷的改進」，這些都需要具備主動的領導才能。

運用工作上的機會和結果，打破部門間的隔閡（第九要點），去除憂慮恐懼（第八要點）。如果主管和員工都能為自己的行為負責，不相互諉過，並依循原則行事的話，每位成員將為達成目標而努力（第十四要點）。進取心、創造力、改進的建議以及行動方案，將自個人與組織中泉湧而出。

習慣二、以終為始：領導才能與使命感的原則。

領導著重的是人，而非物；著重的是長期，而非短期；著重培養關係，而非添購設備；著重價值觀與原則，而非行動；著重使命、宗旨與方向，而非方法、技巧與速度。制定個人和組織的使命宣言，藉由特殊的安排以獲得最大成效，是運用這原則的關鍵。

戴明之後將第一要點：「為改善產品與服務品質的目標不斷努力。」改寫為：「將公司的目標與宗旨印成書面說明，讓所有員工都知道。管理階層應該明確表示對目標與宗旨的執著。」

協助過數以千計的企業和個人制定使命宣言後，我們也了解到個人與企業在許下承諾、闡明願景與宗旨時所具備的巨大能力。但這一切唯有在發展運用時，恪遵原則和程序才能達成，否則使命宣言將徒具形式，成為笑話，成為每日策略行動最高指導原則的反面示範。

許多人發現，制定個人使命宣言的過程，使個人生活產生重大影響。不是因為文件本身，而是制定過程使它具有影響力。

採用新的理念（戴明第二要點），運用並且培養領導才能（第七要點）、去除恐懼（第八要點）、揚棄口號（第十要點）、揚棄數字性的生產目標和配額（第十一要點）、讓每位成員為達成目標而努力（第十四要點），這一些都需要具備領導才能和向共同目標努力的承諾。若組織與成員積極參與，並了解各自的價值觀、需要、使命和願景，以及彼此重疊的部分，則承諾、創造力、創新、授權和品質等特質，定能在個人與組織的身上活躍起來。

習慣三、要事第一：依據角色和目標，管理時間並分出優先順序。

個人和組織配合價值觀和原則積極參與（習慣一），之後，辨識並說明那些價值觀和原則，再搭配應用習慣三，開始將之付諸實現。多數人和組織都會將自己的行程，訂出優先順序，以便管理時間。在制定優先順序時，若能配合角色和目標，並依據個人和組織使命的評估，將能獲致更大的成效。習慣三就是執行行動計畫，以達成目標的原則。

區分優先順序的重要性

當部屬學會決定並安排優先順序，在追求個人和組織目標上會更具成效。組織能更強化追求品質的過程、高水準的產品與服務，以及活動的優先次序。

戴明認為，創造目標一致性（第一要點），勢將產生長短期優先次序的問題。他說：「躲在目前盤根錯節的問題中，是最容易不過了。」採用新理念（第二要點），讓每位成員為達成目標而努力（第十四要點），都需要改變和行動。不斷改進生產與服務的制度（第五要點），也需要以要事為先的管理原則和行動方案。確實執行這個習慣，將能使戴明的統計過程控制和變動分析的原則，與追求品質和原則領導的其他原則，更有效地結合在一起。

習慣四、雙贏思維：尋找共同利益的原則。

這原則是戴明十四要點和追求品質理論中的基本架構。他在他的「毀滅力量」（Forces of Destruction）論述中，討論在學校、運動場、家庭、政界、商圈和教育界中，一心以贏輸為念的競爭現象（而非合作），到處可見。

在任何互相依賴的關係中，雙贏觀念是獲取長期效能的基礎。需要有豐富心智、相信資源足夠所有人分享，樂於接受他人的成功，了解到任何關係都應追求所有人的利益。戴明認為社會上的競爭、「非贏即輸」的思維，是美式管理的漏洞。他主張所有利害關係人，甚至與對手之間，應培養雙贏的默契。

這些原則通常透過個人和組織之間的雙贏協議來實現。企業中任何利害關係人的組合，都能由溝通和信任，發展成雙贏協議。

建立品質口碑，以揚棄監管的心態（第三要點），朝單一供應商邁進（第四要點），不斷改進制度（第五要點），實施在職訓練（第六要點），去除恐懼（第八要點），打破部門間的隔閡（第九要點），揚棄數字式的目標管理和配額（第十一要點），排除影響部屬成就感的障礙（第十二要點），這些要點都需要「朝雙贏方向思考」的原則、運作過程和應用方法。

在戴明的效能原則中，不同利害關係人之間的雙贏協議，是實現目標的有力工具。

先了解他人

習慣五、知彼解己：認同他人情感的原則。

在被人了解前，真心嘗試先了解他人，可說是最強而有力的人性互動原則。所有人際問題幾乎全肇因於無法了解對方；而無法從他人的觀點和心態來看這個世界，只會使得雙方的歧見加深。我們經常誤解對方，質疑對方的動機與觀點，自我色彩濃厚，毫不客氣地堅持自己的觀點，捍衛自己的立場，攻擊相左的意見與判斷。我們聆聽別人的目的，只是想伺機反擊，而不是試圖了解。

認同他人情感之後，不但可以了解他人的需要和觀點，對方也會了解你。認同式的溝通方法是：雙方真誠地分享語言、觀念和資訊，情感與感受。從小就有人告訴我們，花點時間、用點情感去了解別人，不妄加判斷，不防備也不挑釁。事實卻並非如此，這些惡習極難捨棄。先了解他人的新思維，是追求最高品質的不二法門。

習慣五運用了所謂「利害關係人資訊制度」。藉由這個制度，管理者可蒐集傳統財務報告制度無法得到的資料，並予以詮釋。戴明所稱，經營企業最應該了解的「未知與無法得知」的數字，也就變得更為具體。

十四點中的每一點都取決於：是否有能力了解並詮釋人際互動，以及員工與其成長的制度。部屬與主管、公司與供應商、客戶與企業這三者之間的有效溝通，是追求品質的先決條件。

企業該如何堅持目標，改進產品與服務？如果各階層之間經常無法清楚的溝通，企業如何能革新產品與服務？除非能先了解市場？如何能激勵他們採用新理念，或使每位成員為達成改變的目標而努力？如果溝通不良，員工不了解新理念或不信任新轉變，應該怎麼辦？

如何能排除影響員工成就感的障礙，或揚棄數字生產目標與配額，或揚棄口號與說教，甚至打破部門間多年來的隔閡？這一切都需要溝通清楚。

唯有透過真誠、正確、雙向的溝通，去了解對方的感受，關係密切的雙方才能徹底理解到：發生什麼事？為何自己可以受益？因此而產生的責任和機會又是什麼？採用並塑造領導風格（第七要點），不斷改進（第五要點），進行訓練（第六要點），這也都需要各階層間相互諒解，並有效溝通。

領導才能和人是雙重的基石，是追求品質的基礎思維，需要所有層面的認同溝通。然而光靠溝通技巧是不夠的，因此習慣五必須具備認同的溝通。但是，要在前四項習慣都發展成熟之後，個人與組織內的溝通，才能夠達到最大效果，之後，方可完成追求全面品質的目標。

統合綜效的力量

習慣六，統合綜效：創造性團隊合作的原則。

藉由授權管理風格和輔助性體制所培養的統合綜效的精神，正應驗了「團結力量大」的俗諺。在互信與溝通良好的環境中，員工統合綜效所表現的創新和改進的力量，遠超出個別力量的總合。

部屬和管理者以雙贏的精神共事，以認同感來溝通，展現信賴感，營造互信的關係，其成果凝聚為同心協力合作，隨之而來的是全面品質：不斷的改進和創新。

十四要點中提到種種問題，諸如克服「致命的要害」、超越「障礙」、抵抗「毀滅的力量」等，大家相互扶持比個別行動還更能得到令人滿意、更明確的答案。藉由這種解決問題的方式，長短期的棘手問題均能在一致目標下迎刃而解，新的市場分析、設計和生產過程，又可取代監督，達成追求品質的目標。與供應商建立新關係，包括雙方同意的雙贏協議，這都需要同心協力才能竟其功。

除了具創造性、以團結為念的領導外，企業如何改善生產與服務的制度？化阻力為助力，研擬出最合適的訓練計畫，以發揮部屬的能力，都有賴於團隊合作。要去除恐懼（第八要點），必須雙方互信，而互信來自於統合綜效的互動。如果績效評估變成統合綜效式的指導，以及傳授解決問題的經驗，而不是批判、點名叫罵的話，信任就會取代憂慮與懷疑，開啟更多創意和共同努力的契機。如果部門之間的障礙能為交叉功能的合作和溝通所取代，統合綜效便能成為激勵、協調和效能的催化劑。

不斷改進的學習型組織

習慣七、不斷更新：不斷改進的原則。

個人和組織都有四項基本需要：一、實質或經濟性；二、知識或心理性；三、社會或情感性；四、精神或整體性。個人和組織不斷培養、擴充這四方面的能力，並精益求精，是達成其他方面永久性改進的關鍵。原則領導即強調個人和組織如何培養能力，以滿足這些需求。不斷學習、成長、培養新能力，並加強原有能力，這些都是成功運用其他原則的必要工具。習慣七是使其他六大習慣發揮最大效果的原則。

習慣七運用到組織層次時，會產生如麻省理工學院教授彼得・聖吉（Peter Senge）所稱的「學習型組織」。抱持這樣的原則和運作過程，組織本身將逐漸改善，增加各方面的能力。

戴明第五要點提到：「持續改善生產和服務的體制」，與這個習慣的要求不謀而合。習慣七其實涵蓋了如何執行此一改善過程的所有因素。進行在職訓練（第六要點）和習慣七的應用，可使員工的生產量保持穩定；以原則領導的每一因素，也都會使員工表現維持一定水準。戴明要求訂定嚴格的教育和自我改進的計畫，其實就是習慣七的應用。

在培養追求品質的同時，實踐以原則為重心的領導，其成效具有示範性，並且有實質作用。原則領導使追求品質的工作，得以運作。對領導才能的挑戰包括：激發員工付出全部心力、持續的忠誠、創造力、卓越的生產力、貢獻最大的潛能、完成組織的使命，這是追求品質所做的要求，也是原則領導的成果。

28

提升篇

徹底改造組織

想像中的沼澤會是什麼樣子？黝暗陰鬱，混沌初開，遍地汙泥、雜草和流沙，蚊蚋叢生，鱷魚、蜘蛛、毒蛇和一些惡形惡狀的動物橫行，一灘死水，黴菌、苔蘚四處繁殖，氣味令人作嘔，滿布腐爛的植物，成為病菌滋生的溫床。

再想像這一片陰暗的沼澤地，慢慢轉變為生意盎然的綠洲，又是怎樣的情景？沼澤內的臭水被新鮮的清水沖走，水質就逐漸淨化，臭味也消失了，植物又欣欣向榮，花朵、果實的芬芳氣味，讓人倍感滿足，森林湖泊、偶爾穿梭而過的飛禽走獸，構成了一幅美麗的圖畫。

「醜小鴨終於成了天鵝」。綠洲內到處是蔭涼的樹影，水質清淨，甚至可以啜飲，這裡已變成了休閒、工作和社交的好地方。美麗、可愛、吸引人、讓人迷戀、壯觀、華麗等形容詞，亦不足以描摹這樣的景象。

轉變自己的處境

沼澤的惡劣處境，是否可能轉變成令人心怡的綠洲？該怎麼做？其實只要幾個小小的轉變，就能獲致這樣的成果。

首先，我們應將組織看成是農場，而不是學校。自然法則和永恆原則，應該是我們強調的重點。

除非能建立以原則為基礎的人格和人際關係，否則便無法將明爭暗鬥的沼澤環境轉變為全面品質的文化，也將缺乏追求品質和其他改革工作的基礎。

如果能將建立在敵視、法制、爭鬥和保護主義基礎上的沼澤式組織文化，轉變成建立在自然法則基礎上的綠洲文化，收穫必然相當豐碩。影響圈的擴大和部屬天賦的發揮，可使你省下巨額經費。但要怎麼做呢？

基本上，要先建立內在安全感，讓組織可以靈活地面對市場狀況。內在安全感愈低，對外反應的能力也愈差。必須有某種程度的安全感，相信處境不會任意移轉，有某種可預測性。想要從組織結構與制度中獲得安全感，只會造成官僚制度，使得組織僵化，對於市場的快速變動無法迅速回應。

除非心裡感到很實在，否則人是不會產生真心改變的念頭；安全感若在外界，便會視改變為威脅。我們無法在不安定的狀態下長久生存，那就像每天都發生地震，於是我們制定了結構、制度、規則與法律等穩定、可預測的事物。但規則與法律阻斷新鮮水流（即新觀念）的進入，傷害組織適應的能力，沼澤又會再度成形，湖水停滯，我們又聞到了惡臭。如果對手陷入同樣的泥淖中，生存尚不成問題，但要是新對手挾帶新文化席捲而來——即高度信任、團隊合作、勤勉工作、對品質與創新的執著，這時我們也必須改變，將這些特質灌輸到自己文化中，但是基礎已不在了，我們還是陷在沼澤裡。

部屬開始明爭暗鬥，認為薪酬制度不公平時，會產生什麼情景？一片要求改革的呼聲——組成工會、尋求社會立法、聯合抵抗。這些措施代表要求歸屬和被接受的社會性需求，以及發揮創造天賦、擁有目標的心理性需求；但通常官僚式的作風仍然支配著整個組織，員工則樂得在一旁看好戲。許多授權方案行不通的道理也就在此。

這種文化會造成惡性循環，而不能獨立的人是不能被授權的，這就是為什麼大多數這類授權無法成功的原因。員工可以裝出一副獨立的樣子，事實上卻茫然無緒，一旦方向錯誤，主管就收回權力，再度運用高壓懷柔的手段。過去成功的老方法，不見得適用於新的挑戰，在當今世界，沉溺於過去的成功是最嚴重的錯誤。

重視原則的人際關係

以原則為重心的人在人際關係上也重視原則，即使面對熱中官僚作風的人也一樣。與以原則為重心的人在一起，自然會感受到他那股正直。喜歡搞官僚作風的人不是被感化，就是趕緊避開；尤其是以原則為重心的人在暗中發揮潛移默化的功能時，更使他們無法忍受。而熱中官僚作風的人受到感化或避開後，組織文化也就從沼澤慢慢轉變為綠洲。

以原則為重心的領導人，規劃一幅共同願景、一套原則，並致力減輕阻力，管理者則旨在增加助力。助力的增加（組織財務和人力資源的增長），可以產生短期的改善效果，但這些改善成果會造成緊張關係，一旦關係破裂又會形成新問題，需要新的助力。員工表現會受到影響，在組織顯現疲態、自相矛盾時，他們的表現甚至會一落千丈。充滿衝勁的管理方式，會落得成為窮於應付危機的管理方式。許多緊急的問題接踵而來，耗費員工所有的精力，只為應付每天的突發狀況。

「希望源源不絕」，只要有新的創意，永遠都有新希望。

追求全面品質的綠洲，代表著希望的狀態。品質創意以不斷改進為基礎，這不只是產品和過程，也包括不斷創新，在客戶要求以前，就預期到他們的需要。這必須超越滿足感，凝聚最大的忠誠度。

戴明的觀念在二次大戰後的日本終於開花結果，他教導日本如何改善他們的文化：戰後日本一片蕭條，除了人力資源外，只有少數資源，但他們很快就在一片廢墟中學到教訓：生存與繁榮的唯一途徑，就是勤奮工作，並且團結一致。學校和公司在人力資源上大量投資，相互扶持，成為最優秀的社會楷模。

在依賴性的文化裡，也可能有經濟轉變的情形，但那並非是主要的轉變，不是組織管理上所發生的那種基本蛻變。大多數企業要等到嚴重受損之後，才願意認真看待這項訊息。而今，幾乎每種主要產業都受到打擊，每個主要企業也因而都在進行改造。

領導的轉型

這幾年極受兒童歡迎的玩具之一就是「組合玩具」。這種色彩繽紛的玩具，其實是二合一的玩具，它們能像變色龍一樣，轉變成別種造型，只要改變幾個組件，機器人就變成了噴射機。

「組合玩具」的觀點在商界也很受歡迎，在管理雜誌上幾乎到處可見。《二〇〇〇年大趨勢》（*Megatrends 2000*）一書的作者約翰．奈思比（John Naisbitt）說：「我們必須創新，這是生死存亡的關頭。」

這世界確實在劇變。任何細心的觀察家都將注意到產業界正在進行的轉型。作家弗格生（Marilyn Ferguson）將此描述為令人驚慄、不能回頭、嶄新的心志：「許多人意識上的轉變，強烈得足以造成文化的急劇變動。」

這種變動非常快速、深奧，幾乎使觀察家瞠目結舌。據報導，未來數年的變化將更為驚人，但有些人卻早已忘了過去的教訓，就像魚最後才察覺水的存在，他們無法了解最明顯易知的事，無法察覺過去與現在、現在與未來之間的差異。

我認為這些革命性的變化，會改變許多公司營運的方式。跟不上變動腳步的人和產品，很快就會遭到淘汰。

與時俱進

有些人認為淘汰是變動時代不可避免的結果，但積極主動的主管卻能把握時機，增加市場的占有率。訣竅在於首先辨明大勢所趨，然後跟著時代的腳步前進。

例如，《個人電腦》（*PC*）雜誌就曾報導說：微電腦將超越主機和迷你電腦，「改變電腦世界、電腦使用者，甚至社會本質和本世紀的生活。」

一般預估，到了本世紀末，每張辦公桌上都會有一部電腦，至少也會和電視一樣多。個人電腦將增加個人生產率達二〇%，主管也會開始更熱中地接觸這種機器。語音輸入資料將扮演更重要角色，使得每部電話都變成輸出入資料的電腦終端機。

有效能的主管注意到這個趨勢，並調整腳步；許多社會觀察家也紛紛討論這個「大趨勢」，讓人了解這個蛻變的劇烈程度。為簡化起見，我只討論經濟面、科技面和社會文化面的變動，並將這三方面的傳統與成形中的趨勢，加以比較。

這些成形中的趨勢影響範圍相當廣泛，在在需要組織的領導者調整腳步來配合。

表二　經濟、科技、社會文化面趨勢轉變

	傳統模式	成形中趨勢
經濟面	工業時代的規則	資訊時代的規則
	穩定的經濟	不確定的經濟
	穩定的市場與供應商	變動的市場與供應商
	生產線上生產	個人化的服務
	國內競爭	國際競爭
	靠體力	靠腦力
科技面	機械科技	電子科技
	可預測的科技創新（十年）	快速、不可預測的科技創新（十八個月）
社會文化面	接受專制階級性的角色	員工期望參與
	安定的男性員工	女性、少數團體、新生代員工
	出生率上升	出生率下降
	受外在因素驅使，重視物質價值	受內在因素驅使，重視生活品質
	背離主要社會經濟的價值	重新肯定主要社會經濟的價值

徹底變革

這些變動的含義是，管理的想法與做法必須大大改革，然而，許多企業和高階主管卻往往不能與時俱進。例如，當今社會重視民主政治與資本主義，但許多公司卻仍是一言堂，且仍實施封建制度。雖然社會已多元化，許多公司卻仍汲汲於塑造同質性。或許最基本的需求是要了解人的真正本質，現在，動機理論已經從胃（實質與經濟性）到心（良好的人際與對待關係），演變到意志（角色、天賦的發揮）和精神面（超越目標）。

從更寬廣的角度來看待人類本質，會使得管理者的角色從台上的英雄轉換成幕後的功臣，從發號施令者成為顧問、老師，從決策者成為釐清價值觀者。新式管理者不再逞口舌之利，而是深入了解；不再汲汲於維繫權勢，而是與人分享權力；從敵對的關係（贏輸），轉化為以共同利益為基礎的合作關係（雙贏）。

這種「典範轉移」的兩個極端分別是：外在的控制到內在的控制或付出；從虛假的人際關係到完全善用人性資源。

新領導者應學習理解每一狀況，採取對策。管理顧問布蘭查（Ken Blanchard）提出的「因時因地制宜的領導才能」，可說是新領導風格中的佼佼者。這一派理論認為，領導者應依據部屬的能力和成熟度，選擇對策；必須具備良好的判斷技巧，豐富的管理知識，有勇氣靈活運用最適當的方法。

個人改變先於組織改變

個人改變必須先於管理風格或組織改變，至少也要同時發生，否則表裡不一、三心二意，容易產生譏諷心理，造成不安定。生命中不是成長就是死亡，不是擴展就是停滯。

在未改變個人的習性之前，就試圖改變組織或管理風格，無異是在未學好基本動作前，就急著登場亮相。有些事情是有先後次序的，一定要先會爬，才會走；先會走，才會跑。不改變自己的生活習性，是無法改變管理風格的。

心理學家詹姆斯認為，要改變個人習性，首先要願意真心地付出代價；第二，掌握機會運用新的做法與技巧；第三，在養成新習性之前，不可藉故原諒自己。

不論是個人或組織的改變，都會有風險。由於有風險以及害怕失敗，許多人都排斥改變。在變動環境中適應良好的人，通常本身就具有一套永恆的價值觀，而且行為上亦不踰矩。言行一致增強他們的自尊，並使他們具備安全感，能夠面對變動時代的挑戰。

跟得上時代腳步的公司，通常擁有競爭上的優勢，而這些正巧都是那些年輕的、創造趨勢的公司。

雖然美國鋼鐵公司和通用汽車公司等大企業，無法以相同的方式轉變，但正如約翰・奈思比所言，所有公司都必須有所行動、重新改造。那些隨興做改變，或是活在傳統中的公司，將會發現自己正面臨生死存亡的關頭。

兩種領導才能

轉換型領導（transformational leadership）有別於交易型領導（transactional leadership），前者指的是，改變個人個別世界的事實，以更接近自己的價值觀和理想；後者則強調與變動事實有效互動。前者重視上層結構，以原則為重心；後者則重視下層結構，以單一事件為念。我們將在最後詳加比較這兩種領導方式。

而顯然這兩種領導方式都有其必要性；但只有轉換型領導提供參考架構，是規範互動行為準繩。主管如果不清楚需要何種類型的轉變，很容易就會將時間浪費在社會和政治事務上。

轉換型領導就是要徹底改變部屬和組織、改變心志、擴展前瞻性、洞察力、釐清目標，使行為與信念、原則或價值觀相互配合，引發具備永恆價值和無窮活力的變革。

我相信，任何人在任何組織中，任何狀況下，都可擔當變動的催化劑、做個轉變者。

就像是引導發酵的酵母菌，做一個獨領風騷的領導人需要具備前瞻性、耐性、尊重、持久、勇氣和信念。

轉換型領導的特質

- 以追求意義為基礎。
- 執著於宗旨、價值、道德、倫理。
- 超越每日瑣碎事務。
- 在不危害人性價值與原則下，努力達成長期目標。
- 不將病因與症狀混為一談，能防患於未然。
- 視利潤為成長的基礎。
- 主動積極、有耐性、擔任轉變的媒介。
- 強調使命感以及達成使命的策略。
- 充分運用人力資源。
- 辨識並發展新才華。
- 獎勵重大貢獻。
- 設計工作，讓工作充滿意義和挑戰性。

- 挖掘人性潛能。
- 樹立關愛典範。
- 帶領新方向。
- 使內部結構與制度步調一致，加強重要的價值與目標。

交易型領導的特質

- 以完成工作、維持生計為基礎。
- 執著於權勢、地位、政治爭鬥、福利。
- 受困於每日瑣碎事務。
- 以短期目標、數字性資料為念。
- 將病因與症狀混為一談，只重治療，不重預防。
- 著重技術上的問題。
- 倚仗人際關係，以此潤滑人際間的互動。
- 努力在現行制度中有效運作，以達成別人的期望。
- 支持能加強下層結構、提高效能、保證短期利益的制度與結構。

29

提升篇

建立共同的使命 維持長期優勢

最高指導原則對員工和公司都是無價之寶。就像傑佛遜提到美國憲法時說：「人民的安全，正掌握在這部憲法中。」

撰寫使命宣言，等於在草擬藍圖，制定標準，強化最高指導原則，這計畫值得眾人來參與。幾乎每個鼓勵員工制定使命宣言的公司，都能制定出好的指導原則。這是我們社會的基本原則：由人們的共識所管理。員工們深知何者為好，一旦參與，便能夠產生崇高的成果。

最高指導原則的魔力

貝氏堡公司（Pillsbury Co.）是個快速成長的多角化企業，過去十年間幾乎成長三倍。有一天公司主管突然深覺不安，認為「重視財務上的目標，會使得員工無法調適公司急遽成長的腳步。應該有一項公開的聲明，宣示公司的立場與宗旨。這聲明必須很簡潔，有創意，讓員工有發揮想像力、承擔風險的空間；並表示原來保守、複雜、制度過繁的企業文化，已轉變為以員工為念、創新、支持個人理念的嶄新文化」。

該公司花了一年時間，邀集各階層兩百多位主管，共同擬定最高指導原則：亦即公司使命和價值觀的說明。

結果如何？人力資源副總裁說：「現在公司上下都能認同公司的使命與價值觀。使命與價值觀中所隱含的原則，使得公司在管理員工時更為得心應手。我們對未來充滿了樂觀與期待。」

這就是最高指導原則的魔力。美國的憲法也極為崇高，參與獨立宣言共同簽署的美國開國元勛亞當斯（John Adams）說：美國的憲法是為道德感高尚的人制定的。大多數公司的使命宣言也假設員工有基本的道德、正直和社會責任感。

使命宣言可以使員工集中精力，清楚認識自己以及未來的方向，讓員工心無旁鶩；且可集中可運用的資源，不必將時間和金錢花費在勞民傷財的瑣事上。

運用使命宣言來指導、統合生活，自我導向愈強，便愈能獲得內在安全感。若將安全感建立在他人的弱點上，等於受其弱點所控制。若將之建立在對手的弱點上，無異於授與他們權力。

相反地，若是安全感源於自己的使命宣言和價值觀，生活就不致受外力摧殘，而能開始左右生活中的事件。

使命宣言成為思考、統馭的架構，定期審查並自問：「是否已盡全力遵循？是否能預防問題？」若以特效藥來管理，將演變為危機管理，危險將排山倒海般接踵而來。

建立共識

有家企業想要員工具備成本意識，於是展開一連串活動，最後終於達成目標，但員工卻把招攬新客戶的工作拋諸腦後；於是，新運動又開始了——招徠生意，每個人都奮力達成目標，卻又忽略內部關係。下一個運動自然是針對人際關係。運動接二連三，員工變得麻木不仁，樂得冷眼旁觀。員工的精力於是被誤導，用於奪取地盤和明爭暗鬥。

家中也會出現同樣情形，許多家庭的管理方式都強調立即的賞罰制度，而不是建立在正確的原則與豐富的情感上。當壓力逐漸增加時，有的成員開始嚎哭，反應過度；不然就是抱持看戲的心態，沉默不語。子女認為這就是父母解決問題的方式——不是鬥爭就是逃避，這種情形會禍延好幾代。這時，只要制定最高原則，就能找到問題的根源。

若想得到長期的成效，便須認同核心價值觀和目標，使體系與之配合。從基礎開始，培養安全感。家庭的核心永恆不變，並能展現在家庭使命宣言中。自問：「我們重視什麼？家庭的意義何在？代表著什麼？基本的使命、存在的理由為何？」

若能認同基本目標，建立共同看法和價值觀，便能成功處理任何狀況。使命感使人振奮，能讓他們以成熟理性的態度處理問題。如果具有夢想、使命和願景，將能在組織內貫徹一致，形成行動的共識。

原則不受時空限制，能賦與人力量。時時以原則為念的個人能舉一反三，解決各種難題。反之，以實務做法為念的人，容易受特定狀況應有特定做法的效能觀念所限制。

原則隨著狀況的不同，也有各種運用方式，這些原則都是淺顯易懂，放諸四海皆準的真理。正確的原則看來熟悉得像常識一般，但陷阱就在這裡，我們很可能會視而不見，而不會仔細探討每一原則在當時狀況下，是否有其價值。

這在發展個人和公司最高指導原則時，可以輕易看得出來。個人或公司的生活中，有某種根本的原則在運作。過程由原則而來，又為之注入生命。

賦與工作新意義

使命宣言能夠解答諸如：「我要做什麼？」、「我要成為怎麼樣的人？」等問題，可以協助人類邁向成功之途，完成想要做的事，這不就是成功的定義嗎？

組織的情況也相同。除非有某種認同和勢在必得的使命，否則他們所完成的會比理想中的少很多。完成目標並不夠，在激發組織的生產力時，重點不只在於想做什麼，還應該包括想成為怎樣的公司，公司最高指導原則便是在處理「為什麼」的問題。

舉華特．迪士尼（Walt Disney）的例子來說，創辦人華特是整個迪士尼企業的催生者。自從他過世後，迪士尼公司依然盡力實現他的夢想——建造迪士尼樂園。樂園完成後，原有的二千二百位工程師、藝術家等，銳減到只剩五百位，士氣非常低落。

為了創造新的生機，一個小組為公司準備一份使命宣言，但員工並未參與制定的過程，因此不理不睬。於是，公司又花了一個多月的時間重新來過，這次邀集上上下下的同仁一起參與制定。新的使命宣言的確鼓舞了士氣。迪士尼的新精神是：「我們不模仿抄襲大師的作品，我們追尋大師的目標。」顯然，要向前邁進，這種精神是必要的。

使命宣言為企業注入新的意義。意義是現代人最具挑戰性的需求，不光需要填飽肚子或好待遇，也不只為了有機會貢獻才能、激發潛力，大家想要知道的是「為什麼」。當今，企業要獲致成功，就要賦與工作意義。

國家也有相同的狀況。獨立宣言和憲法確立了國家的方向、我們想要達成的目標，以及為什麼這麼做。憲法精神、個人主義和志願服務風氣的根本原則，仍是社會的基石。我們所重視的許多事，都揭示在獨立宣言和憲法中。

自己的最高指導原則

個人和組織在制定最高原則時，必須依循一定步驟。

第一：擴展視野。無論是個人或組織，對於日常事務已非常熟悉，有必要退一步想想，進一步擴展視野，提醒自己什麼才是重要的。

這些經驗可能是規劃中的，也可能是出乎意料之外的。後者包括生老病死、財務危機或頑強的對手。這時，我們總會停頓一下，看看自己，給自己一些難題。我們認為真正重要的是什麼？為何要做這件事？若不是為了金錢，那我們會做什麼？藉由自我評估的過程，我們的視野就開拓了。

主動積極的人，藉由蒐集他人的觀點，亦可開拓自己的視野。這些人沉思：「什麼事對組織最為重要？」、「我們能有什麼貢獻？做這件事的意義何在？我們往何處去？我們到底想要做什麼？」這種種問題都能拓展個人心胸。當個人嘗試挖掘本身和組織最好的部分時，同心協力的精神就產生了。同心協力就是評估個人間的差異，以創造最佳解決方案的過程。

員工常認為自己不屬於組織管理階層的一部分，不願意敞開心胸暢談。他們懷疑自己的觀點與價值觀能否受到重視，認為與人分享意見會有風險。克服這種障礙的方式之一，就是提出問題，將員工分成小組討論，提出心得，公司彙整、評估並予以回應。員工看到自己的心血沒有白費，就更容易暢所欲言。

這種拓展視野，蒐集他人見解，嘗試了解組織運作的整個過程，是急不來的，需要一點時間，對大企業而言，則往往要花費數個月。

第二、闡明價值觀。在拓展視野，思考過許多新的見解之後，有的員工就要評估目前蒐集的資料，肩負起草擬組織使命宣言的責任。

這草案將送交組織每位成員過目，草擬人同時必須具備「我們也不怎麼滿意」的態度，唯有這種態度才能讓使命宣言的目標更形明確。未經過千錘百鍊的使命宣言，在決策過程中是起不了作用的。員工聚在一塊彼此尊重，各陳己見，同心協力，才能擬出最好的使命宣言。

第三、以使命宣言做自我檢驗。檢驗接近完成的使命宣言，自問：「這與我的價值觀配合嗎？是否能激勵我？是否已掌握企業的宗旨？是否代表企業最佳的一面？」

再以兩個重疊的圓圈來評估此最高原則。一個圓圈代表組織的價值觀，另一個圓圈則代表個人的價值觀。這兩個圓圈重疊的部分愈多，組織的效能就愈高。使命宣言必須先經過測試，看看是否合適。

第四、檢驗使命宣言。經過上述三項過程後，員工和組織需要長時間觀察、檢驗使命宣言。由於這些共有的價值觀是組織的命脈，所有的政策、計畫、策略、結構與制度，都必須與之密切配合。

長期來看，制定使命宣言並予以精煉的過程，是改進組織的重要方式之一。經常拓展視野，改變重點或方向，以及賦與舊標語新的意義，都有益組織的運作。

有了最高指導原則，便有延續性，這是以使命宣言來管理領導的好處之一。它提供長期的延續性，而因為有方向和目標，能協助主管維持長期的競爭優勢。當個人的價值觀與組織互相配合時，員工便可以在共同的目標下合作，團隊一致貢獻心力，遠勝於獨自一人的努力，生產力也會有長足的進步。

在改變與成長的同時，視野和價值觀也會經歷一段新陳代謝的過程。記住，使命宣言應與價值觀同時調整。以下的問題或許有些幫助：

- 使命宣言是否建立在我所堅信、已獲驗證的原則上？
- 能否代表我最佳的一面？
- 重新瀏覽這份使命宣言後，自己是否仍能掌握方向、目標、挑戰，得到激勵？
- 是否了解可協助達成這使命宣言的策略和技能？
- 現在要怎麼做，才能達到未來的理想？

謹記！人永遠無法營造比最崇高的目標還偉大的生活。最高指導原則可幫助你表現最好的一面。

30

提升篇

一份完整的使命宣言

或許可以用短短幾個字說明個人及專業上的使命，這個廣泛且基本的使命宣言正是整合領導（meta leadership）的表現。整合領導主要處理願景與管理方式的問題，也就是，你必須做為一名領導者與管理者。

總體領導（macro leadership）處理策略性目標的問題，以及如何規劃體制與制定過程，以達成這些目標。

個體領導（micro leadership）處理人際關係，建立情感帳戶，讓別人聽信於你，分享共同願景與使命。

有效能的高階主管將多數的時間與精力，集中在整合與總體層次的領導才能上，維繫與他們關係最密切的人際關係。

廣泛使命宣言正是要表達組織領導人的前瞻性和管理的風格，以短短的幾個字，涵蓋組織的核心價值，使得每一件事都具備新的意義、方向和凝聚力。

使命宣言必須簡潔有力，才能發揮作用，大家才能謹記在心，但涵蓋層面也要廣泛。這似乎有點矛盾，怎麼可能簡短而又涵蓋廣泛層面呢？簡短指的是一般性，例如在電腦世界中，愈進步的科技所生產的產品就愈簡單。使命宣言也是一樣，如果使命宣言代表你的軟體，你將用這個軟體處理所有的事物。

這並不是說使命宣言可以取代組織目標，而是指它可以引導這些目標，為每件事提供連貫和一致性。

這份使命宣言應該涵蓋個人的長、短期責任，而且能應用到所有組織，使組織領導人在制定自己的使命宣言時，可做為參考的共同標的。例如：

「增進所有利害關係人的經濟福祉與生活品質」這樣的一段話。

使命宣言的探討

這段話可分成三大部分加以探討：

一、經濟福祉。為何要先考慮經濟層面？原因是，企業創建即為了經濟性目標，就業是人類賴以維生的方式，和家庭、教堂或互助會的宗旨並不一樣。工作是為了創造財富，為了生產在日常生活中可以使用和消費的物品，最好還能夠獲得足夠的金錢付稅、繳交學費等。

這簡單事實常被忽略。我以前的老師、哈佛商學院教授沙勒斯尼克（Abraham Zaleznik）在《哈佛商業評論》的一篇文章即提到這一情形。《追求卓越》一書的作者畢德士和華特曼（Bob Waterman）也同樣說明了，公司存在的目的是要生產並銷售商品。

《市場行銷管理》（*Marketing Management*）作者李維特（Ted Levitt）也說，公司的目的是要爭取並留住客戶，這些都是簡單的概念。

二、**生活品質**。個人與組織總認為，除非自己已相當富足，否則無法兼顧生活品質，事實確實也是如此。歷史上有九〇%的人無法考慮生活品質，每天只能面對生存問題。就算是美國，也只有一半的人有時間關切生活品質，這也是為什麼會有那麼多要求休閒、再教育、健身、旅行觀光等立法和社會運動的原因。這些追求品質的活動，多數是在二次戰後的四十多年間，才在美國蓬勃發展的。

主管應該關心所有利害關係人的整體生活品質，但主要責任則應擺在加強「工作生活」的品質。學校、家庭、教堂等機構，則著重私人生活的層面。

生活的品質應該包括五個層面：

- **被接受與關愛**。人需要歸屬感與被接受的感覺，與他人在同一企業中工作，參與雙贏的人際關係，施與並接受關愛。
- **挑戰與成長**。經歷挑戰與對立、成長與發展、訊息流通、充分發揮創造力，也是人的需求之一。大多數的員工所擁有的天賦與智力，遠超過眼前的工作所要求或能夠讓他們發揮的，這是種浪費、低劣的工作生活品質。領導者應有能力辨明、培養、運用並獎勵這些天賦，否則員工只能到其他地方找尋滿足和成就感。

- **目標與意義**。也就是對有意義的目標盡一分心力。賺大錢、各種成長經驗和良好的人際關係都可能較易獲得，但若工作無法滿足內心需求，或結果對社會並沒有建樹，仍會產生若有所失的感覺。

經濟性層面是外在的，但工作的目的不全是為了金錢，金錢是達到目的的手段，內在的滿足也是工作的目標之一，亦即工作的本質。工作時所建立的關係，對有意義的目標有所貢獻的成就感，都是令人感到滿足的泉源。

- **公正與機會**。激勵人的基本原則，強調公正（經濟性回饋）與機會（精神回饋）。猶他州州立大學教授赫茲伯格（Fred Herzberg）是研究人性動機的專家，他提到所謂的沮喪因素與滿意因素。沮喪因素就是對於經濟性報酬，產生不公正的感覺，當大家感到沮喪，認為自己的精神需求並未得到滿足時，就會起而反抗組織，期許自己的生活得到凝聚力與意義。所以說「經濟福祉」與「生活品質」，是有密切關連的。

- **平衡生活**。假若人們已擁有公平、公正和同等的經濟性報酬，但在組織內部卻缺乏挑戰與有意義的工作，會發生什麼事？他們會要求更多的金錢、利潤和休閒時間，因為唯有這樣，才有在工作外找尋滿足自己興趣和內在需求的機會。因此領導者的真正挑戰是：體會到有意義的工作不但是人類的需求，而且是發揮潛能的力量。如果這一需求未得到滿足，這被忽視的能力就會對企業造成破壞。

如果使命宣言只重視經濟面，忽略了社會、心理與精神面，只會鼓勵員工在外兼差，或運用自己的天賦和精力以獲得更多的金錢，爭取更好待遇，才能有更多的時間在外尋找成就感。

三、利害關係人。廣泛使命宣言顧及了所有利害關係人。誰是利害關係人呢？回答此一問題的最好方式就是問道：「企業失敗的話，誰會受到損失？」

誰會受到損失要視情況而定。業主如果將畢生積蓄投注在企業上，風險就相當高，如果企業倒閉了，就很可能永無翻身之日。其他人可以在其他地方找到工作，業主卻必須另起爐灶，重新開始，還可能必須長期償還債務；但若業主財力雄厚，實施多角化經營，單一投資的損失對他們並無大礙，但員工就可能遭殃，尤其是單一產業城鎮的專業勞工，由於訓練與技能已經過時，情況更是悽慘了，而且供應商也可能受到波及。這一骨牌效應可能對相關產業中的其他人造成影響。

客戶、供應商、經銷商、社區、甚至公眾等，都是與企業成敗有直接關連的利害關係人，企業領導人必須察顏觀色，善盡管理人職責。若領導人極盡剝削之實，必然會產生憤世嫉俗的企業文化，人人在背後說閒話，同時也傷害到其他同行。立法機關更會特別立法，以防範大企業上下其手。

社會責任

企業領導人應有高度社會責任感，並鼓勵其他成員積極參與。許多公司要員工加入社會或在教育計畫中擔任義工，原因即在於這種做法會直接影響到某些利害關係人，並間接影響到整個公司的文化。

利害關係人不只是股東而已。多數使命宣言只為了討好股東，因而特別注重短期股利。許多公司是由依賴股利為生的小股東所組成，股利不豐，小股東的生活往往成為問題。但「雞與金雞蛋」的矛盾就在此，我們若目光短淺，殺雞取卵，就無法再得到金雞蛋了，這樣不但損害股東權益，所有利害關係人亦受害。

有位企業家帶主要幹部到一處可俯視美麗山谷的風景區度假，他告訴他們說：「感謝你們多年來的辛勞，你們若能持續努力，終有一天這些都會變成我的。」有些使命宣言的文字含義正是如此。例如某家大企業的使命宣言便是「增加業主的資產」。

我問說：「若將這使命宣言貼在牆上，能夠激起員工付出心血，與客戶更緊密的結合嗎？這能否傳達你關切員工的訊息？」

企業、社會和個人自有定義公平、公正的良知。任何員工所負責的業務較所獲得的報酬要來得多時，必然會造成負面的影響。但若獲得的報酬超過所擔負的責任時，對整個企業生態也不公平，自然對其他事物造成不良影響。

因此，整合領導不但要對整體狀況善盡管理職責，還要維繫不同利益間的平衡，它並非執行的手段。人力資源理論將人看成是資產、資源，但人的意義不只於此，他們的本身及內在都具有一定的價值觀。若無法體認到這一層意義，就會陷入功利主義的泥淖中。將人看成是重要資產而善待他們，但卻違反了人的精神本質和內在價值觀，這種以人力資源方式培養的領導才能，充其量只能算是交易型的，而非轉換型的或同心協力的。

原則領導才是轉換型的領導，可讓人相信自己以及職業生涯，不會受到自己任性的影響，而是永恆正確原則作用的結果。當這些原則融入使命宣言中，並擴散到管理風格、做法、程序、政策、體制上時，情形更是明顯。大家於是重拾信心，「這個地方是由原則所支配。」每位成員（包括上層主管）都能恪遵原則並彼此信賴。

我腦中常構思一副新企業組織圖，圖中心是正確原則，四周才是不同的管理才能。企業負責人及其他員工都要對這些原則負責。

我的意思是，廣泛使命宣言不論是否已以書面記錄，其實早已在運作。就好像是自然法則一樣，違背必遭天譴。

廣泛使命宣言的五大優點

廣泛使命宣言具有五項基本優點：

- **生態平衡**。可協助你從生態的觀點來考慮所有利害關係人。若能經常注意到轉變中的原則，所有利害關係人都能享受到同心協力的好處。
- **長短期的展望**。讓人明白若著重於短期利益，長期來看無異於殺雞取卵或是妥協。
- **工作生涯的挑戰**。這簡短幾個字，已足夠為領導者在整個工作生涯中帶來挑戰。
- **管理的層面**。在此標準內，可以制定更好的決策與程序、策略、結構和體制。
- **創造自我管理的感覺**。廣泛使命宣言可使人管理人際及其他資源。

有些領導人可能想將這些觀念納入組織的使命宣言中，但我認為這一般性原則較適合領導人，不完全針對組織，同時也適用於個人和家庭。這些原則並不會排除個人、家庭或企業的需要，但每一組織都應有自己的使命宣言；而這些宣言最好是引申自此一般性原則：「增進所有利害關係人的經濟福祉與生活品質。」

31

提升篇

從教育開始改變

現在教育環境可說是陷阱重重的荒原，未來的教育導向，仍是茫然無緒。怎麼樣的教育才算成功？實在難說，正確的預測更是難上加難。

爭論使得教育人士的注意力分散，他們是真心想為下一代做點事，但對教育的期望卻互相衝突。這個社會似乎希望教育能應付所有的社會問題，期望教育制度能矯正或彌補家庭、教會、政府等機構的缺失。

這些相衝突的期望源於信任度低落。這時，溝通過程也會惡化，出現許多對立的溝通、人際衝突和部門間的敵意。人們產生圍剿的心態，他們轉而運用立法的手段來落實欲望，並組成壓力團體為所欲為。

兩個團體一直存在著衝突，結局便會使信任度每況愈下。人們開始感到受挫不斷，產生無用、無望的感覺。許多教育工作者關心並且盡全力而為，但是因為能力有限，最後都耗盡心血而無所成。

教育工作者常產生一種得過且過的心態。自問：「要如何才能度過今天？」這種態度使得他們苟且度日，有時候還會退縮到角落裡，教堂是他們僅存的情感歸宿。他們認為自己未受重視，被低估了，許多行政人員也有相同心境。人類心靈最迫切的需要之一，就是受到重視與獎勵，但這種情形很少發生，結果是惡性循環，情形每況愈下。

另一種心態就是貧乏心智。不少人認為資源有限而需求又多，因而「如果自己得不到，很可能被別人拿去」或「如果有人獲得豐富資源或是名聲，便是剝奪了我該得的」。結果他們開始有對立想法、非贏即輸、自我保護、防衛。這些互信低、防衛性高的溝通、衝突的期望等負面的現象，已經成為社會的主要問題。

這個社會嘗試各種辦法以解決教育問題，但所設計的多面性計畫，卻支離破碎，只會使情況益形紊亂，各自為政。原因何在？缺少共同願景之故。沒有共同的標準和整體的願景，大家變得互相仇視，鬥爭不斷，兩極化的結果使得社會文化為之解體。

缺少共同願景，不同團體各自為自己的立法催生。公眾要求教育界負起更多責任；教師要求更多的自由、減少束縛；父母則要求更多、更明確的量化標準，以為評估。這整個過程耗費大量的精力，造成教育界人士道德感低落，批判之聲四起，教育界人士則開始相互推諉過失。

教育界人士到底需要什麼樣的共同願景？這應該是教師輔導學生的自治過程——藉由潤滑劑的觀念，配合個別學生的需要。學生自治後，能對自己學習過程負起更多責任，教師不為自己的知識所限，教育的思維便轉換了。

這個新的願景讓教師得到解放，能充分發揮他們的創造力，減輕來自壓力團體的負擔，教學相長的態度取代了教師主導一切的做法。當人們自以為是時，學習也就停止了，不再學習時，便開始保護現狀，反其道而行。當劣幣驅逐良幣，學習環境也會受到影響。

在情感惡質化的環境裡，最後受害的仍是小孩。在互信低、關係對立、壓力大、期望相衝突的處境下，他們成了犧牲品。不僅受環境所害，還受其極大的影響。他們開始注意，不知不覺採取相同的解決問題的方法。人們被訓練成只以非贏即輸的方式來思考，最後的回應則是放棄抗爭或逃跑。

學童對教書這項職業的印象，讓他們長大之後普遍對教學工作不感興趣。如果整個社會都如此，教學工作便喪失聲譽和影響力，年輕人也將無法在學習和生活上學會自治、負責，因為他們看多了指責、批評、推卸責任、諉過給他人或組織。

教育界的教師和領導者，應在腦海中構築一套使命宣言或願景說明，陳述兩大問題：生活的目標為何？如何達成？換言之，就是目標和宗旨，這是困難又令人苦惱的問題。但不管何時，制定使命宣言對於改善一個人的生活，不論是加強婚姻、家庭關係或企業，都仍有最強而有力的效果。

改變的自然法則

人格的正直有助於發展性格中的長處。性格和能力，是信任感的基礎，一旦確保了，會反過來產生更多的信任；而有了被信任感，便具備行政人員或教師所需的授權方法，影響範圍也會隨之擴大，開始能影響體系的設計和構成。

原本可能處在充滿敵意的環境，但是透過個人的正直取得周遭人士的信任，就能扭轉形勢。這需要極大的勇氣、體諒和耐性。這是過程，而非特效藥。儘管有許多成功的案例，卻沒有易行簡單的成功公式能迅速達成這個目標。

愈是以自然法則來生活、以原則為重心管理自我，並以之處理人際關係，就愈能發展出深刻的互信。互信使我們的影響範圍逐漸擴大。

在一群平庸之徒中，你可以開始有卓越的成就。如果你遍歷全國，觀察過許多不同的學校，便能發現此點。有些人積極進取，由內在價值體系所引導，內在紀律和承諾因此應運而生。

輔助舵的作用

美國建築師富勒（Buckminster Fuller）曾說過「輔助舵」的作用。大船的主舵上方另有一片小舵，稱為輔助舵（trim-tab），小幅移動輔助舵，主舵也會慢慢移動，於是整艘船的方向也就改變了。

在個人的使命宣言中，不妨將自己看成是一片輔助舵，一種改變的催化劑。改變自己在生態體系中的角色，並相信只要有耐性、肯用心，就能對生態體系的其他部分產生影響，你就可成為所謂的「變革人物」（transition figure），阻止某種惡循環在家族之間流傳。例如，你可能在子女身上看到自己不喜歡的作風，但自己又有同樣的作風，而在你父母身上，你也察覺到同樣的情形。

變革人物是家庭的輔助舵，若能培養自己積極主動、認同他人情感、同心協力和自我創造的精神，就能抑制令人不悅的習慣在家族間流傳。他們可以成為影響力的泉源，使影響範圍如漣漪般地擴大。

有人認為這要等上一段時間，但這些變革人物影響整個文化的速度，卻是非常驚人，變動往往耗時幾個月或一、兩年，有時則只要數星期。不妨在家中試驗幾天，將發現這種積極的力量泉源，會使整個家庭關係為之丕變。這個方向也可運用到課業上，我們稱之為發展「以原則為重心的學習環境」。

共同責任感

教育界的矛頭一直指向師生關係，教育體系的所有利害關係人都將全部的責任推到學生和老師身上。在一個以原則為重心的學習環境中，我們將全副精神擺在學習環境上，不

圖十　以原則為重心的學習環境：利害關係人

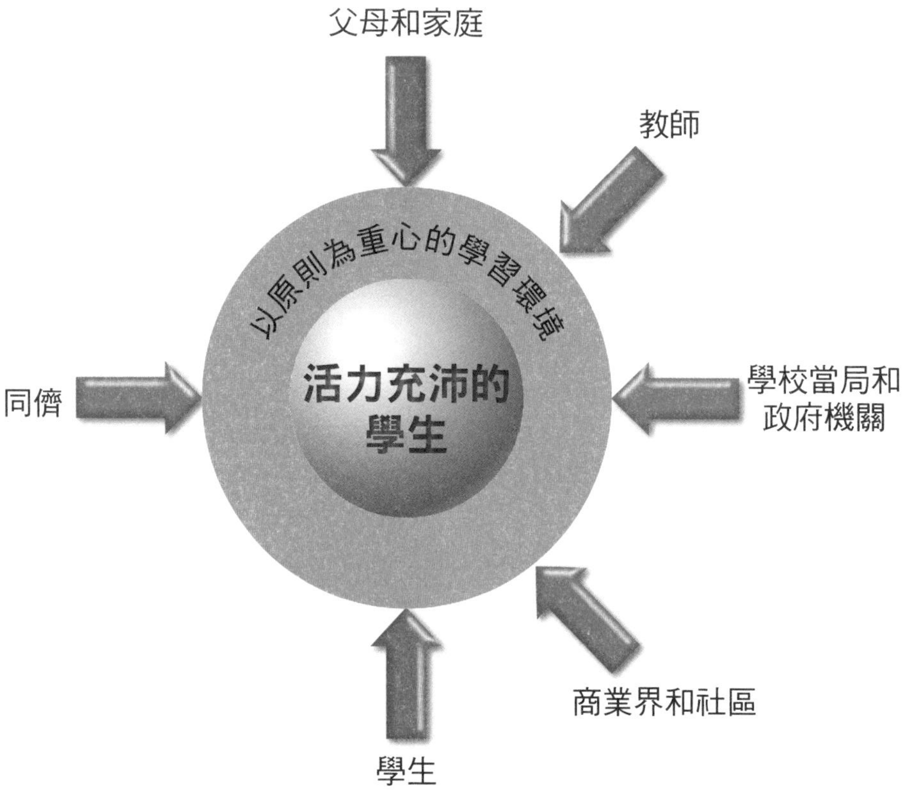

但信任學生，也賦與他們應有的力量。

在教育問題上討價還價，使得教師與行政人員之間、父母與教育圈之間、甚至整個教育制度之間，信任度幾乎已降到零點。唯一受害者是學生。多數人認為學習環境中就只有師生兩者，於是整個社會也只是評估老師與學生之間的關係。

在一個以原則為重心的學習環境中，所有利害關係人都有脈絡可尋。每位利害關係人對於提供最好的環境讓兒童成長學習，也都責無旁貸。例如，教育系統中的中央行政當局、學校董事長、各校行政人員、教師等，都有各自的責任，要對塑造學習環境盡一分心力。每位成員也有義務提供資源以供運用，並確使物盡其用。學習環境的好壞，父母和企業界領導人，也都脫不了關係。

在與為人父母者和教育工作者諮商時，我們常提到「準備思維」（paradigm of readiness）。「準備」一詞在教育上常見。教育界人士常提到：某位學生是否已準備好上幼稚園或一年級。這種準備計畫通常是在一、二年級間實施，若一年級學生尚未能適應二年級的生活，就要進入準備班，為升入二年級預做準備。對於父母而言，準備就是提供合適的家庭環境，鼓勵子女在這環境下有效學習。這如同在子女身旁點起一盞可移動的明燈，子女走到哪裡，都有豐富的學習環境。這盞「移動的明燈」可說是與以原則為重心的學習方式相得益彰。

學習的生態環境

同年齡層族群及家人是兒童的學習對象，在學校則學些課業和其他事物（包括正負面），學生對於學習環境也有一份責任。完成這些責任，等於是善加利用可運用的經驗。所以說，學生必須戰勝自己，要有主動積極的精神，培養自尊、自信和自知的精神，並充分發揮潛能。

同儕也是學習生態中的一部分。當兒童能為自己的行為負責時，就是戰勝了自己。他們在異中求同，彼此提供意見，與其他人站在同一線上。當兒童具有自信與自尊時，就能藉由自己的選擇與承擔後果，而有所主張。受到戰勝自己的鼓舞，他們會向朋友說：「你確定你的決策正確嗎？」或向一群人說：「真要如此做嗎？這真的是最好的選擇嗎？」

學習環境必須善加維護，學生才可在其中得到滋養與成長。當學生在學習生態中培養了《與成功有約》的七大習慣，然後再回到被汙染的環境中時，即可擔任催化劑的角色，開始影響整個大環境。即使整個組織並未參與這個過程，七大習慣中有關「個人的成功」的三項習慣，使學生建立起自尊與自我覺知，開始學習負起責任。當學生願意學習，對教師自然產生影響。學生願意與教師相處，教師也就獲得更多權威，這是種良性循環。所以即使只在一個因素上下功夫，仍會擴及整個體系。

在一個以原則為重心的學習環境中，父母和教師一樣重要。學生如何看待同伴的感覺和影響力，以及對環境的回應，都非常重要。每位成員相互扶持，對環境盡一分心力，雖然每個人分量不一，卻都對學生和環境的福利貢獻心力。全國教育革新即可從此做起。以原則為重心的學習環境是有效革新的關鍵。

助力與阻力

以上是由內而外的方法所展現的力量。現今教育界人士不斷接受課程安排等外力的轟炸，例如美國許多州在課程裡安排了人格教育，做為輔助兒童人格發展計畫的一部分。但這是種由外至內的方法，以原則為重心的學習方式，則是由內至外來發展人格教育。如果能創造一種環境，使學生身上塑造我們想要的美德，我們即不再需要教導諸如正直、誠實、信賴等事。當學生浸潤在以原則為重心的體制中，自然能融合這些個性。

教育界人士會發現這不是另一個有待適應、教導的課程，而是能在三、五年的努力之後，就足以改變文化的方法，許多其他事物將隨之發生。有一位芝加哥的教育人士說：「藉著七大習慣，我們不僅幫助孩子們的人格發展，也創造了運用原則的環境，連學業成績也能突飛猛進。」

我們在芝加哥設立了研討會，討論主動積極、影響範圍、自我控制。聽眾席中有位黑人女孩說：「我在高一時，成績很差。在高二註冊時，我看過所開的課程，並決定將努力學習，不再得過且過。自從我做了決定以後，成績就一直名列前茅，最後我榮譽畢業了。」這位高中生的目標是畢業後就讀西北大學法學院，她還記得自己有意識地做出積極進取的決定。這是典範轉移影響了她的行為。

教育工作者將會發現，側重以原則為重心的學習環境，使得束縛的外力更加容易辨認，也幫助他們達成目標，設計在職進修計畫，減少外力的束縛。他們先行肯定此一學習環境的重要性，再制定使命宣言以及其他的步驟。

以原則為重心的學習環境，所代表的實質意義是什麼？簡言之，就是讓組織內每位成員擁有相同的羅盤。讓每個人知道正北在哪裡，這些都是無庸置疑的。在闡明價值觀時難免會有一番爭論，但每個人都會視這些基本原則為當然。

依我個人的經驗，要分辨這些根本的自然法則與原則並不困難，只要內心有座羅盤，就能在荒原中悠遊。所有利害關係人都參與羅盤的設計，許多地面陷阱自然不復存在，敵對狀態也會消弭於無形，同心協力的精神重現。雖然大家並未懷抱太多的期望，但往北的方向已經清楚，大家也都了解。知道自己邁進的方向，以及依循的原則，可以讓我們面對隱藏的困難與障礙。

同樣地，這也需要具備相當的勇氣，並考慮周到，這是成熟領導者的本質。而且由於過程需時甚久，大家也要有耐性。這絕不是特效藥，卻相當有效。

付諸實施

從與全美各級學校的合作經驗中，我們已發展出一完善的實施過程。這過程取決於下列五項要素：

- 七大習慣的原則，從依賴、獨立，到相互扶持的先後順序，大家都應該確實了解與遵行。
- 利害關係人應了解戰勝自己的重要性，以及「萬事起頭難」，和「愈怕事，愈有事」的觀念。
- 實施以原則為重心的學習方法，是一漫長的過程，需要指導、支持和創新。這不是立即奏效的計畫。
- 貫徹實施與了解內容，對於成功同樣重要。
- 參與這過程的利害關係人必須言行一致。

最為成功的模式，似乎都是從組織的最上層結構著手。以下就是一些學習模式在各學校中實施的情形。

- 在印第安那州的北蒙哥馬利學校聯盟，訓練從董事會及校長開始，再進行到行政指導人員。
- 俄亥俄州的地區學校，州教育局以及一家大企業，共同推行參與了七大習慣的訓練計畫。
- 猶他州的許多地區，訓練計畫先在單一學區某個學校中生根，然後再向橫與縱的方向擴展。在猶他州，以原則為重心的學習環境，已成為培養人格教育的典範。
- 伊利諾州喬利鎮的學校聯盟，先訓練由學生、父母、教育行政人員組成的教育幹部，再訓練中央和地方教育行政人員和系主任。

柯維領導中心（Covey Leadership Center）與州政府和地方當局密切合作，以進行改革。由柯維領導中心提供初期的研習會、執行計畫和當地合格的訓練指導員。中心的最終目標仍在使各地區有能力自行接下訓練重擔。藉由此授權的過程，各地方當局能配合自身需要，發展更好的補助性和革新性的計畫，以進一步拓展七大習慣訓練成效。

訓練計畫執行的成功與否，將決定於個別成員是否真正了解這方法是由內至外，以原則為重心，強調個人的力量，並是否能真正為此付出心力。

對於教育者而言，為下一代塑造一個以原則為重心的學習環境，進而產生正面有益的影響，是最具挑戰性的工作。

結語

領導的意義在「教人釣魚」

多年來，我一直認同這句話：「給人魚吃，不如教人釣魚。」這一句話雖然是老生常談，但卻是歷久彌新。我們的訓練計畫也是運用這個原則，目標是教導主管為自己「釣魚」。

溪流代表個人與組織運作的環境，亦即變幻莫測的市場。可供釣魚的溪流有許多：如企業網路、基礎工業、市場、政府和社區。組織成功的關鍵隱藏在溪流中；組織的政策、制度與共同價值，若與溪流的方向配合，成功的機會就很大。

單看表面，溪流似乎是一目了然，沒有玄機；但真正去釣魚時，其中微妙之處，可能就要花上大半輩子，才能略知一二。

教導主管如何在溪流中釣魚時，經常用一種簡單的方法，姑且稱之為「規則一」、「規則二」。規則一的基本概念就是：組織的共同價值或支配的原則必須是主要考量；規則二指的是策略、結構、制度、技巧和風格等，都是衍生自規則一，因此必須與核心價值和環境現實相互配合。

建立以原則為基礎的共同價值觀

在這模式中，共同價值觀極為重要，必須在大環境的背景下做整體考量；而要確實了解衍生出來的事物，就必須研究母體。了解共同價值觀的主管，自己的價值體系和原則不易改變。這些主管的安全感並非來自外在因素，而是自己內在的價值體系，故能有更好的機會認識環境。

但若組織並未擁有以正確原則為基礎的中心價值體系，整個策略、結構和制度就等於建立在流沙上，所獲得的只是安全的假象。就算牆上貼滿了獎狀、桌上排滿了獎杯，若與大環境脫節，也失去了意義。當他們的力量是來自以往的榮耀，結果就是只會緬懷過去，不思振作。

在我解釋過這些觀念和模式後，一家大型保險公司主管說：「我們必須建立共同價值觀，才能獲得改變現狀所需的自由與力量。」

於是我們開始協助他們，讓他們參與制定使命宣言，一旦原則深入員工內心，就不會老調重彈。這些方式造成某些主管的困擾，有位主管私下告訴我們，他曾經反抗過，但終究還是了解到，應該由原則來掌握一切，這是保證釣到魚的唯一方法。

從溪流看管理

溪流與管理之間確有許多雷同之處。在實務上，高階主管確實是在溪中釣魚；也就是說，他們以大環境的背景來考量整個市場，並制定方法，以達成期待中的效果。

釣魚不外是主動與被動兩種。被動的就是「等待的遊戲」，作家希爾（Gene Hill）說：

我喜歡釣魚，等候是一種打發時間的好方法，與呆坐不動、躺在吊床上或在沙發上打瞌睡相比較，等候顯得高尚多了。裝滿道具的背心、網、餌、涉水雨鞋、甩竿的動作與聲響，至少看起來滿認真的。

如果你看到我的樣子像溪流中的蒼鷺一樣，以為那叫做認真，那你就錯了。你看到的只是一個穿著道具服、遊手好閒、虛擲光陰的人，老是和野鴨打招呼，或對一條花色斑駁的草蛇空想，想的是漫長流逝的歲月、尚未完成的工作、未知的愛和童年往事。

許多主管實際上就像這個釣魚的人一樣，是個穿著道具服、無所事事的人，但主動性高的主管又不一樣了。

成功的磯釣者並不會將自己鎖定在固定回應上，他們靈活移動，不斷研究海潮，以找出最佳的下竿地點。他們學會如何像魚一般思考，慢慢接近海水，保持低姿態，甚至跪著下竿。

保持低姿態與跪著下竿，對於任何磯釣者都是項很好的建議。以下還有一些不錯的建議：

現在許多磯釣者只會模仿而已，只注重細枝末節、表面上的東西。如果他們不把時間花在秤重、記錄漁獲的話，成果或許會更豐碩些。專家通常都是忙著釣魚，沒有時間去計算或秤量自己的斬獲。

有效能的主管隨時都在研讀有關環境的資料，仔細觀察商業趨勢及文化趨勢（這些就像溪流的暗流一樣）。他們傾聽學富五車的趨勢預測家的報告，例如約翰・奈思比之流，隱約感覺到基本的潮流走向，以及未來可能發生的事。

正如氣象預測一樣，仔細研判環境中的潮流走向，就是要好好地度過今天，並為明天做準備。如果突然被雷雨困住了，那就未免過於愚蠢，在傾盆大雨中，有把傘的感覺好多了。同樣地，釣魚時也該準備適當的器具和防水衣物，避免溼透。

從趨勢汲取經驗

再看看釣魚手冊上是怎麼說的：「根據你所要釣的魚類，準備釣線、浮標和釣竿，並考慮潮流的速度、水的深度以及器具損耗的情形。在不同的深度釣魚，應多準備幾條線，仔細考慮使用合適的釣線，這是整副釣魚器具中最重要的部分。」

一旦觀察到趨勢正在轉變時，訣竅就是要跟著轉變，讓內在運作與外在環境配合。我們要隨時注意機會與危機。若趨勢開始偏離你的生產線時，那就是危機。若趨勢轉向另一新的生產線、新科技、新市場時，那就是機會；但若無法適應，機會也會變成危機。

組織的最大問題之一，就是結構和制度無法與環境配合。老是以現存的結構與制度觀察這個環境，自然無法了解奧妙之處。戴上度數不合的鏡片，機會與危機來臨時仍然渾然不知。

即使主管能察覺到時代趨勢，但如果設備過時、固定成本過高或制度太繁複，仍會拖累組織。不管原因如何，結果一定是一樣——動彈不動。缺乏遠見或負債累累、過度僵化，都會使得靈活回應的能力喪失。

我們再看看手冊上是怎麼寫的：

要成功，磯釣者必須了解歷史、生物特性、地形、溪流生態及釣魚的策略和方法。臨時惡補昆蟲學也有助益，因為懂得自然界的食物鏈，在釣鱒魚時是非常重要的。鱒魚非常刁鑽謹慎，難以矇騙，而且相當固執，不會捨棄甜美的幼蟲，而去咬大得看起來像復活節帽子的假餌。

當價廉物美的日本車進占市場時，通用汽車公司不可能不了解這種趨勢。但主要問題在於——整個制度的設計，尤其是高階主管的報酬制度，都針對大型車，所以只好持續生產大車以維持整個系統。這些公司並未適應時代潮流，他們的現存體制無法配合新的遊戲規則，就像是拿網球拍去打高爾夫球一樣。

之後通用汽車公司的主管紛紛討論，如何從環境中汲取教訓，如何建立團隊精神，以重新培養競爭力，並且重新奪回市場。他們也認為，想要保持長期競爭力，必須咬緊牙關，脫胎換骨。這句話說得沒錯。從鋼鐵業到醫療保健業，都必須要學習從大趨勢當中汲取經驗。

那要如何才能辦得到？首先不可將制度視為聖物，那些都只是紙上的觀念，是可以改變的。大家之所以不願意改變，是因為不想離棄舒適的日子，踏入未知的領域。如果真有這種看法，那才是最可怕的危機。

俗諺說：「勝不驕，敗不餒。」歷史可以縮影成簡單的公式，就是挑戰與回應。成功的回應才是接受挑戰最好的方法。

只要環境變遷，原來成功的回應方式也就不再管用。「勝不驕，敗不餒」，是最真實不過了。歷史學家湯恩比（Arnold Toynbee）在歷史中找出無數佐證，他注意到新挑戰來臨時（環境變遷），大家卻耽於往日的榮耀，仍保持現狀，不願改變。

專業主管應如釣魚老手一般，在選擇釣鉤與魚餌之前，會仔細觀察周遭狀況、光線、溫度、時機和整體環境。但是，很可能在釣魚箱內找不到合適的魚具，這位主管的釣魚箱裡盡是些老舊釣具。當其他競爭對手都已紛紛改採探照燈與炸藥時，他東挑西選所能找到的，也只是釣竿而已。

我曾在河岸邊觀看到一幕令人難以忘懷的情景。河的一邊是位年輕人，顯然是位遊客，他站在俯視河流的一個風景絕佳的地方，努力嘗試用各種魚餌與釣鉤下竿，他的運氣似乎不佳，但從上竿下竿的動作得到一種滿足。後來，另一個人出現在對岸釣魚。

老手的話

看見他飾滿徽章的帽子、背心和長及雙膝的涉水鞋，我已知他絕非等閒之輩。他下竿絕不落空，一尾接一尾，魚簍裝不下了，只好把多餘的丟回河裡，現在他的上竿下竿純粹是為了消遣。

在同時間，那位運氣不佳的遊客仍是一籌莫展。同一條河、同一地點、同一天，結果竟然天差地別，遊客沮喪到了極點，幾乎想捲起褲管空手抓魚。

問題即在於多數新手不願等待，不好好學習釣魚的技巧與訣竅，只是想趕緊入門後，隨即實地操練，期望有驚人的成果。有些學校甚至就是專門迎合這種心態，向學生保證，不用多久就可了解所有魚線和魚鈎的區別。

但有經驗的老手知道，要能靈活處理水中可能發生的各種狀況，是毫無捷徑可循的。就算天分十足，你仍須反覆練習，培養耐心。

老手的話再度響起來：

通常要想知道魚咬餌的情形，只能從釣線短促的抖動中觀察。釣魚的人，不管有無經驗，常犯的毛病就是拉得太重，突然間猛力拉扯，結果釣線扯斷了，魚也跑了。其實只要將釣竿前頭拉起，輕輕將魚鈎掛上，綁緊魚線，魚鈎尖隨時保持銳利就好了，最重要的是，記得不要用力。

改善經營模式

有家大型餐飲企業，希望自己的管理風格能與「給人吃魚，不如教人釣魚」的理念相配合。

這家企業旗下有數百家餐飲店，各有各的經理。這些經理表面上有權也有責，經營頗具規模的餐廳、聘請許多人，事實上他們只是地區性的助理主管而已。

其實幾乎所有有關員工晉用與經營的重大決策，全交由負責監督的地區經理去決定。每次發生問題，這些人就跑到地區經理那裡，去要「一條魚」：而地區經理只監督數家餐廳，他自己也受區域經理監督，陷入同樣的危機管理模式當中。

這種經營模式在多數人心中，造成一種單一生涯途徑的形象。這過程一定是從最下層做起，慢慢爬到主管的地位，再沿著線逐漸高升。通常爬得愈高，需要觀察的地區也就愈多，結果造成婚姻和家庭問題。一旦爬到階梯的最頂端，才發現這階梯的方向不對，他們的所作所為與當初的理想相去甚遠，此時再回首已來不及，但這就是成功的代價。

這些餐廳是以公司規則和程序來管理，而不是取決於消費者的需求。但因為經理欠缺靈活度和誘因，而無法發展、運用自己的判斷力、智能、創意去解決或預防問題。

即使如此，該企業在同行中仍是箇中翹楚。但高階主管認為有改善的空間。經過診斷後，我們達成協議，認為決策權力與責任應盡可能擴及中下層，並加強餐廳經理的功能。為了達成授權的目的與獲取利潤，一些管理訓練與發展的課程是必要的。

改變過程進展緩慢，要持續好幾年。公司內部會議與文件不但一再提到個別餐廳經理的重要性，並藉由訓練與生涯諮詢計畫的執行，重新肯定各經理。而且，薪酬制度亦稍加調整，以鼓勵經理訓練底下的人。

顯然，各階層的主管都需要培養新的技能，授權才能夠真正的落實。當層層束縛的直線管理層次改善之後，地區經理所監督的範圍擴大為二十家，而不是原來的五、六家，他們也不再需要事必躬親。現在決策是由各餐廳經理親自下達，他們也需要接受決策與管理的訓練。

脫胎換骨

授權還造成另一種意想不到的效果，給了員工雙重的升遷管道：其中一種管道是傳統的往上攀升，另一則是讓餐廳經理享有更高的地位，有更多金錢上的誘因以建立餐廳的口碑，並培養手下員工接管區內的其他餐廳。第二個選擇對餐廳經理更具吸引力，也大大減少了婚姻與家庭的問題。

公司的最高階層主管，也不再如往常一樣親自操心指導、控制、激勵與評估瑣事。他們的精力移轉到訓練與發展、諮詢、反應員工的要求。實質而言，他們已開始訓練經理「如何釣魚」，而不只是「給魚吃」而已。

如此，高階主管可把更多時間放在規劃、組織及培養員工上。在以往危機管理時期，這些責任都被忽略了。

授權最大的優點是，可以把許多早年打下一片江山的高階主管慣用的舊方法（無效的授權、溝通和培養員工）連根拔除。

當這批立下汗馬功勞的主管運用新方法在其他地方努力時，剛開始不免懷疑會有什麼效果。令他們大感訝異的是，改變的過程不但順暢，還使得企業內士氣大振，人人熱中於改造，在短短數天內，整個企業有如脫胎換骨，每位成員似乎都具備了一定的領導才能，紛紛被委以重任，運用正確原則來訓練員工，工作表現也確實不負所託。

對個人而言，這種轉變並非易事。各階層都需要勇氣改掉惡習，忍受痛楚。但每位成員都知道，長期來看，不論對個人或對企業，這都是最好的策略，而且由於上層主管的鼓勵，一切都會順利完成。

整個企業上下，逐漸描繪出企業的未來願景，一種強烈的使命感，也瀰漫著整個企業，企業文化隨著每位成員對使命的持續肯定而改變。

這些長期的成績是以正確原則來領導、管理的自然結果。

高成就文化，從心開始

富蘭克林柯維是全球最值得信賴的領導力公司。

我們的服務遍及一百六十多個國家，透過建立卓越領導者、團隊與文化轉變組織，實現突破性成果。這些領導力與組織變革的方法，在三十多年來與數以萬計團隊與組織的合作中，得到測試與淬鍊。

我們的使命：在世界各地協助個人與組織成就卓越。

我們的願景：深刻地影響全世界數十億人的生活、工作，並實現他們自我的偉大目標。

在富蘭克林柯維，我們重視：

- 全人思維：我們擁抱每個人的獨特性和多元性，努力打造歸屬感文化。
- 實踐原則：我們對所傳授的原則和知識充滿熱情，並致力於成為實踐的典範。
- 聚焦客戶：我們深切地關注客戶，協助他們實現自身遠大目標。
- 盈利成長：無論是個人還是組織，我們致力於實現有意義的成長。

我們的基本信念：

- 人們擁有與生俱來追求卓越的天賦，並且有能力做出選擇。
- 原則是永恆、普世的，是持續效能的基礎。
- 領導力是一種選擇，由內而外，以品格為基礎打造而成。卓越的領導者能夠釋放團隊的才華和熱情，邁向正確的目標。
- 高效能習慣來自堅持不懈地運用整合流程和工具。
- 持續卓越的績效需要產出與產能的平衡，即同時聚焦於目標達成與培養能力。

當您閱讀完此書，是否希望獲得更多學習與成長的機會呢？

富蘭克林柯維公司在台灣、香港和新加坡皆設有服務據點，歡迎致電 886-2-2325-2600，或瀏覽官網 www.franklincovey.com.tw，讓我們有機會為您提供更專業與詳盡的服務。

歡迎掃描下方各社群媒體平台，讓您即時獲得富蘭克林柯維最新資訊、掌握終極競爭優勢！

有關兒童、青少年、老師、學校、家庭等教育領域，歡迎致電 886-2-2703-5690，或瀏覽官網 www.peducation.com.tw。

心理勵志　BBP479

與領導有約

原則致勝

Principle-Centered Leadership

作者 — 史蒂芬・柯維（Stephen R. Covey）
譯者 — 徐炳勳

總編輯 — 吳佩穎
責任編輯 — 何貴鳳（特約）、楊慧莉、方怡雯、詹于瑤、巫芷紜（特約）、林妤庭（特約）、陳怡琳
封面設計 — 張議文
版型、圖表設計 — 陳光震（特約）

出版者 — 遠見天下文化出版股份有限公司
創辦人 — 高希均、王力行
遠見・天下文化 事業群榮譽董事長 — 高希均
遠見・天下文化 事業群董事長 — 王力行
天下文化社長 — 王力行
天下文化總經理 — 鄧瑋羚
國際事務開發部兼版權中心總監 — 潘欣
法律顧問 — 理律法律事務所陳長文律師
著作權顧問 — 魏啟翔律師
地址 — 台北市 104 松江路 93 巷 1 號 2 樓

讀者服務專線 — 02-2662-0012 ｜ 傳真 — 02-2662-0007, 02-2662-0009
電子郵件信箱 — cwpc@cwgv.com.tw
直接郵撥帳號 — 1326703-6 號　遠見天下文化出版股份有限公司

電腦排版 — 立全電腦印前排版有限公司
製版廠 — 東豪印刷股份有限公司
印刷廠 — 祥峰印刷事業有限公司
裝訂廠 — 台興印刷裝訂股份有限公司
登記證 — 局版台業字第 2517 號
總經銷 — 大和書報圖書股份有限公司 電話／(02)8990-2588
出版日期 — 2023 年 10 月 31 日第一版第 1 次印行
2024 年 2 月 1 日第一版第 2 次印行

定價 — NT500 元
ISBN — 978-626-355-411-5
EISBN — 9786263554177（EPUB）；9786263554184（PDF）
書號 — BBP479
天下文化官網 — bookzone.cwgv.com.tw

國家圖書館出版品預行編目(CIP)資料

與領導有約：原則致勝/史蒂芬.柯維(Stephen R. Covey)著；徐炳勳翻譯. -- 第七版. -- 臺北市：遠見天下文化出版股份有限公司, 2023.10
面；　公分. -- (心理勵志；BBP479)
譯自：Principle-centered leadership.
ISBN 978-626-355-411-5(平裝)

1.CST: 領導理論 2.CST: 成功法
177.2　　112014376

天下文化

BELIEVE IN READING